1000 RECETAS DE REPOSTERÍA

Diseño y maquetación
IMART

Revisión de textos
Isabel Ortiz

Imposición electrónica
Miguel A. San Andrés

Campezo, s/n - 28022 Madrid
Tel.: 913 009 100 - Fax: 913 009 118
Impreso en España

1000 RECETAS DE REPOSTERÍA

SERVILIBRO

SUMARIO

OTRAS TÉCNICAS

BIZCOCHOS, TARTAS Y PASTELES

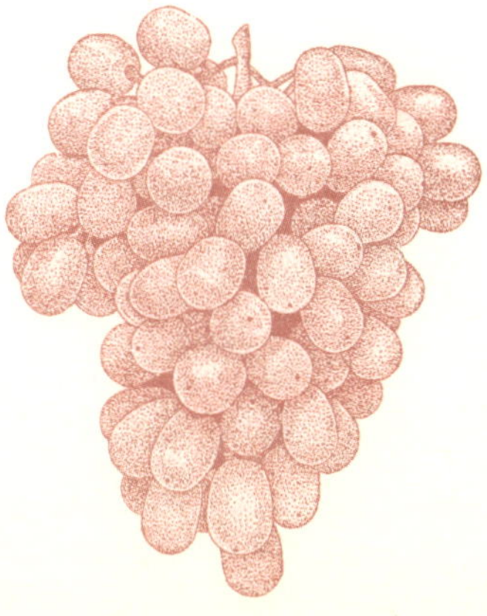

CREMAS, BUDINES Y FLANES

FRITOS DE SARTÉN Y PEQUEÑOS DULCES

BOLLERÍA Y DULCES

GALLETAS Y PASTAS

INTRODUCCIÓN

El postre es la culminación de una comida y por tanto debe responder a las mismas exigencias y rigor con que se han elaborado los platos precedentes. Dicho de otro modo, el postre ha de ser el toque de exquisitez, el fuego de artificio gastronómico, que llegue en plenitud a la vista, al gusto y al olfato del comensal satisfecho.

Por esta razón, la delicadeza de los ingredientes y especias que se utilizan resultan tan importantes como la forma y la decoración del postre. Éste es, en definitiva, el festín último para los sentidos, un manjar concluyente.

Los perfumes de la vainilla, del anís, de la menta y de la canela, el colorido de algunas confituras, el toque especial de la cáscara de limón rallada, de las virutas de coco o de chocolate, de las almendras fileteadas o caramelizadas, la apetecible dulzura del almíbar y de las confituras son, sin olvidar la nata y el merengue, algunas de las delicadas tentaciones que dan ese punto de refinamiento, para que el postre sea una sorprendente golosina final. Una golosina que exige los más refinados ingredientes y la máxima dedicación.

Pero el postre, por su misma composición, es un preparado alimenticio que, además de cumplir una función determinada en cada comida, está destinado a proporcionar al organismo la cuota de proteínas, vitaminas, hidratos de carbono y calorías necesarios para su actividad.

La harina, el azúcar, los huevos y la leche son los ingredientes básicos que entran en la confección de los numerosos y distintos postres. A ellos deben añadirse otros como la vainilla, la menta, la canela, el anís, el coco, el chocolate, la miel, los vinos, los licores y los aguardientes, cada uno de los cuales aporta sus peculiaridades y matices de sabores y aromas.

De las múltiples combinaciones de los ingredientes y los distintos métodos de preparación y cocción se obtienen bizcochos, tartas, pasteles, flanes, cremas y helados, que conforman los principales grupos de postres con que pueden regalarse los amantes del buen comer.

En general, todos los postres son relativamente fáciles de elaborar. Lo importante es conocer las características y el comportamiento de los ingredientes que intervienen en su confección y las variaciones y los matices que se pueden obtener mediante la aplicación de distintas técnicas de preparación y cocción.

Pero tan importante como conocer los ingredientes de un postre y la técnica repostera es considerarlo en el conjunto de la comida. No debe olvidarse que todo postre ha de estar en consonancia con el resto de los manjares del menú, cosa fácil de lograr, merced a la gran variedad de ingredientes, a la multiplicidad de combinaciones y a los distintos métodos de elaboración y cocción que se pueden emplear.

También hay que tener presente que, cuando la repostería llega a la mesa, los comensales ya han saciado su apetito, y que reactivar las papilas gustativas, cuando el cuerpo ya está dispuesto para la molicie, es todo un desafío para la pericia del repostero.

El arte de la repostería

La sabia combinación de todos los ingredientes y la habilidad e imaginación para adornarlos constituyen dos de los pilares del arte de la repostería.

No se trata simplemente de seguir detalladamente y de modo mecánico una receta, sino de

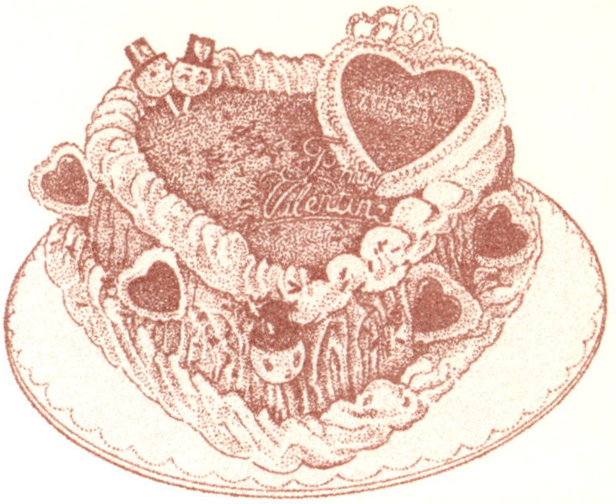

sentir profundamente qué es lo que se pretende obtener, pues en ese sentimiento suele estar la medida exacta de los ingredientes de la mezcla, el punto preciso de cocción y el dibujo o el baño final que dará la consistencia, el sabor, el perfume y la imagen del postre.

Una tarta, un bizcocho, una fruta de sartén, una crema, un flan, un budín, etc., recogerán en la masa (sea ésta quebrada u hojaldrada, de pan o «choux»), en el batido, en el merengue, en la crema, en el fundido, etc., todo el cariño y la paciencia del repostero. Un cariño y una paciencia que se traducirán en la delicadeza de la pasta, en la tersura de la cobertura y en el dulce aroma de las esencias que conforman esa preparación, cuyo fin último es transgredir el límite de la satisfacción de una buena comida.

Ingredientes básicos

Como ya se ha señalado, los ingredientes esenciales utilizados en repostería son la harina, el azúcar, los huevos y la leche. Pero lo importante para obtener un rico postre es conocer el comportamiento que tienen estos ingredientes según sus características específicas. Para empezar, y aunque parezca obvio, hay muchas variedades de harina y de azúcares que intervienen directamente en la mayor o menor consistencia y dulzor de las masas.

Harinas

La variedad de la harina depende del cereal del que provenga (trigo, cebada, centeno, maíz, etc.), así como de la mayor o menor cantidad de gluten que contenga o el grosor de la molienda.

La harina más común en repostería es la de trigo, de modo que se especifica en la receta si el postre exige otra. Pero no toda la harina de trigo es idéntica y, según sus características, puede ser:

Normal. Es una harina de moderado contenido en gluten, que hace posible una masa de fermentación regular idónea para tortas, bizcochos, masas de hojaldre, etc.

Fuerte. Es aquella con un alto contenido en gluten y que se emplea para las masas que deben ser esponjosas y alcanzar un gran volumen. Mezclada con harina nor-

mal se utiliza para la confección de bollos, pan de molde, brioches, etc.

Floja. Es de bajo contenido en gluten y, consecuentemente, de escasa fermentación. Se emplea habitualmente para hacer tartas, galletas, pastas para té, etc.

Integral. Es la resultante de la molturación del grano de trigo al que se le ha conservado tanto el germen como el salvado. Suele emplearse para la preparación de galletas, bollos, pan, etc.

En este apartado hay que citar a la **levadura**, que es una composición de hongos microscópicos que fermentan y contribuyen a elevar el volumen de la masa de harina. La fermentación es indispensable para la elaboración de masas de pan, tortas, bollos, etc.

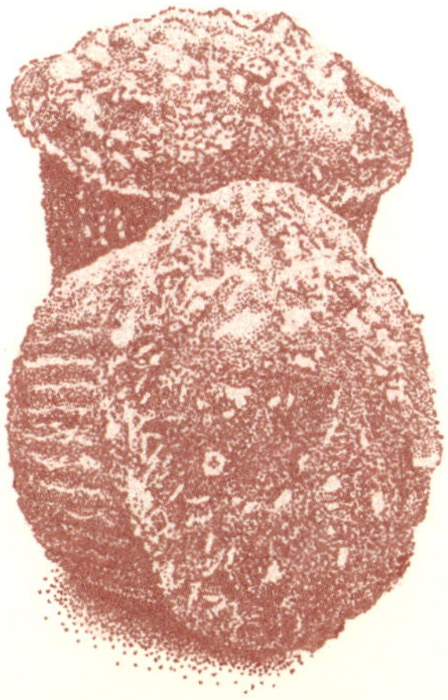

La levadura de cerveza actúa eficazmente a 37 °C, por lo que después de sacarla de la nevera, donde debe conservarse, se la debe dejar reposar hasta que toma la temperatura ambiente y, después, mezclarla con el resto de los ingredientes. La levadura en polvo o liofilizada se conserva bien a temperatura ambiente y actúa en contacto con los demás ingredientes. En ambos casos, la masa debe cubrirse y dejar fermentar en un lugar cálido.

Azúcares

Al igual que la harina, hay distintos tipos de azúcar. Éste es un hidrato de carbono procedente de la remolacha o, sobre todo, de la caña de azúcar, que es fundamental en la repostería.

Entre las numerosas clases de azúcar, las más comunes en repostería son el azúcar común, blanco o de flor, que es el más purificado; el azúcar molido, de lustre o glas, que es el molido y pasado por un cedazo, y se utiliza sobre todo para espolvorear los dulces; el azúcar de pilón, que es una mezcla de azúcar molido y de lustre, y se presenta en forma de palito de forma cónica, y el moreno, que tiene un color oscuro debido a la melaza que contiene.

El azúcar se utiliza de modo directo, mezclado o espolvoreado, en los postres, pero también

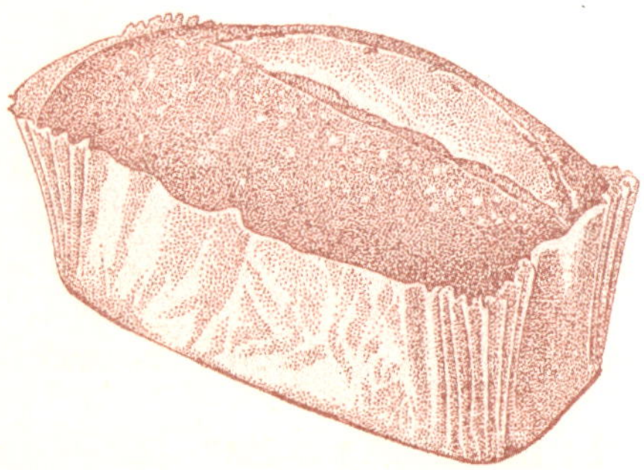

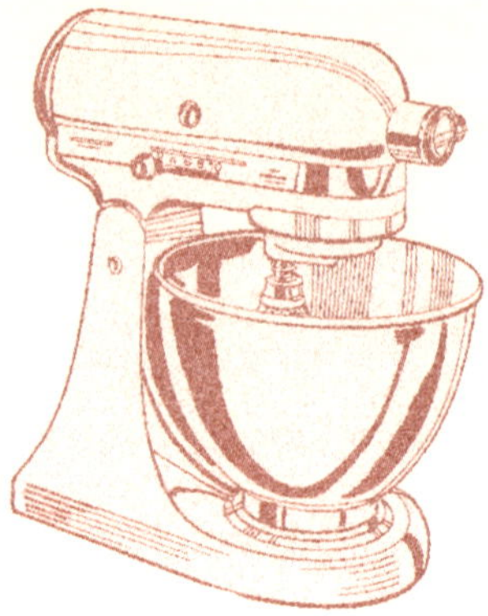

en forma de almíbar. El almíbar es el azúcar diluido en un poco de agua y posteriormente cocido. Según el grado de cocción, el almíbar tiene distintos puntos y puede ser de hebra fina, que es ligeramente espeso; de hebra fuerte, más espeso que el anterior y que forma al levantarlo con una cucharilla un hilo grueso; de bola floja, que se cuece a 110-115 ºC y cuya consistencia puede formar una bolita cuando se echa en agua fría; de bola dura, que se cuece a casi 119 ºC, y el punto de caramelo, que es aquel que, cocido entre 150 y 180 ºC, toma un color castaño oscuro y que al enfriarse se vuelve duro y quebradizo como un cristal.

La leche y sus derivados

La leche, especialmente la de vaca, interviene en la confección de numerosísimos postres, desde tortas, tartas, pasteles y bollos hasta galletas y pastas secas, a cuyas masas, ya sea como ingrediente específico o como sustituto del agua, da una buena ligazón y un delicado sabor. Pero, donde la leche entra como parte fundamental, es en la elaboración de flanes, budines, cremas, natas, natillas, etc., a los que, hábilmente mezclada con harina, azúcar, huevo y especias, da sus peculiares características de consistencia y sabor.

Preferiblemente la leche debe ser fresca, pero también puede emplearse en polvo, desnatada o condensada. La leche en polvo

entera es algo difícil de desleír y suele costar un poco incorporarla al resto de los ingredientes; no así la leche en polvo desnatada, que se mezcla perfectamente con la masa; la leche desnatada es aquella a la que, como su nombre indica, se le ha quitado la nata, pero que conserva todas las cualidades de sabor; la leche condensada, una vez diluida, puede sustituir a la leche fresca en ciertos preparados para postres, no así para las cremas y budines.

Entre los derivados de la leche, la crema o nata líquida es casi ineludible en repostería, especialmente montada o batida.

Igualmente importante como ingrediente de repostería es la **mantequilla,** grasa láctea que permite la obtención de masas y pasteles de gran finura, así como cremas y coberturas de alta calidad. Como sucedáneo de la mantequilla suele usarse la margarina, grasa de origen vegetal.

Otros derivados lácteos muy usados son el **queso,** sobre todo el de nata fresco, y el **requesón,** que interviene en recetas de repostería a base de queso o simplemente mezclado con miel.

Huevos

La mayoría de la fórmulas de repostería incorporan los huevos en su composición. Los de gallina se aprovechan enteros, o bien la yema y la clara por separado, de acuerdo con las indicaciones específicas de cada receta.

Los huevos enteros o sólo sus yemas mezclados con harina y mantequilla forman la masa con

que se hacen las tartas, tortas y pasteles, mientras que las claras batidas a punto de nieve se emplean como ornamento o para merengues, suflés, etc.

Otros ingredientes

El chocolate, la miel, las frutas pasas, secas o confitadas, las especias y las esencias son otros ingredientes importantes en los recetarios de postres, y en su mayoría fáciles de encontrar.

El chocolate

El chocolate, en sus distintas presentaciones, se utiliza como ingrediente principal en numerosos postres (torta de chocolate o trufa, mousses, budines, etc.) y coberturas para los más diversos preparados de repostería.

Algunas de las clases de chocolate más habituales en los recetarios son el amargo, con un 60 % de cacao; el semiamargo, que sólo contiene la mitad de cacao puro; en tableta o común, que se emplea rallado o fundido incorporado a las masas o como cobertura, y el granulado, habitualmente usado en la ornamentación repostera y también como ingrediente de algunas masas.

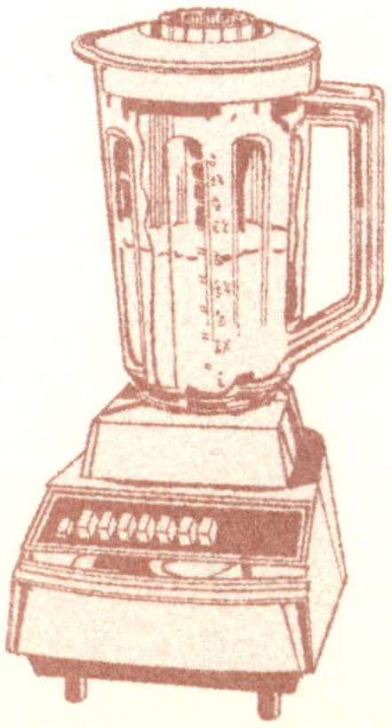

La miel

La miel es una sustancia muy azucarada, producto de la transformación que el néctar de las flores sufre por reacción de los líquidos digestivos en el buche de las abejas al ser libado por ellas.

Hasta la difusión del azúcar de caña americano, la miel era el endulzante ineludible utilizado en las cocinas europeas, y en la actualidad continúa siendo un ingrediente importante en la confección de numerosos postres y otros preparados generalmente de tradición árabe.

Según la flor libada, la miel puede ser de azahar, de color blanco y perfume suave; de romero, de color muy blanco; de ajedrea y espliego, de color amarillo; de tomillo, de color amarillo claro; de abeto, de color muy oscuro, y también de brezo, eucalipto, maguey, tuna, pirú, etc. Todas estas clases de miel no hacen sino dar sutiles matices de sabor y hasta de color a los postres.

Habitualmente, los recetarios que incorporan la miel se refieren a la de abeja y dejan librado al gusto de cada uno cualquier otra variante, salvo que se especifique miel de caña, que se refiere a la melaza de la caña de azúcar.

Otros ingredientes habituales en los recetarios de repostería son el aceite de almendra amarga, el agua de rosas, el anís, el anís estrellado, la canela, la vainilla, el clavo, la menta, el coco, las pasas de uva, los pistachos, las almendras (trituradas o fileteadas), las esencias o extractos aromatizantes, los vinos dulces, los licores, los aguardientes, etc.

CONSEJOS PRÁCTICOS para batidos, granizados y helados

Cómo se sirven los batidos

Para distribuir un batido en copas o en vasos altos, se llenarán primero hasta la mitad; después se completarán, procurando repartir la espuma entre todos.

Los batidos resultarán más sabrosos y mejor presentados si se cubren con nata montada y se espolvorean luego con chocolate rallado o canela en polvo.

Granizados

Una vez que el granizado esté hecho —debe removerse varias veces mientras congela— se retira del congelador y se pica el bloque, repartiéndolo luego en copas.

Cómo se sirven los granizados

Para conservar fríos los granizados y sorbetes durante más tiempo, y presentarlos mejor, se introducen unos minutos en el congelador las copas mojadas; de este modo adquieren un tono blanquecino como el del hielo.

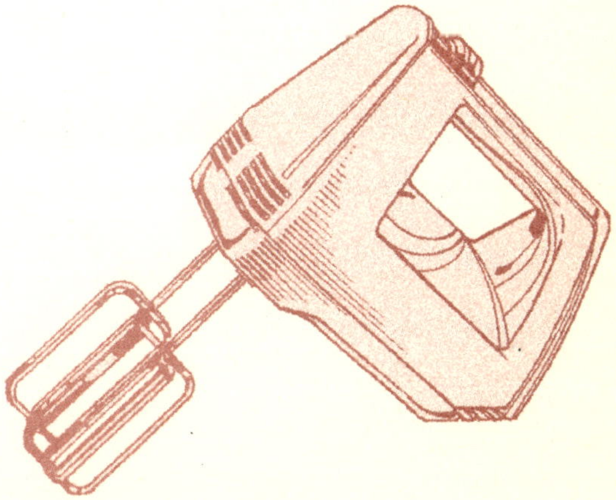

Helados

Los helados, así como los granizados y sorbetes, se ponen a congelar en recipientes metálicos. Pueden emplearse, si no se dispone de otros, los destinados a hacer cubitos de hielo, quitándoles la rejilla.

Cómo se sirven los helados

Antes de degustarlos, los helados reposarán a temperatura ambiente unos 10 minutos, para que no estén ni muy duros ni demasiado fríos; además, su sabor se apreciará mejor.

TABLAS DE CALORÍAS

Con esta tabla de calorías podrás calcular el valor energético de cada plato y confeccionar, un menú equilibrado que ayudará a toda la familia a conservar la línea. Recuerda que el número de calorías diarias que necesita una persona normal es de 1.500 a 1.800, y que exceder estas cifras conduce irremediablemente a almacenar kilos de más.

BEBIDAS	
Bitter	95
Café sin azúcar (1 taza)	0
Café con leche, sin azúcar (1 taza)	40
Champán o cava (1 copa)	160
Cerveza (1 vaso)	90
Coñac (1 copa)	44
Coca cola (1 vaso)	90
Cubalibre (1 vaso)	162
Sangría (1 vaso)	320
Té sin azúcar (1 taza)	0
Té con leche. sin azúcar (1 tacita)	10
Tónica	68
Vino blanco (1 vaso)	175
Vino tinto (1 vaso)	170

ZUMOS	
Limón (1 vaso)	24
Naranja (1 vaso)	70
Pomelo (1 vaso)	30
Tomate (1 vaso)	20

CONFITERÍA	
Azúcar (1 cucharadita)	16
Bombón	50
Caramelo	20
Chocolate (50 gr)	300
Croissant	195
Galleta	30
Helado (1 bola)	95
Miel (1 cucharada)	15
Natillas (1 ración)	240

MERMELADAS	
Albaricoque (50 gr)	137
Ciruelas (50 gr)	135
Frambuesas (50 gr)	135
Fresas (50 gr)	135
Melocotón (50 gr)	137

FRUTAS	
Albaricoque	54
Cerezas (100 gr)	52
Ciruelas (100 gr)	62
Fresas (100 gr)	40
Mandarina	50
Manzana	60
Melocotón	42
Melón (100 gr)	30
Naranja	54
Pera	56
Piña natural (100 gr)	56
Plátano	95
Sandía (100gr)	24
Uva (100 gr)	80

FRUTOS SECOS	
Almendras (100 gr)	671
Avellanas (100 gr)	690
Cacahuetes (100 gr)	630
Nueces (100 gr)	705
Piñones (100 gr)	626

HUEVOS	
Huevo crudo	155
Huevo cocido	155
Huevo frito	230
Tortilla (1 huevo)	256

LÁCTEOS Y DERIVADOS	
Leche de vaca (1 vaso)	66
Leche desnatada (1 vaso)	36
Mantequilla (50 gr)	380
Nata (100 gr)	300
Yogur natural	65
Yogur desnatado	45
Yogur de frutas	117
Queso de bola (100 gr)	270
Queso de Burgos (100 gr)	200
Queso fresco,tipo requesón (100 gr)	35
Queso gruyère	460
Queso emmental (100gr)	417
Queso manchego (100 gr)	460
Queso rallado (1 cucharadita)	10
Roquefort (100gr)	300

Preparaciones Básicas

El fondant

Es una pasta blanca formada por finos cristales de azúcar unidos por un almíbar concentrado.

La cocción se hace con el almíbar a punto de bola.

Cantidades:

* *1 kg de azúcar*
* *100 g de glucosa*
* *25 cl de agua*

Preparación

1. *Verter el almíbar sobre una superficie de mármol humedecida. Rociar con agua. Una vez frío el almíbar (35 °C), trabajarlo con una espátula metálica o de madera, raspando el mármol para llevar todo el azúcar a un solo punto. Después, a la inversa: extender el almíbar sobre el mármol, levantando sólo la parte superior de la capa de azúcar. Este movimiento repetido es el que favorece la transformación del almíbar en fondant, que en primer lugar se torna opaco y después cada vez más blanquecino. Seguir moviendo hasta que la mezcla espese. Reservar en un cubo o recipiente de plástico que cierre herméticamente.*

Utilización

1. *Poner la cantidad de fondant necesaria en un cacillo. Calentarlo a fuego lento o al baño María, trabajándolo con una espátula de madera. La temperatura no debe pasar los 34 °C. Para que la capa de fondant no quede muy espesa, se puede aligerar con almíbar espeso o con agua.*
2. *El fondant que se ha calentado en exceso no queda brillante. Si esto ocurre, debe añadirse un poco de fondant fresco y derretirlo de nuevo. Si está demasiado líquido, queda transparente y no se puede utilizar.*
3. *Sirve para glasear toda clase de pasteles y se añade a la pasta de almendras para evitar que quede aceitosa.*

El almíbar para abrillantar

ALMÍBAR CLARO

Pulpa de fruta pasada por el chino, enriquecida con azúcar, pectina, esencia de fruta y colorante.

ALMÍBAR ROJO

Pulpa de frutas rojas tamizada, enriquecida con azúcar, pectina, esencia de fruta y colorante.

La pasta de almendras

Podemos distinguir la pasta de almendras crudas y cocidas. Los porcentajes de azúcar y almendras son los siguientes:

Pasta de almendras:

|* *25% de almendras*

|* *75% de azúcar*

Pasta de almendras de confitería:

|* *33% de almendras*

|* *65% de azúcar*

Pasta de almendras a partes iguales:

|* *50% de almendras*

|* *50% de azúcar*

Evidentemente, el porcentaje de almendras es el que determina el precio y la utilización de esta pasta.

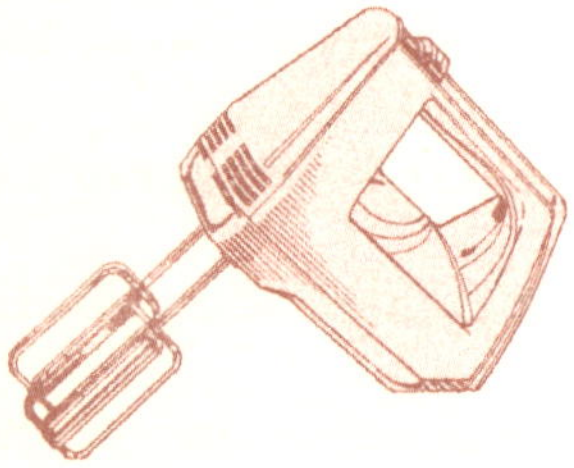

Pasta de almendras crudas al 25%

Ingredientes

|* *500 g de almendras crudas*

|* *1,250 kg de azúcar glas*

|* *2,5 dl de almíbar espeso*

|* *150 g de glucosa*

Preparación

Triturar todos los ingredientes con un robot de cocina. Puede servir también una buena batidora, pero la pasta queda algo menos fina.

Pasta de almendras al 25%

Ingredientes

|* *500 g de almendras crudas*

|* *1,500 kg de azúcar*

|* *150 g de glucosa*

|* *40 cl de agua*

Preparación

1. Cocer el azúcar hasta que alcance el punto de bola. Verterlo sobre las almendras, removiendo con una espátula, hasta que el azúcar blanquee y espese, formando un fondant enriquecido con almendras.

2. Una vez fría la mezcla, reducirla a una pasta fina.

3. No añadir aceite a la pasta; si fuera necesario, incorporar un poco de almíbar espeso al final de la operación de triturado. Aromatizar y colorear al gusto.

4. *Para hacer una pasta de almendras rápida, mezclar 2/3 de fondant blanco y 1/3 de almendras crudas molidas.*
5. *En todos los casos, trabajar y extender con azúcar glas.*
6. *La pasta de almendras sirve para cubrir algunos pasteles y para rellenar dulces y bombones.*

El praliné

Ingredientes

* 450 g de almendras o de avellanas
* 450 g de azúcar
* 100 g de glucosa

Preparación

1. *Tostar las almendras en el horno a temperatura media (200 °C).*
2. *Derretir el azúcar sin agua hasta conseguir un caramelo rubio.*
3. *Mezclar las almendras tostadas con el caramelo y seguidamente poner el conjunto sobre una placa untada con aceite. Dejar enfriar y triturar (en pedazos); seguidamente formar una pasta añadiendo aceite, que resulta obligado para hacer el praliné.*
4. *Se utiliza para aromatizar toda clase de cremas, helados y suflés. Sirve para hacer bombones, con la adición de un agente endurecedor (chocolate de cobertura) que contribuye a solidificarlo, manteniendo su untuosidad.*
5. *Se conserva durante bastante tiempo en una lata bien cerrada.*

Praliné de almendras claro - *almendras escaldadas y tostadas*

Praliné oscuro - *almendras crudas (con la piel) tostadas*

Praliné de avellanas claro - *avellanas tostadas sin la piel*

Praliné de avellanas oscuro - *avellanas tostadas con la piel, caramelo más oscuro.*

El azúcar

Azúcar en terrones

Se utiliza para cocer azúcar con agua y glucosa y para montar los petisús y otros pasteles, o para caramelizar frutas rellenas de pasta de almendras.

Azúcar normal

Se utiliza para hacer almíbar. Agua y azúcar llevados a ebullición.

Azúcar extrafino

Se utiliza para repostería, cremas, bizcochos, masas de tarta, etc.

Azúcar glass

Se utiliza para hacer pasta de galleta, para algunos tipos de pastelitos, para hacer glaseado y para decorar.

Azúcar moreno o mascabado claro u oscuro

Se utiliza para espolvorear la fruta antes de gratinarla en el grill del horno o la salamandra.

ALMÍBAR ESPESO

Para prepararlo es necesario utilizar el mismo peso de agua que de azúcar y llevarlo a ebullición.

GLUCOSA LIQUIDA

La glucosa es un almíbar transparente y espeso que se obtiene tras la transformación del almidón de maíz.

Su poder edulcorante es tres veces menor que el del azúcar.

Utilización

Sirve para impedir que el azúcar se apelmace (es decir, para evitar su cristalización). Ejemplo : fondant, pasta de almendras, praliné, azúcar cocido para montaje de pasteles, fruta caramelizada, hilos de azúcar y flores de azúcar.

Asimismo, sirve para hacer más esponjosos algunos pasteles.

También se encuentra en polvo en las farmacias.

Elementos decorativos

LA FRUTA CONFITADA

Fruta confitada cortada en dados, cerezas confitadas, angélica, piel de naranja confitada.

MOTIVOS DECORATIVOS DE AZÚCAR

Perlas al Cointreau, granos de café al licor de violeta, mimosa, perlas doradas.

AROMATIZANTES

- Vaina de vainilla
- Vainilla en polvo
- Azúcar avainillado
- Extracto de vainilla
- Extracto de café
- Café soluble
- Caramelo
- Agua de azahar

• Aroma de limón
• Aroma de fresa
• Aroma de grosella negra
• Aroma de frambuesa
• Aroma de mandarina
• Aroma de naranja

EXTRACTO DE CAFÉ

Se obtiene a partir de azúcar caramelizado bastante oscuro, hecho con agua y seguidamente dejado en infusión junto con café molido.

Una vez filtrado el conjunto, se obtiene el extracto de café.

Actualmente, y gracias a los cafés solubles, es muy fácil hacer extractos para aromatizar cremas o emborrachar pasteles.

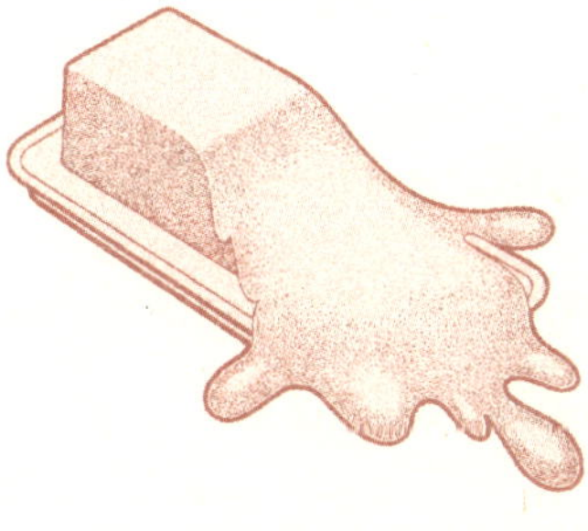

PASTAS Y MASAS

Masa quebrada

Para 400 g aproximadamente

Tiempo de elaboración: 25 minutos

Ingredientes

* *250 g de harina de fuerza*
* *5 g de sal*
* *20 g de azúcar*
* *125 g de mantequilla*
* *1 yema de huevo*
* *5 cl de agua*

Preparación

1. *Tamizar la harina sobre una superficie de mármol o mesa de trabajo. Formar un volcán y poner en el centro la sal, el azúcar y la mantequilla cortada en dados.*
2. *Poner el agua y la yema en un cuenco pequeño y mezclar con un tenedor. Reservar.*
3. *Mezclar los ingredientes de la masa con los dedos y seguidamente poner la mezcla entre las manos y frotarlas, sin apretar demasiado, hasta que tenga aspecto arenoso.*
4. *Formar nuevamente un volcán y poner en el centro la mezcla de agua y yema de huevo, no debiendo quedar excesivamente mojada, ya que quedará pegajosa y será difícil de manejar y de cocer. Mezclar poco a poco, imprimiendo un movimiento circular al conjunto.*
5. *Amasar hasta que la pasta quede homo-*

génea, no debiendo hacerlo en exceso o, de lo contrario, quedará dura y quebradiza.

6. Se utiliza como fondo de toda clase de tartas.

Pasta sablé

Para 60 unidades

Tiempo de elaboración: 20 minutos

Ingredientes

* 250 g de harina
* 150 g de mantequilla
* 125 g de azúcar
* 2 g de levadura química
* 1 cucharadita de cacao o de extracto de vainilla (opcional)
* 3 yemas de huevo

Ingredientes

1. Hacer un volcán con la harina y la levadura.
2. Poner la mantequilla, las yemas, la vainilla y el azúcar en el centro. Mezclar todos los ingredientes, excepto la harina, hasta que el conjunto quede homogéneo.
3. Mezclar esta masa rápidamente con la harina, hasta que quede bien incorporada.
4. Amasar. Este método proporciona una pasta blanda que deberá refrigerarse brevemente antes de estirarla.

Pasta de galleta

Para 500 g aproximadamente

Tiempo de elaboración: 20 minutos

Ingredientes

* 250 g de harina
* 100 g de azúcar glas
* 100 g de mantequilla
* 1 huevo

Preparación

1. Proceder de la misma manera que para hacer la masa quebrada, mezclando la harina, el azúcar y la mantequilla. Añadir el huevo batido y amasar.
2. Para hacer tartas grandes que deban cortarse en porciones, añadir 2 g de levadura química a la harina, para que la pasta quede ligera y resulte fácil de cortar.
3. Dado su contenido en azúcar, la pasta queda mejor con la incorporación de la clara del huevo en lugar de agua.

MASA DE HOJALDRE (tartas, pithiviers y milhojas)

Masa de hojaldre

Para 500 g aproximadamente

Tiempo de elaboración: 1 hora y 50 min.

Ingredientes

* 300 g de harina de fuerza
* 6 g de sal
* 1,5 dl de agua
* 225 g de margarina o mantequilla

Preparación

1. Tamizar la harina y formar un volcán. Poner en el centro la sal y la mitad del agua.
2. Disolver la sal con la punta de los dedos y seguidamente incorporar rápidamente la harina, desde dentro hacia afuera. En cuanto se pueda formar una bola pequeña, mantenerla en la palma de la mano, haciéndola rodar y apretándola con fuerza. Añadir el agua y la harina restante poco a poco.
3. Formar una bola más bien firme y darle unos cortes con un cuchillo para que pierda elasticidad.
4. Dejar reposar la masa durante 10 minutos.
5. Preparar la mantequilla. Para ello, golpearla con un rodillo sobre una hoja de papel vegetal (deberá tener poco más o menos la misma consistencia que la masa) y formar un cuadrado de 15 x 15 cm.
6. Estirar la masa con un rodillo y formar un cuadrado de 25 x 25 cm, dejando el centro del mismo un poco más grueso. Poner el cuadrado de mantequilla en el centro del cuadrado de masa a tresbolillo.
7. Encerrar la mantequilla en el cuadrado de masa.
8. Estirar la masa con un rodillo en sentido longitudinal, manteniendo la anchura inicial, hasta que tenga 7 mm de grosor y sea tres veces más larga que ancha. Doblar la masa sobre sí misma en tres partes iguales; esta operación constituye una vuelta.
9. Hacer girar la masa un cuarto de vuelta y repetir la operación. Dejar reposar durante 20 minutos.
10. Repetir la operación otras dos veces (2 vueltas) y dejar reposar durante 20 minutos.
11. Dar otras dos vueltas más. La masa queda lista, aunque deberá reposar otros 20 minutos antes de utilizarse.

CONSEJOS

1. Envolver la masa para que repose en una bolsa de plástico o film transparente, para evitar que se forme costra.
2. La masa puede prepararse la víspera. Admite muy bien la congelación, tanto en una pieza como fragmentada.

Masa de hojaldre rápida

Para 500 g aproximadamente

Tiempo de elaboración: 50 minutos

Ingredientes

- *300 g de harina*
- *6 g de sal*
- *1,5 dl de agua*
- *225 g de margarina o mantequilla, muy dura*

Preparación

1. *Tamizar la harina y formar un volcán. Poner en el centro la sal, el agua y la mantequilla cortada en dados de 1 cm de lado. Disolver la sal en el agua y amasar ligeramente como para hacer masa quebrada, dejando los pedazos de mantequilla visibles.*
2. *Distribuir el agua y la mantequilla, aglomerando sin apretar en exceso y sin amasar.*
3. *Formar un rectángulo y estirarlo con un rodillo, debiendo ser 4 veces más largo que ancho. Doblar la masa sobre sí misma, hacerla girar un cuarto de vuelta y repetir la operación.*
4. *Dejar reposar la masa durante 20 minutos, metida en una bolsa de plástico o envuelta en film transparente, y dar otras dos vueltas dobles.*
5. *Dejar reposar otros 20 minutos, a ser posible, antes de utilizar la masa. Estirarla y cortarla como una masa normal.*
6. *Es especialmente adecuada para preparar milhojas o pizzas en miniatura.*

CONSEJOS

1. Si el hojaldre se hace con mantequilla, refrigerar la primera masa antes de incorporar la mantequilla, que deberá estar muy dura. Aumentar el tiempo de reposo entre cada vuelta, para poder endurecer la masa en el frigorífico.
2. En época de calor, mantener fría la superficie de trabajo.

Masa para plancha de bizcocho

Para 8 personas

Tiempo de elaboración: 17 minutos

Ingredientes

* 4 yemas de huevo
* 75 g de azúcar
* 50 g de harina
* 50 g de fécula
* 4 claras de huevo más
* 25 g de azúcar

Preparación

1. Separar las yemas de las claras. Añadir el azúcar en forma de lluvia a las yemas y batir con fuerza hasta que la mezcla quede blanquecina, aumente de volumen y espese.
2. Montar las claras a punto de nieve y mezclarlas con el azúcar. Incorporar a los huevos la harina y la fécula tamizadas y mezclar para que no se bajen las claras.
4. Extender la mezcla sobre una hoja de papel parafinado de 20 x 30 cm untada con mantequilla, debiendo tener un grosor uniforme. Meter al horno inmediatamente.
5. Una vez cocida la plancha de bizcocho, ponerla sobre una mesa u otra placa fría para evitar que el bizcocho se seque.
6. No retirar el papel hasta el momento de utilizar el bizcocho. En caso de que el bizcocho se seque, darle la vuelta y humedecerlo con ayuda de un pincel para que el papel se desprenda con facilidad.

Masa para saboyana

Para 8 personas

Tiempo de elaboración: 55 minutos

Ingredientes

* 4 yemas de huevo
* 100 g de azúcar
* 60 g de harina
* 60 g de fécula
* 4 claras de huevo más 20 g de azúcar
* 20 g de azúcar glas

Preparación

1. Preparar el bizcocho de la misma manera que la plancha. Ponerlo en un molde untado con mantequilla y espolvoreado con harina.
2. Espolvorear la superficie con azúcar glas. Meter al horno inmediatamente. Desmoldar y poner sobre una rejilla recubierta de un paño.

Masa para bizcochos de soletilla

Para 8 personas

Tiempo de elaboración: 20 minutos

Ingredientes

- 4 yemas de huevo
- 100 g de azúcar
- 120 g de harina
- 4 claras de huevo más 20 g de azúcar
- 40 g de azúcar glas

Preparación

1. Preparar la masa de bizcocho de la misma manera que la de la plancha de bizcocho.
2. Las claras montadas a punto de nieve deberán estar muy duras para que los bizcochos queden redondeados.
3. Poner la mezcla en una manga pastelera y disponerla sobre una placa de horno cubierta con papel parafinado untado con un poco de mantequilla. Espolvorear la superficie con azúcar glas y, cuando el azúcar se haya absorbido, espolvorear nuevamente. Meter al horno inmediatamente, no debiendo estar éste herméticamente cerrado (se puede poner una cuchara de madera en la bisagra).
4. La superficie de los bizcochos debe tener un aspecto perlado al finalizar la cocción.

Masa para brioche

Para 500 g aproximadamente

Tiempo de elaboración: 15 minutos

Fermentación: 3 horas

Ingredientes

- 250 g de harina de fuerza
- 5 g de sal
- 15 g de azúcar
- 2 1/2 huevos
- 10 g de levadura de cerveza
- 3 cl de agua templada
- 125 g de mantequilla

Preparación

1. Tamizar la harina sobre la superficie de trabajo, mezclarla con la sal y formar un volcán.
2. Desleír la levadura en un poco de agua templada y verterla en el centro del volcán de harina, junto con el azúcar y los huevos. Mezclar con la punta de los dedos, ampliando el movimiento para amasar todos los ingredientes.
3. Formar una bola, que deberá estar algo blanda. Golpear la masa con fuerza sobre la superficie de trabajo, doblándola sobre sí misma para que adquiera elasticidad. Si queda demasiado dura, se puede añadir un

poco de agua o 1/2 huevo. Coger la mitad de la masa e incorporar la mantequilla ligeramente ablandada. Mezclar con la masa restante, cortando la masa y volviéndola a amasar.

4. *Poner la masa en un cuenco amplio y cubrir con film transparente. Dejar que la masa repose en un lugar caliente hasta que su volumen se haya triplicado.*
5. *Al cabo de este tiempo, golpear la masa contra la superficie de trabajo espolvoreada con harina para «desinflarla». Doblar la masa sobre sí misma varias veces.*
6. *Si se dispone de tiempo suficiente, dejar fermentar la masa nuevamente en un lugar más fresco para endurecer la masa y facilitar su utilización.*
7. *Cortar la masa y ponerla sobre una placa o en un molde. Dejar fermentar hasta que triplique de volumen, pintarla con huevo batido y meterla al horno a temperatura media.*
8. *Las piezas grandes deben cocer a temperatura más suave (180 ºC).*
9. *Es imperativo detener la fermentación en su momento mediante la cocción. Los fermentos, que son numerosos, darían mal sabor y un feo color a la masa.*

Se puede preparar la masa de víspera, en cuyo caso debe reducirse la cantidad de levadura, meterla al frigorífico después de la primera fermentación y utilizarla al día siguiente.

También se puede congelar en pequeñas cantidades.

Pasta choux

Para 300 g aproximadamente

Tiempo de elaboración: 30 minutos

Ingredientes

- *12,5 cl de agua*
- *2 g de sal*
- *4 g de azúcar*
- *50 g de mantequilla*
- *80 g de harina de fuerza*
- *2 a 2 1/2 huevos medianos*

Preparación

1. *Llevar a ebullición el agua, la sal, el azúcar y la mantequilla, y retirar del fuego inmediatamente. Añadir la harina tamizada de una sola vez, removiendo con fuerza.*

2. Poner nuevamente al fuego para que la pasta se seque, sin dejar de remover, hasta que quede bastante firme.
3. Poner en un cuenco, añadir medio huevo y mezclar hasta que quede bien incorporado. Seguir añadiendo los huevos de medios en medios, no más cantidad, hasta que la anterior haya quedado completamente incorporada en la masa.
4. La pasta debe quedar lisa y ligera, sin resultar resbalosa.

OBSERVACIÓN

Debe evitarse que la levadura y la sal entren en contacto directo, ya que existe el riesgo de que esta última «neutralice» a la primera.

Masa de crepes

Para 30 a 32 unidades, según el tamaño de la sartén

Tiempo de elaboración: 5 minutos

Reposo: 1 hora (opcional)

Ingredientes

- 250 g de harina
- 3 g de sal
- 20 g de azúcar
- 5 huevos
- 75 cl de leche
- 25 g de mantequilla
- 25 cl de aceite

Preparación

1. Poner la harina en un cuenco amplio y formar un volcán.
2. Añadir la sal, el azúcar, los huevos y la mitad de leche.
3. Mezclar con un batidor de varillas hasta conseguir una masa lisa.
4. Agregar la leche restante y mezclar de nuevo.
5. Pasar por el chino.
6. Dejar reposar, a ser posible, durante 1 hora. Cuando se vaya a utilizar, añadir el aceite y la mantequilla derretida.
7. Calentar la sartén no sin antes engrasarla con papel de cocina o un trapito atado a un tenedor embebidos de aceite.
8. La sartén no debe humear. Verter con la mano derecha la cantidad de masa necesaria, mientras con la izquierda se imprime un movimiento circular a la sartén. La masa debe cubrir todo el fondo. Poner de nuevo al fuego. En cuanto la masa empiece a tomar color en los bordes, compruebe con una paleta que no se ha pegado.

9. Déle la vuelta con un movimiento rápido para que se haga por el otro lado.

10. Reservar las crepes apilándolas en un plato. Para mantenerlas calientes, basta con taparlas con una ensaladera al revés o con envolverlas en papel de aluminio y colocarlas a horno suave entre tanto.

Pasta de freír

Para 6 personas

Tiempo de elaboración: 25 minutos

Reposo: 1 hora

Ingredientes

|* 125 g de harina

|* 2 g de sal

|* 1 huevo

|* 10 cl de cerveza

|* 1 cl más 1 cl de aceite

|* 2 claras de huevo

Preparación

1. Tamizar la harina y ponerla en un cuenco formando un volcán. Poner en el centro el huevo, la sal, la cerveza y 1 cl de aceite.

2. Mezclar todos los ingredientes con una espátula y cubrir la superficie de la pasta con 1 cl de aceite para evitar que se forme costra.

3. Dejar reposar, a ser posible, 1 hora antes de incorporar las claras montadas a punto de nieve; esto servirá para aligerar la pasta. Hacer esta operación con ayuda de una espátula de madera, cortando la pasta, como se hace con todas las mezclas delicadas (masa para bizcocho, etc.).

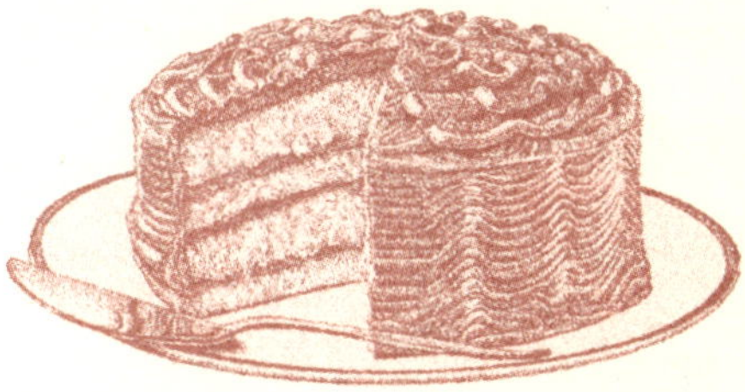

Masa de gofres

Para 6 personas

Tiempo de elaboración: 10 minutos

Ingredientes

|* 250 g de harina

|* 150 g de azúcar

|* 3 huevos

|* 1/2 litro de leche

|* 100 g de mantequilla derretida

Preparación

1. Mezclar todos los ingredientes, excepto la mantequilla, hasta conseguir una masa lisa parecida a la de crepes y pasarla por el chino. Añadir la mantequilla derretida y mezclar.

2. Cocer en el aparato especial para gofres caliente y untado con mantequilla o aceite. Espolvorear con azúcar glas.
3. Cubrir con nata montada, crema de castañas o salsa de chocolate.

MASAS DE MERENGUE

Merengue ligero

Para 8 personas

Tiempo de elaboración: 55 minutos

Ingredientes

* 4 claras de huevo
* 250 g de azúcar

Preparación

1. Batir las claras con la mitad del azúcar hasta que estén firmes. Añadir el azúcar restante y seguir batiendo hasta conseguir un merengue brillante y compacto.
2. Poner el merengue en una manga pastelera y disponerlo sobre una placa de horno cubierta de papel parafinado o vegetal. Meter al horno, con la puerta entreabierta (se puede poner una cuchara de madera en la bisagra), para que salga el vapor.

Merengue italiano

Para 400 g aproximadamente

Tiempo de elaboración: 20 minutos

Ingredientes

* 4 claras de huevo
* 250 g de azúcar
* 6 cl de agua

Preparación

1. Cocer el azúcar y el agua hasta que alcance el punto de bola. Verter este almíbar al hilo sobre las claras a medio montar. Batir hasta que se enfríe por completo.
2. Utilización (una vez frío): crema de mantequilla a la italiana, suflés helados, turrón helado.

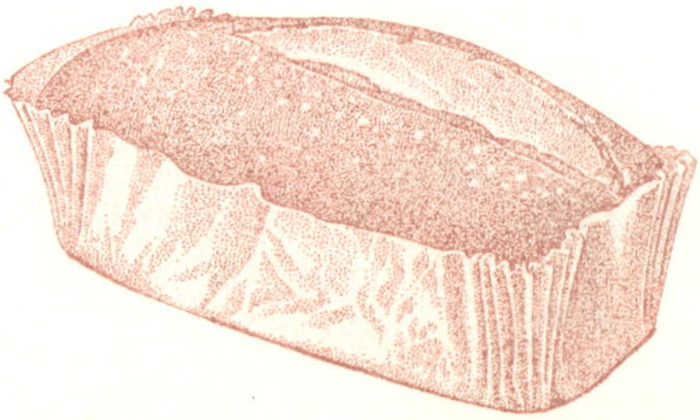

Merengue suizo

Para 300 g aproximadamente

Tiempo de elaboración: 75 minutos

Ingredientes

4 claras de huevo

250 g de azúcar

Preparación

1. Poner las claras y el azúcar en un cuenco al baño María a 60 °C. Batir hasta que la mezcla quede espumosa y haya espesado. Retirar del fuego y batir hasta que se enfríe por completo (20 °C), añadiendo unas gotas de zumo de limón. El merengue estará listo cuando quede compacto.
2. Se utiliza principalmente para preparar pastelitos.

Merengue de almendras (para bases y montaje de pasteles)

Para 8 personas

Tiempo de elaboración: 55 minutos

Ingredientes

- 6 claras de huevo
- 120 g de almendras o avellanas molidas
- 160 g de azúcar
- 20 g de harina

Preparación

1. Empezar a montar las claras de huevo. Añadir 30 g de azúcar y seguir batiendo con fuerza.
2. Incorporar el azúcar restante en forma de lluvia, las avellanas y la harina, cortando la masa, hasta que quede homogénea.
3. Esta masa puede ponerse en una manga pastelera con boquilla mediana y disponerse en espiral sobre una placa de horno cubierta con papel parafinado.
4. También puede extenderse con ayuda de una espátula metálica.
5. Meter al horno a 160 °C, con la puerta entreabierta (se puede poner una cuchara de madera en la bisagra), 35 minutos. Si fuera necesario, cocer unos minutos más para que termine de secarse.

Esta masa sirve para montar algunos pasteles, como vachcrins y vieneses, y como relleno de pasteles grandes. Una vez cocida, se conserva varios días.

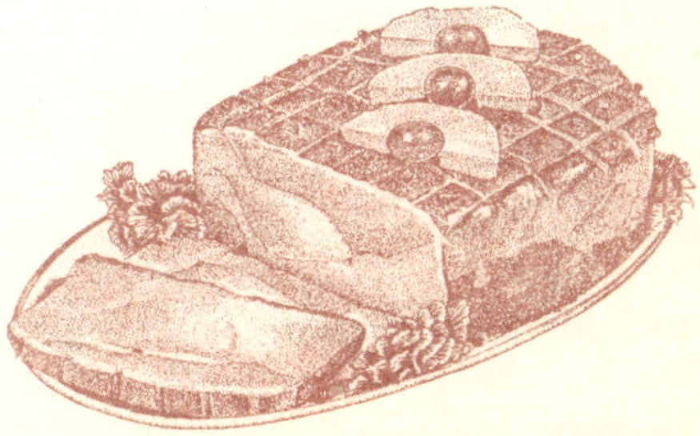

Masa de bizcocho

Para 8 personas

Tiempo de elaboración: 45 minutos

Ingredientes

|* 4 huevo medianos

|* 125 g de azúcar

|* 125 g de harina de fuerza

|* 40 g de mantequilla (opcional)

|* 4 huevos

|* 125 g de azúcar

|* 100 g de harina

|* 25 g de cacao

|* 40 g de mantequilla (opcional)

Preparación

1. Untar el molde con mantequilla y dejar enfriar.
2. Poner los huevos y el azúcar en un cuenco mediano y batir ligeramente para que el azúcar no se quede sobre las yemas.
3. Poner a calentar un baño María, no debiendo rebasar los 60 °C o, de lo contrario, los huevos podrían cuajarse.
4. Tamizar la harina sobre una hoja de papel y reservar.
5. Poner el cuenco al baño María y batir la mezcla con fuerza con un batidor de varillas hasta que quede esponjosa y ligera.
6. Una vez que la mezcla haya cuadruplicado de volumen y esté tibia (40 °C), retirarla del baño María y seguir batiendo con fuerza hasta que quede blanquecina y espesa.
7. Dejar de batir cuando la mezcla esté casi fría y añadir la harina en forma de lluvia, mezclándola suavemente con una espátula.
8. Incorporar la mantequilla derretida, si se utiliza, y mezclar hasta que no queden restos de harina.
9. Espolvorear el molde con harina, darle la vuelta y golpearlo para eliminar el exceso de harina.
10. Llenar el molde hasta 2/3 de su capacidad y meterlo inmediatamente al horno a 180 °C durante 35 minutos. El bizcocho estará listo cuando, al apretar suavemente la superficie, emita un ligero crujido y recupere su forma inicial.
11. Desmoldar y poner sobre una rejilla cubierta con un paño.

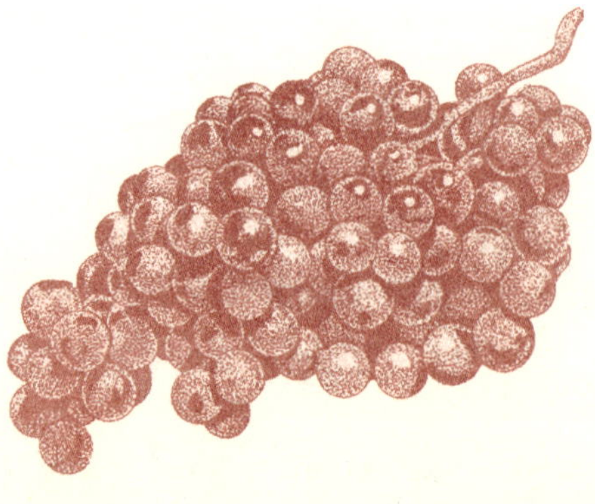

Masa de bizcocho de naranja

Para 6 personas

Tiempo de elaboración: 55 minutos

Ingredientes

- *2 huevos y 1 yema*
- *125 g de mantequilla*
- *125 g de azúcar*
- *125 g de harina*
- *Ralladura de 1 naranja*
- *2 cl de Cointreau*
- *Unas gotas de extracto de vainilla*
- *3 g de levadura química*

Preparación

1. *Batir la mantequilla con un batidor de varillas hasta que alcance el punto de pomada. Añadir el azúcar y trabajar la mezcla hasta que quede blanquecina y cremosa.*
2. *Añadir la ralladura de naranja, el Cointreau y la vainilla. Agregar los huevos y la yema en varias veces y mezclar.*
3. *Incorporar la harina y la levadura y mezclar suavemente con una espátula.*
4. *Poner la mezcla en un molde de cake de 20 a 25 cm de largo forrado con papel parafinado y meter al horno.*
5. *Al cabo de 10 minutos, hacer un corte a lo largo de la superficie del bizcocho con una puntilla para que la masa suba. Seguir cociendo.*

Este pastel puede servirse con crema inglesa (natillas), macedonia de frutas o té o para un buffet. Se puede decorar con gajos de naranja, cerezas confitadas, angélica, pistachos o almendras tostadas y cubrir con almíbar claro.

Forrar o encamisar un molde

Preparación

1. *Dibujar el contorno del molde sobre una hoja de papel parafinado. Recortar la forma.*
3. *Forrar el molde con el papel, apretando en las esquinas.*

CONSEJO

No retirar el papel hasta el momento de servir. De esta manera, el pastel se secará menos.

Masa de bizcocho borracho

Para unas 10 personas, según el tamaño

Tiempo de elaboración: 22 minutos

Fermentación: 1 hora y 30 minutos

Ingredientes

- *250 g de harina*
- *4 g de sal*
- *20 g de azúcar*
- *15 g de levadura*
- *8 cl de agua templada*
- *3 huevos*
- *80 g de mantequilla derretida*

Preparación

1. *Proceder de la misma manera que para hacer la masa de brioche, sin incorporar toda el agua al principio. Amasar en un cuenco amplio para alisar la masa y proporcionarle elasticidad. Añadir el agua restante poco a poco.*
2. *Dejar fermentar la masa en un lugar caliente (30°), cubierta con un paño y protegida de corrientes de aire. Cuando haya triplicado de volumen, añadir la mantequilla derretida, pero no hirviendo, para no destruir los fermentos. Mezclar a fondo hasta que la mantequilla quede bien ligada.*
3. *Poner la masa en los moldes, previamente untados con mantequilla, llenándolos hasta 2/3 de su capacidad, y dejar que suba hasta el borde. Meter al horno inmediatamente a temperatura media.*

Esta masa es más blanda y más rica en levadura, lo que permite un rápido desarrollo de burbujas y facilita de esta manera la operación de emborrachado.

Masa de tulipas

Para 400 g aproximadamente

Tiempo de elaboración: 10 minutos

Ingredientes

- *100 g de harina*
- *100 g de azúcar glas*
- *4 claras de huevo*
- *1 cl de nata*

Preparación

1. *Tamizar la harina y el azúcar glas sobre un cuenco amplio. Añadir las claras de huevo y la nata, y trabajarlas con un batidor de varillas hasta que la masa quede lisa.*

LAS CREMAS

Crema inglesa

Para 7 dl aproximadamente

Tiempo de elaboración: 20 minutos

Ingredientes

- * 1/2 litro de leche
- * 5 yemas de huevo
- * 125 g de azúcar
- * 1/2 vaina de vainilla
- * o extracto de vainilla (1 cucharadita)

Preparación

1. Llevar a ebullición la leche con la vainilla en un cazo de fondo grueso, previamente humedecido.
2. Batir las yemas y el azúcar en un cuenco con un batidor de varillas hasta que la mezcla quede blanquecina.
3. Añadir un tercio de la leche hirviendo, sin dejar de remover, y seguidamente agregar la leche restante.
4. Mezclar, asegurándose de que la leche no se agarre al fondo, y poner a calentar a fuego lento, removiendo con una espátula de madera, hasta que la crema cubra ligeramente la cuchara.
5. La crema no debe hervir en ningún momento, o, de lo contrario, las yemas se cortarán.
6. Una vez terminada la cocción, pasar la crema por un chino para enfriarla y eliminar las impurezas que pudiera contener, como galladuras o fragmentos de cáscara de huevo. Poner el recipiente sobre un cuenco con agua fría y remover para favorecer el enfriamiento.
7. Meter al frigorífico en cuanto la crema se haya enfriado lo suficiente.

CONSEJOS

1. Las yemas no deben batirse en exceso, ya que, al quedar esponjosas, resulta difícil controlar el punto de cocción.
2. Es muy importante remover la crema a fondo durante la cocción para repartir el calor.
3. La crema resulta más untuosa si la cocción es lenta y prolongada.
4. En caso de que la crema haya cocido en exceso, se puede arreglar batiéndola y seguidamente pasándola por el chino.

Crema de mantequilla

Para 400 g aproximadamente

Tiempo de elaboración: 20 minutos

Ingredientes

|* 1 huevo y 3 yemas

|* 180 g de azúcar

|* 5 cl de agua

|* 250 g de mantequilla

Preparación

1. Poner el azúcar y el agua a fuego medio y llevar a ebullición, removiendo al principio para evitar que el azúcar se caramelice.
2. Mantener la ebullición para conseguir una concentración de azúcar, a una temperatura de 117 °C. Esta cocción es la llamada de punto de bola. Para verificar este punto, sumergir una cuchara en agua fría, seguidamente sumergirla en el almíbar y de nuevo en agua fría. La consistencia del azúcar depositado sobre la cuchara permitirá la formación de una bola pequeña, de ahí el nombre «punto de bola».
3. Verter el almíbar al hilo sobre el huevo y las yemas, batiendo con fuerza.
4. Seguir batiendo para aligerar la preparación, que espesará y quedará blanquecina al enfriarse.
5. Una vez fría la mezcla (15 a 18 °C), añadir la mantequilla en punto de pomada, batiendo hasta que quede homogénea.
6. Aromatizar al gusto.

Si la crema se guarda en el frigorífico, será preciso recalentarla y trabajarla de nuevo para que adquiera la temperatura adecuada y recupere su aspecto inicial.

VARIANTE

Ingredientes

|* 1 huevo

|* 125 g de azúcar más 3 cl de agua, cocidos a punto de bola

|* 125 g de mantequilla

Preparación

Se prepara de la misma manera que la crema de mantequilla descrita anteriormente.

Crema de almendras

Para 250 g de crema

Tiempo de elaboración: 5 minutos

Ingredientes

|* 50 g de mantequilla

|* 65 g de azúcar

|* 65 g de almendras molidas

|* 1 huevo pequeño

|* 1 cl de kirsch o ron

Preparación

1. Ablandar la mantequilla hasta que alcance el punto de pomada.
2. Añadir el azúcar, las almendras y el huevo. Mezclar hasta que la crema quede homogénea.
3. Incorporar el kirsch o ron.

Crema de bavarois

Para 900 g de crema

Tiempo de elaboración: 10 minutos

Enfriamiento: 30 minutos

Reposo: 1 hora

Ingredientes

* 30 cl de leche
* 3 yemas de huevo
* 90 g de azúcar
* 3 hojas de gelatina (es decir, 6 g)
* 30 cl de nata montada

Preparación

1. Poner la leche a fuego suave y llevarla a ebullición.
2. Poner la gelatina en remojo en agua fría.
3. Batir el azúcar y las yemas de huevo hasta que la mezcla quede blanquecina.
4. Verter la leche hirviendo sobre la mezcla de yemas y mezclar. Poner nuevamente al fuego y cocer de la misma manera que la crema inglesa, hasta que cubra ligeramente la cuchara. Retirar del fuego y añadir la gelatina escurrida. Remover hasta que la gelatina se disuelva.
5. Pasar por el chino y poner a enfriar sobre un cuenco de agua fría con cubitos de hielo.
6. Cuando la mezcla esté fría pero no cuajada, incorporar la nata montada suavemente.
7. Aromatizar al gusto. Si la crema se cuaja antes de incorporar la nata montada, basta con recalentarla unos segundos a fuego suave o al baño María y remover con un batidor de varillas hasta que quede lisa.

CONSEJOS

El tamaño del recipiente debe escogerse en función de la cantidad de nata. Ésta debe ser siempre fresca. Se obtienen mejores resultados con la nata líquida, pero también puede emplearse nata espesa desleída con un poco de leche.

Norma importante para obtener una buena crema Chantilly: el recipiente, la nata y la habitación deben estar fríos. No bata la nata demasiado. Las moléculas de grasa se aglomeran y forman mantequilla.

Nata montada

Para 25 cl de nata

Tiempo de elaboración: 5 minutos

Ingredientes

* *25 cl de nata líquida*

Preparación

1. *Todos los elementos (nata, batidor, recipiente) deberán estar muy fríos.*
2. *Si no se utiliza inmediatamente, batir la nata de nuevo antes de utilizarla.*

Crema Chantilly

Para 300 g aproximadamente

Tiempo de elaboración: 10 minutos

Ingredientes

* *25 cl de nata líquida*
* *40 g de azúcar glas*
* *Unas gotas de extracto de vainilla*

Preparación

1. *Montar la nata. Al cabo de unos minutos, la nata queda esponjosa y mate y seguidamente pega al batidor.*
2. *Añadir el azúcar y la vainilla y batir con fuerza para endurecerla.*
3. *Es preciso detenerse a tiempo o, de lo contrario, la nata se separa.*

Crema de chocolate

PARA COBERTURA

Para 500 g aproximadamente

Tiempo de elaboración: 50 minutos

Ingredientes

* *10 cl de leche*
* *5 cl de nata*
* *375 g de chocolate*

Preparación

1. *Llevar la leche y la nata a ebullición. Trocear el chocolate y verter sobre él la leche y la nata. Retirar del fuego y remover con un batidor de varillas hasta que el chocolate se derrita.*
2. *Dejar enfriar hasta que la mezcla esté prácticamente solidificada. Recalentarla un poco y remover con fuerza hasta que la mezcla se aclare de color.*

La crema de chocolate debe quedar ligera para poder cubrir los pasteles.

Se utiliza de la misma manera que la crema de mantequilla.

PARA GLASEAR

Para 300 g aproximadamente

Tiempo de elaboración: 10 minutos

Ingredientes

- *200 g de cobertura de chocolate o de chocolate de calidad*
- *100 g de mantequilla*

Preparación

1. *Picar el chocolate en pedazos grandes y ponerlo al baño María junto con la mantequilla hasta que se derrita.*
2. *Mezclar a fondo con un espátula y utilizarlo a una temperatura de 30 a 35 ºC.*
3. *Asimismo, puede aplicarse con un pincel de repostería.*

Crema pastelera

Para 800 g aproximadamente

Tiempo de elaboración: 20 minutos

- *1/2 litro de leche*
- *3 yemas de huevo*
- *125 g de azúcar*
- *30 g de harina*
- *30 g de maizena*
- *1 cucharadita de extracto de vainilla o 1/2 vaina de vainilla*
- *2 cl de ron*

Preparación

1. *Poner 45 cl de leche y la vainilla a fuego medio, en un cazo previamente humedecido, para evitar que la caseína de la leche se agarre, y llevar a ebullición.*
2. *Mezclar las yemas y el azúcar con un batidor de varillas hasta que queden blanquecinas. Añadir la harina y la maizena tamizadas y seguidamente los 5 cl de leche fría restante. Mezclar hasta conseguir una crema lisa.*
3. *Incorporar un tercio de la leche hirviendo, removiendo con el batidor, y seguidamente la leche restante.*
4. *Asegurarse de que la leche no se haya agarrado al fondo del cazo.*
5. *Poner nuevamente a fuego medio y llevar a ebullición, removiendo con fuerza. Cocer durante 20 segundos aproximadamente.*
6. *Poner la crema en un recipiente de acero inoxidable o de cristal para acelerar el enfriamiento. Espolvorear la superficie de la crema con azúcar glas para evitar que se forme costra.*
7. *Mezclar con el batidor, alisar y aromatizar la crema en el momento de utilizarla.*

COULIS Y SALSAS

Coulis de frutas rojas

Para 6 personas

Tiempo de elaboración: 10 minutos

Ingredientes

|* 250 g de fresas, frambuesas o grosellas (fruta frescao congelada)

|* 70 g de azúcar

|* El zumo de 1/2 limón

Preparación

Lavar la fruta, quitarle el rabillo y triturarla. Pasar la pulpa por el chino, añadir el zumo de limón y el azúcar y reservar en el frigorífico.

Coulis de cerezas negras

Para 6 personas

Tiempo de elaboración: 20 minutos

Ingredientes

|* 500 g de cerezas negras

|* 200 g de azúcar

|* 1 cucharada de kirsch

Preparación

1. Deshuesar las cerezas y ponerlas en un cazo. Añadir el azúcar y llevar a ebullición. Bajar el fuego y cocer durante 10 minutos.
2. Triturar y pasar por el chino. Incorporar el kirsch.

Coulis de pera

Para 6 personas

Tiempo de elaboración: 25 minutos

Ingredientes

|* 500 g de peras

Para el almíbar:

|* 300 g de agua

|* 150 g de azúcar

Preparación

1. Pelar las peras y quitarles las pepitas. Escalfarlas en el almíbar, triturarlas y pasarlas por el chino para eliminar las fibras de la fruta.
2. Si se utilizan peras en almíbar, triturarlas y pasarlas por el chino.

Se puede proceder de la misma manera con albaricoques.

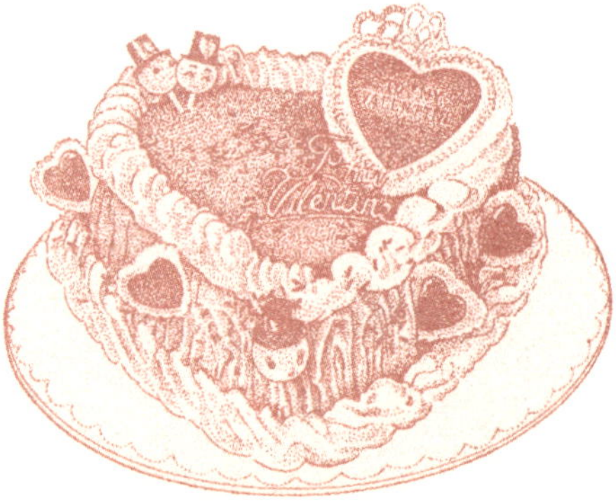

Salsa de melocotón a la menta

Para 6 personas

Tiempo de elaboración: 20 minutos

Reposo: 1 hora

Ingredientes

- *1 lata de melocotón en almíbar o*
- *4 melocotones frescos grandes, pelados y escalfados en almíbar*
- *20 cl de vino blanco seco, más 60 g de azúcar*
- *Unas gotas de agua de azahar*
- *12 hojas de menta fresca, picadas muy finas*

Preparación

1. *Mezclar el vino blanco, el azúcar, la menta y el agua de azahar y dejar en maceración en el frigorífico durante 1 hora.*
2. *Cortar los melocotones en láminas finas y ponerlos en el fondo de unas copas de helado o en platos, dejando espacio para poner un sorbete, por ejemplo.*
3. *En el momento de servir, disponer una bola de sorbete en el centro y rociar con la preparación anterior.*

VARIANTE

Esta guarnición se puede preparar también con piña, naranjas o peras, según el postre al que acompañe.

Salsa de chocolate

Para 6 personas

Tiempo de elaboración: 10 minutos

Ingredientes

- *12 cl de leche*
- *150 g de chocolate*

Preparación

1. *Trocear el chocolate, añadir la leche hirviendo y poner al baño María hasta que se derrita.*
2. *En el momento de servir, rectificar la consistencia.*
3. *. Si la salsa queda demasiado espesa, añadir un poco de leche fría.*

Salsa de anís

Para 6 personas

Tiempo de elaboración: 10 minutos

Ingredientes

- *1/2 litro de leche*
- *5 yemas de huevo*
- *125 g de azúcar*
- *1/2 vaina de vainilla*
- *Unos granos de anís*

Preparación

1. Calentar la leche con unos granos de anís o anises estrellados.
2. Preparar una crema inglesa a la vainilla.
3. Una vez fría la crema, colarla. Se puede añadir 1 o 2 cl de anís.

Salsa de caramelo

Para 6 personas

Tiempo de elaboración: 25 minutos

Ingredientes

Para el caramelo:

- 100 g de azúcar
- 3 cl más 3 cl de agua

Salsa

- 1/2 litro de leche
- 5 yemas de huevo y 50 g de azúcar

Preparación

1. Cocer el azúcar con 3 cl de agua hasta conseguir un caramelo oscuro. Interrumpir la cocción añadiendo 3 cl de agua, con mucho cuidado de no quemarse (puede salpicar).
2. Verter la leche y llevar a ebullición, removiendo para disolver el caramelo. Terminar la preparación como la crema inglesa

Salsa de menta

Para 6 personas

Tiempo de elaboración: 20 minutos

Ingredientes

- 1/2 litro de leche
- 5 yemas de huevo
- 125 g de azúcar
- Menta fresca

Preparación

1. Llevar la leche a ebullición y poner unas cuantas hojas de menta en infusión. Seguidamente proceder de la misma manera que para la crema inglesa.
2. Dejar enfriar y pasar por el chino. Se puede reforzar el aroma con unas gotas de licor de menta.

Salsa de praliné

Para 6 personas

Tiempo de elaboración: 20 minutos

Ingredientes

* *1/2 litro de leche*
* *5 yemas de huevo*
* *40 g de azúcar*
* *1/2 vaina de vainilla*
* *80 g de praliné*

Preparación

1. *La preparación es la misma que la de la crema inglesa.*
2. *El praliné se añade una vez fría la crema, disolviéndolo con un poco de salsa.*

Salsa de vainilla

Para 6 personas

Tiempo de elaboración: 20 minutos

Ingredientes

* *1/2 litro de leche*
* *5 yemas de huevo*
* *125 g de azúcar*
* *1/2 vaina de vainilla*

Preparación

1. *Se prepara como la crema inglesa.*
2. *También se puede aromatizar con extracto de vainilla.*

LA COCCIÓN DEL AZÚCAR

ALMÍBAR LIGERO

1.142 de densidad (18º Baumé). Se utiliza para emborrachar bizcochos.

* *500 g de azúcar*
* *1 litro de agua*

1. *Llevar a ebullición el azúcar y el agua.*
2. *Se puede añadir vainilla, canela, cáscara de naranja o de limón.*
3. *Se utiliza hirviendo para emborrachar.*

ALMÍBAR ESPESO

1.262 de densidad (30 ºBaumé). Se utiliza para emborrachar pasteles, aligerar jarabes y pasta de almendras, o para añadir a una macedonia de frutas.

* *1 kg de azúcar*
* *1 litro de agua*

1. *Llevar a ebullición y dejar enfriar. Conservar en el frigorífico.*

AZÚCAR COCIDO

1. *Disolver 1 kg de azúcar en 25 a 30 cl de agua.*
2. *Después de haber hervido el azúcar, no debe removerse. La cocción se verifica sumergiendo una cuchara mojada en el azú-*

car y seguidamente en agua fría. A una temperatura de 107 °C, el azúcar forma una perla. Es el «punto de perla fina».

2. *Cuando la temperatura del almíbar es de 117 °C, el azúcar forma una bola pequeña blanda: es el «punto de bola». Se utiliza para las cremas de mantequilla y para hacer merengue italiano.*
3. *Proseguir la concentración del azúcar hasta que el agua se haya evaporado por completo, limpiando las paredes del cazo. En este punto, el azúcar será quebradizo. Es el «punto de lámina fuerte» (145 °C).*

Se utiliza para el montaje de pasteles.

A una temperatura de 170 °C, el almíbar adquiere color y se convierte en caramelo.

Para esta cocción, deben añadirse 100 g de glucosa por cada kilo de azúcar y tomar algunas precauciones.

La temperatura alcanza entre 170 y 175 °C. Cualquier gota de caramelo puede provocar una quemadura.

Finalizar siempre la cocción a fuego lento.

No es conveniente utilizar un azúcar cocido demasiado claro de color. Debe dejarse que tome color dorado, ya que, al sumergir los petisús en el mismo, puede tornarse opaco, granulado y duro. En este caso, el azúcar ya no puede utilizarse y debe transformarse en almíbar.

Si el caramelo tiende a tomar color muy

rápidamente al final de la cocción, sumergir el *fondo del cazo en agua fría.*

Un almíbar puede recalentarse varias veces.

Debe utilizarse siempre bastante caliente, para evitar que la capa formada sea excesivamente espesa.

Una vez que ha alcanzado el color adecuado, y si se desea utilizar como aromatizante para caramelizar un molde, se pueden verter poco a poco pequeñas cantidades de agua para detener la cocción.

Debe prestarse atención al vapor que desprende el caramelo.

OTRAS TÉCNICAS

MANERA DE LLENAR LA MANGA PASTELERA

Para rellenar relámpagos y petisús, utilizar una manga pastelera con una boquilla grande y lisa. Para relámpagos pequeños, petisús de bocado y profiteroles, utilizar una boquilla mediana, y para hacer motivos decorativos, "eses" o cuellos de cisne, utilizar una boquilla pequeña.

Doblar la parte superior de la manga hacia afuera para formar un embudo. Sujetar la manga entre los dedos pulgar e índice de la mano izquierda, seguidamente, y con la mano derecha rellenarla de pasta choux hasta 2/3 de su capacidad con ayuda de una pala o una lengua.

Poner la manga sobre la mesa y cerrarla uniendo ambos extremos superiores con la mano izquierda. Seguidamente,

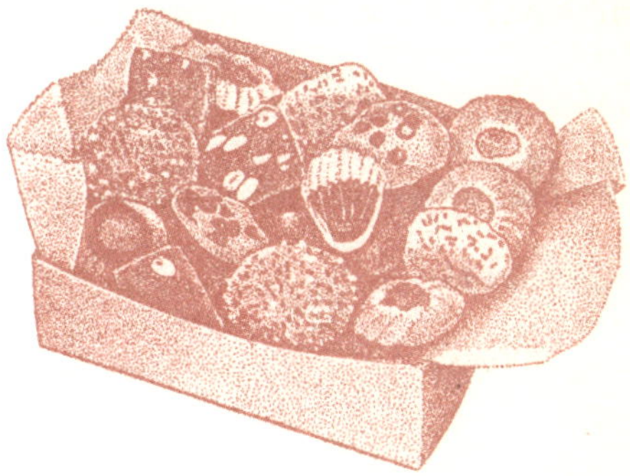

mientras la mano derecha hace las veces de tuerca, la mano izquierda retuerce la manga hasta que la pasta llegue al borde de la boquilla, que debe mantenerse ligeramente levantada para evitar que la pasta se salga.

FORMACIÓN DE LOS RELÁMPAGOS

La placa de horno debe estar fría y ligeramente untada con mantequilla.

Sujetar la manga pastelera con la mano

derecha en posición horizontal, ayudándose de la mano izquierda para conseguir mayor precisión. Apretar la manga con la mano derecha, formando una tira de la longitud deseada. Dejar de apretar e interrumpir la salida de la pasta imprimiendo a la manga un movimiento seco de retroceso. Dejar espacio suficiente para que los relámpagos no se peguen al aumentar de tamaño durante la cocción y se sequen adecuadamente.

FORMACIÓN DE LOS PETISÚS

La técnica de llenado de la manga pastelera y la posición de las manos es la misma; solamente cambia la posición de la manga, que deberá ser vertical.

Apretar la manga con la mano derecha, manteniendo ésta a 2 cm de la placa de horno, y formar una bola del grosor deseado. Dejar de apretar e interrumpir la salida de la pasta imprimiendo a la manga un movimiento en forma de "coma".

COCCIÓN DE LOS PETISÚS Y DE LOS RELÁMPAGOS

Los petisús y los relámpagos deben pintarse con huevo batido mezclado con una pizca de sal con ayuda de un pincel de repostería. Con un tenedor, hacer unas rayas en sentido longitudinal en la superficie de los petisús ovalados y los relámpagos y un dibujo cuadriculado en los petisús redondos.

Cocerlos con la puerta del horno entreabierta (puede ponerse una cuchara de madera en la bisagra). No la abra por completo ni manipule las placas antes de haber transcurrido 3/4 del tiempo de cocción. De ser necesario, y para equilibrar la cocción, dar media vuelta a las placas de horno. Esperar a que los petisús y los relámpagos estén bien secos antes de sacarlos.

MANERA DE RELLENAR LOS PETISÚS Y LOS RELÁMPAGOS

Agujerear los petisús a 2/3 de su altura con una boquilla pequeña o con un objeto puntiagudo.

Los relámpagos pueden agujerearse en ambos extremos a 2/3 de su altura o cortarse por un lado.

Aromatizar la crema al gusto y rellenar los petisús y los relámpagos utilizando una manga pastelera con una boquilla mediana.

GLASEADO DE LOS PETISÚS

Calentar 100 g de fondant a 35 °C al baño María hasta conseguir la consistencia adecuada. Sumergir la parte superior de cada petisú en el fondant y sacarlos, manteniéndolos inclinados hacia abajo.

Pasar el dedo índice por la superficie de los petisús, de manera que quede solamente una capa fina de fondant.

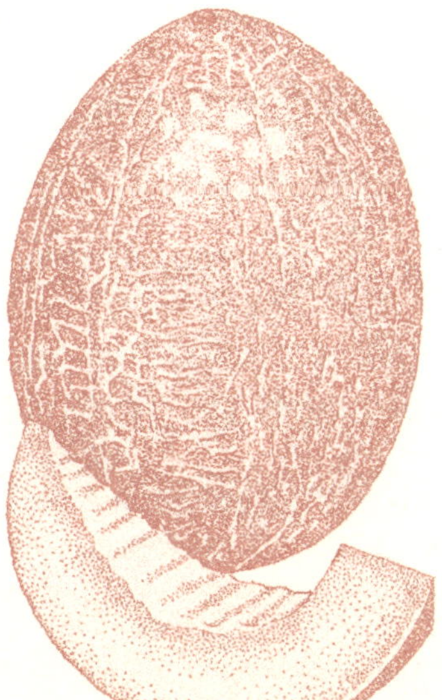

Decorar ambos extremos con 2 hilillos de fondant de chocolate metido en un cartucho de papel o con una espátula y poner en el centro un pedacito de cereza confitada y un rombo de angélica confitada.

GLASEADO DE LOS RELÁMPAGOS

Aromatizar el fondant con extracto de café o con cacao amargo solubilizado para el fondant de chocolate.

Cubrir la superficie de los relámpagos con una tira de fondant de 1,5 cm de ancho.

MANERA DE FORRAR UN ARO O MOLDE DE TARTA

Untar un aro con tortera o un molde de tarta con abundante mantequilla para facilitar la adherencia de la masa al forrar el molde y para que se desmolde con facilidad una vez cocida.

Espolvorear la superficie de trabajo y la masa con harina y estirarla. Dar un cuarto de vuelta a la masa estirada. Debe obtenerse un redondel de 3 mm de grosor al menos 3 cm más ancho que el tamaño del aro o molde.

Poner la masa sobre el aro, dándole la vuelta con un rodillo o con las manos, bajar los bordes hacia el centro y hacerla bajar hasta el fondo.

Pegarla a las paredes del aro y llevar la masa sobrante al interior del molde.

Eliminar la masa sobrante pasando el rodillo por el borde para igualar la masa.

Formar un reborde en la parte superior del aro con los dedos pulgar e índice de ambas manos, debiendo quedar uniforme.

El reborde debe ser vertical en el interior del aro y biselado en el borde exterior.

Efectuar un pinzamiento sobre la parte biselada del reborde con ayuda de una pinza de tarta o con los dedos.

Pinchar el fondo de tarta con un tenedor para facilitar la salida de burbujas de aire, ya que, de lo contrario, la pasta se hinchará durante la cocción.

Reservar en el frigorífico antes de rellenar.

MANERA DE CORTAR Y COCER LA MASA DE HOJALDRE

Cortar la masa del mismo tamaño que el molde o la placa de horno.

Pasar ligeramente el rodillo (la masa debe conservar su forma inicial cuadrada o rectangular) hasta darle el grosor adecuado (3 mm para milhojas o tarta); de no ser así, la masa se encogerá durante la cocción y se perderá la forma deseada.

Una vez cortada la masa de hojaldre, debe colocarse sobre una placa de horno humedecida, cuidando de que le parte que quede en contacto con la placa no tenga harina

La harina sobrante debe eliminarse con un pincel. En caso contrario, la masa se pegará a la placa durante la cocción.

Dejar reposar unos minutos y meter al horno precalentado a 220 °C, manteniendo la temperatura hasta que la masa tome un ligero color. Bajar un poco la temperatura para que la masa se seque.

REALIZACIÓN DE TULIPAS Y CIGARRILLOS

Extender la masa con un pincel sobre una placa de horno limpia y untada con un poco de mantequilla.

Poner las tulipas enseguida en un cuenco y apretar con un molde individual.

Enrollar los cigarrillos en un mango redondo.

En cuanto los bordes empiecen a tomar color, despegar de la placa.

Si se desea servir helado o macedonia de frutas en las tulipas, pintar el interior con un poco de chocolate de cobertura con ayuda de un pincel.

También se pueden hacer cornetes.

CARAMELIZAR UN MOLDE

Verter el caramelo en el molde.

Deslizarlo por las paredes.

Para hacer flanes, basta con poner un poco de caramelo en el fondo de los moldes individuales.

Bizcochos, Tartas y Pasteles

Torta de coco

Para 4 personas

Tiempo de elaboración: 50 minutos

Dificultad: alta

Ingredientes:

- 1 bizcocho
- 2 cucharadas de leche de coco
- 200 g de azúcar
- 1 copita de licor de ron moreno
- 1/2 l de leche
- 3 yemas de huevo
- 1 bolsita de polvos para budín de vainilla
- 3 claras de huevo
- 300 g de coco rallado

Preparación:

1. Poner a cocer las 2 cucharadas de leche de coco con 3 cucharadas de azúcar hasta que éste se vuelva transparente. Añadir el ron moreno y dejar hasta que la mezcla se haya enfriado.
2. Mezclar 3 cucharadas de leche con los polvos para budín y con las yemas. Llevar a ebullición el resto de la leche con la mitad del azúcar.
3. Batir las claras a punto de nieve junto con el resto del azúcar. Agregar a la leche los polvos para budín, bien mezclados; hacerlo hervir unas cuantas veces, sin dejar de remover, e incorporar de abajo arriba las claras a punto de nieve. Dejar enfriar.
4. Cortar el bizcocho en tres capas. Cuando la crema de vainilla esté fría, extenderla sobre la parte inferior del bizcocho.
5. Colocar encima la segunda capa y empaparla con la mezcla de leche de coco y azúcar, añadir el resto de la crema de vainilla, y tapar con la última capa del bizcocho.
6. Cubrir la torta con el coco rallado, procurando que quede bien cubierta con una gruesa capa de ralladura.

También se puede dividir en porciones, y sobre cada una de ellas colocar una cereza.

Torta de almendras y yema

Para 4 personas

Tiempo de elaboración: 1 hora y 20 minutos

Dificultad: alta

Ingredientes:

|* 6 yemas de huevo

|* 3 cucharadas de agua caliente

|* 120 g de azúcar

|* la corteza de 1/2 limón

|* 4 claras de huevo

|* 80 g de harina

|* 20 g de fécula

|* 120 g de almendras peladas y molidas

|* 1/2 l. de nata montada y mantequilla

Para la yema

|* 3 huevos

|* azúcar, el mismo peso de los huevos

|* crémor tártaro

|* glaseado de albaricoques

Para el adorno

|* almendras picadas

Preparación:

1. Batir las yemas con el agua, una tercera parte del azúcar y la corteza de limón hasta obtener una masa espumosa. Batir las claras a punto de nieve y añadir, poco a poco, mientras se bate, el azúcar restante.
2. Incorporar las claras, de abajo arriba, a la masa de las yemas. Tamizar por encima la harina con la fécula e incorporarla a la masa junto con las almendras picadas.
3. Introducir la masa de bizcocho con almendras en el interior del molde y cocer por espacio de unos 35-40 minutos a una temperatura media en el horno.
4. Para preparar la yema: pesar los huevos en una balanza para saber la cantidad de azúcar que se necesita, añadir la punta de una cucharilla de crémor tártaro y ponerlo todo en un cazo de cobre y cocer a fuego lento, sin dejar de mover, hasta que se espese. Enfriar.
5. Cortar el bizcocho horizontalmente en tres capas. Cubrir el primer piso con nata, y tapar; volver a realizar esta operación para el segundo piso, y cubrirlo con el resto de bizcocho.
6. Tapar la última capa de la torta con la yema. Pintar con glaseado de albaricoque o azúcar, y quemar con una pala.
7. Colocar un poco de nata en la manga pastelera y adornar al gusto. Cubrir la parte lateral de la torta con las almendras picadas.

Sarah Bernhardt

Para 4 personas

Tiempo de elaboración: 1 hora y 25 minutos

Dificultad: alta

Ingredientes:

* 6 huevos
* 200 g de harina
* 200 de azúcar

Para el relleno y decoración

* 200 g de almendras peladas, tostadas y fileteadas
* 250 g de mantequilla
* 150 g de azúcar
* 4 yemas de huevo (facultativo)
* 100 g de azúcar de lustre
* 1 copita de licor
* guindas

Preparación:

1. Confeccionar primero el bizcocho para la tarta. Para ello, colocar los huevos en un bol, junto con el azúcar, y batir hasta que adquieran un punto de relieve. Añadir entonces la harina, previamente tamizada, mezclándola cuidadosamente y sin batir.
2. Engrasar un molde redondo, enharinarlo ligeramente y verter en él la masa. Cocer en el horno a temperatura suave unos 20 minutos. Una vez cocido, sacarlo del horno y dejar enfriar.
3. Mientras se enfría, preparar la crema de mantequilla. En un cazo con un poco de agua, poner el azúcar y hacer un almíbar suave. A continuación, colocar la mantequilla en un bol y reblandecerla al baño María. Agregar el almíbar lentamente, sin dejar de esponjar con una batidora, para que resulte una crema fina.
4. Partir el bizcocho por la mitad, horizontalmente, y emborrachar la parte inferior con la copita de licor. Extender una capa de crema de mantequilla y cubrir con la parte superior del bizcocho, pero invirtiéndola. Recortar cuidadosamente los bordes para eliminar la parte quemada de los mismos y para que la tarta quede bien redonda. Seguidamente, untarla toda, incluidos los bordes, con crema de mantequilla, dejando un poco para la decoración final.
5. Espolvorear con azúcar lustre, y cubrir toda la tarta con las almendras fileteadas. Con la manga pastelera, hacer unas pequeñas rosas de mantequilla, y colocar una guinda sobre cada una.

Tarta de Santiago

Para 4 personas

Tiempo de elaboración: 1 hora y 15 minutos

Dificultad: media

Ingredientes:

- 9 huevos
- 10 g de canela molida
- 625 g de azúcar
- harina
- 500 g de almendras
- la ralladura de un limón
- mantequilla
- azúcar lustre

Preparación:

1. Batir un huevo junto con una cucharada de agua, 5 g de canela y 125 g de azúcar, e ir añadiendo harina hasta obtener una masa fina.
2. Sobre la mesa de trabajo, estirar la masa con el rodillo, dejarla muy fina y forrar con ella un molde redondo untado con mantequilla. Reservar.
3. Escaldar las almendras, quitarles la piel y secarlas bien. Rallarlas hasta que queden bien finas.
4. Batir 8 huevos con el azúcar, la canela y la ralladura de limón; cuando estén bien batidos, añadir las almendras y batir de nuevo. Verterlo sobre el molde preparado, e introducir en el horno, a una temperatura de unos 200 °C, hasta que esté dorado.
5. Antes de servir, espolvorear abundantemente con azúcar lustre. Se puede dibujar la cruz de Santiago en el centro con una plantilla y el azúcar lustre.

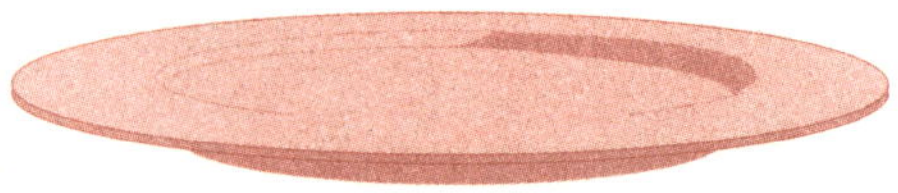

Tarta del emperador

Para 4 personas

Tiempo de elaboración: 2 horas y 10 minutos

Dificultad: alta

Ingredientes:

- 100 g de mantequilla
- 250 g de azúcar
- 6 yemas de huevo
- un poco de sal
- 1 cucharadita de canela molida
- 2 copitas de licor de marrasquino
- 50 g de pan rallado
- 250 g de almendras picadas

|* 50 g de corteza de limón confitada picada

|* 80 g de harina

|* 4 claras de huevo

|* 450 g de jalea de grosellas

|* 200 g de azúcar en polvo

|* 1 cucharada de zumo de limón

Preparación:

1. Batir la mantequilla con la mitad del azúcar hasta que esté espumoso, y añadir, una a una, las yemas de huevo. Agregar la sal, la canela, una copa de licor, el pan rallado, las almendras, la corteza de limón confitada y la harina tamizada. Mezclar bien todos los ingredientes.
2. Batir las claras a punto de nieve con el resto del azúcar e incorporar de abajo arriba a la masa.
3. Introducir la masa en un molde, engrasado previamente y cocer de 40 a 50 minutos en el horno, a una temperatura de 200 °C y a una altura media.
4. Dejar enfriar unas dos horas, aproximadamente, antes de dividir la tarta horizontalmente en tres partes. Untar la capa inferior de la tarta y la del medio con jalea y cubrirlas con la capa que resta.
5. Mezclar el azúcar en polvo con el zumo de limón y la copita de licor de marrasquino, verterlo sobre el centro de la tarta y dejar que escurra en gotas grandes por los bordes. Alisar la superficie con un cuchillo.

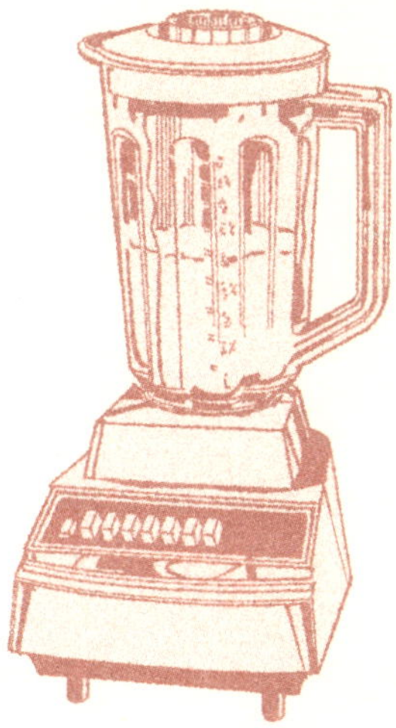

Pastel de mantequilla para boda

Para 10 personas

Tiempo de elaboración: 4 horas

Dificultad: alta

Ingredientes:

|* 3 tortas de bizcocho de 40, 25 y 15 cm

Crema de mantequilla

|* 1 kg de mantequilla

|* 600 g de azúcar

|* 10 huevos

|* la punta de un cuchillo de sal

Para el adorno

|* esencia rosa o roja y perlitas de plata

Preparación:

1. Una vez conseguidas las tortas de bizcocho y debidamente enfriadas, prepararlas para la decoración. Para ello, cortar la parte dorada de la superficie superior y la parte lateral. Dividir cada torta en dos mitades.
2. Para preparar la crema, batir la mantequilla hasta que resulte espumosa (como es una cantidad importante, puede hacerse con una batidora eléctrica). Batir los huevos junto con el azúcar y la pizca de sal. Calentar al baño María y seguir batiendo hasta que se enfríe. Mezclar poco a poco la crema de huevos con la mantequilla.
3. Untar cada mitad de torta con crema de mantequilla, tapar con la otra mitad y cubrir toda la superficie y los lados con ayuda de una espátula, dejándola lo más lisa posible. Colocarlas con cuidado una encima de otra, de mayor a menor.
4. Poner una pequeña cantidad de crema en un bol y añadir unas gotas de esencia roja hasta conseguir el tono rosado deseado. Reservar.
5. Colocar el resto de la crema en una manga pastelera con boquilla estrellada y proceder a la decoración, siguiendo el modelo o según el propio gusto.
6. Confeccionar una manga pastelera con papel de barba, llenarla de crema rosada y hacer unas pequeñas rositas siguiendo la decoración. Distribuir las perlitas y coronar el pastel con una pareja de novios y otros adornos adecuados.

Tarta para boda

Para 10 personas

Tiempo de elaboración: 3 horas y 50 minutos

Dificultad: alta

Ingredientes:

* 500 g de mantequilla
* 500 g de azúcar moreno
* 500 g de harina
* 10 huevos
* 1 cucharadita de canela en polvo
* el jugo y la corteza rallada de 2 limones
* 1 copita de licor

- 300 g de cerezas confitadas troceadas
- 600 g de pasas de Corinto
- 200 g de corteza de limón y naranja confitadas y picadas
- 100 g de almendras picadas

Para el adorno

- 1.500 g de nata montada con azúcar
- confites de color en forma de corazón
- perlitas plateadas

Para los moldes

- mantequilla o margarina

Preparación:

1. Engrasar con margarina o mantequilla 3 moldes: uno de 30 cm de diámetro, otro de 20 cm y otro de 15 cm. Calentar el horno a 180 °C.
2. Batir la mantequilla junto con el azúcar moreno hasta obtener una mezcla esponjosa. Añadir, uno tras otro, los huevos, y a continuación el jugo y la ralladura de limón y el licor. Remover y agregar 2 cucharadas de harina a la mezcla para que no cuaje.
3. Tamizar el resto de la mantequilla, mezclar con la canela, las cerezas confitadas, las pasas, las cortezas de limón y naranja, y las almendras. Incorporar esta mezcla al preparado de huevos y mantequilla y mezclarlo todo.
4. Distribuir la masa preparada en los tres moldes, alisar y cocer durante 90 minutos en la parte baja del horno. Transcurrido este tiempo, pinchar la parte más alta con un palillo: si no quedan restos de masa adheridos, los pasteles están cocidos. Si no es así, dejar cocer un poco más. Sacar y dejar enfriar sobre una rejilla.
5. Una vez frías las tartas, hacer un agujero en el centro (para pasar el pie que las sostendrá) y proceder a la decoración, una a una. Para ello, recubrir toda la superficie con nata azucarada. A continuación, con la ayuda de la manga pastelera, hacer los dibujos deseados, repartiendo los confites artísticamente en forma de corazón.
6. En el último piso, disponer la pareja de novios. Si es muy grande, no es preciso adornar la superficie de la última tarta. Si, por el contrario, es más pequeña, también se deberá adornar.

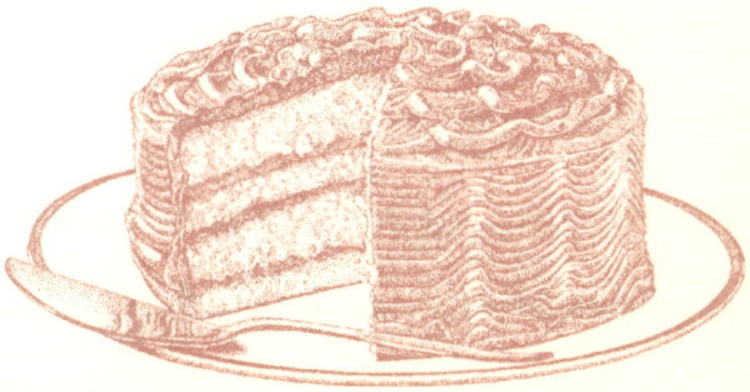

Pastel de boda romántico

Para 12 personas

Tiempo de elaboración: 3 horas y 50 minutos

Dificultad: alta

Ingredientes:

- 1 bizcocho de 1 kg
- 1 bizcocho de 700 g
- 1 bizcocho de 400 g

Para el relleno

- 50 g de mermelada de albaricoque
- 6 copitas de licor dulce

Para la decoración

- 1 kg de azúcar de lustre
- 6-7 claras de huevo
- 2 cucharaditas de zumo de limón
- perlitas plateadas de azúcar y glasa real

Para la glasa real

- azúcar de lustre
- 2 hojas de cola de pescado y agua

Preparación:

1. Dividir los bizcochos por la mitad, rociar la parte superior e inferior con el licor y cubrir con mermelada la inferior. Tapar, presionando ligeramente para que el bizcocho no pierda su forma inicial.

2. Mezclar en un bol grande las claras de huevo, el azúcar y el zumo de limón. Batir enérgicamente (es preferible usar una batidora especial) hasta conseguir un compuesto muy blanco y consistente.

3. Con ayuda de una espátula, cubrir la superficie de los bizcochos, procurando que tanto la parte superior como los laterales queden bien bañados. Alisar con la espátula para que todo tenga un aspecto uniforme.

4. Aparte, preparar la glasa real para los motivos decorativos. Para ello, poner en remojo la cola de pescado en agua fría. Cuando esté deshecha, calentar con un poco de agua hasta obtener una gelatina.

5. Mezclar con azúcar y trabajar enérgicamente. Verterlo sobre una mesa de mármol humedecido y repartir con una espátula de metal, llevando el preparado del extremo hacia el interior, hasta que se condense y se vuelva blanco.

6. Levantar la masa con la espátula y seguir trabajando con las manos. Formar una especie de bola con la masa. En el momento de usarla, calentar al baño María y proceder a moldear las figuritas de adorno deseadas. Dejar secar una vez hechas.

7. Cuando los motivos de adorno estén hechos, disponerlos sobre cada bizcocho, siguiendo el modelo o según el propio gusto.
8. Poner la torta mayor en una bandeja con blonda dorada. Las dos más pequeñas, también en bandeja con blonda, pero sobre un pie especial, para formar los tres pisos del pastel.
9. Terminar la decoración repartiendo las perlitas de azúcar y colocando las figuritas de los novios en la parte superior.

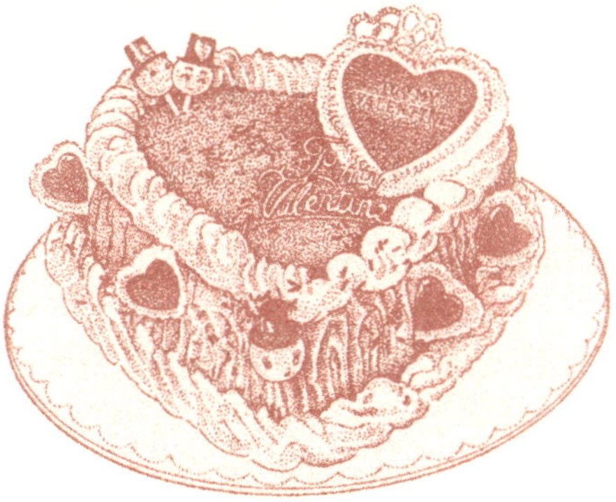

Torta de Primera Comunión

Para 8 personas

Tiempo de elaboración: 3 horas

Dificultad: alta

Ingredientes:

- 1 bizcocho de 1 kg
- 1 bizcocho de 700 g
- mermelada de grosella
- 2 copitas de vino dulce

Para la decoración

- 1,5 kg de nata montada azucarada
- azúcar de lustre
- unas gotas de limón
- 100 g de yema
- florecitas hechas con glasa real
- perlitas azucaradas y agua

Preparación:

1. Partir los dos bizcochos por la mitad. Bañar con un poco de moscatel y rellenar con la mermelada de grosella. Cubrir de nuevo cuidadosamente.
2. Batir el azúcar de lustre junto con unas gotas de limón y un poco de agua hasta conseguir una mezcla blanca y homogénea.
3. Cubrir los dos bizcochos con el fondant y proceder a la decoración. Para ello, poner la nata azucarada en una manga pastelera con boquilla estrellada y realizar los adornos al gusto. Distribuir entre los adornos pequeñas bolitas de yema.
4. Disponer los dos pasteles en dos bandejas con blondas doradas e insertar cuidadosamente las rositas de azúcar y las perlitas plateadas. Colocar la parte superior sobre

una peana especial para formar los dos pisos, y sobre ella una figurita que represente un niño (o niña) vestido de Primera Comunión.

Torta de bautizo

Para 10 personas

Tiempo de elaboración: 3 horas y 40 minutos

Dificultad: alta

Ingredientes:

* *3 bizcochos de 40, 25 y 15 cm cada uno*

Para el relleno

* *400 g de mermelada de grosellas o yema*

Para la decoración

* *1/2 l de claras de huevo*
* *500 g de azúcar*
* *bolitas de yema y 300 g de azúcar*

Preparación:

1. *Recortar los bizcochos, quitando la parte dorada de la superficie y los lados. Partir por la mitad. Untar la parte inferior de cada uno con mermelada de grosellas o yema. Cubrir de nuevo y disponer uno encima de otro, comenzando por el mayor.*
2. *Poner el azúcar en un cazo junto con 150 ml de agua y cocer a fuego lento hasta conseguir un almíbar a punto de bola (bastante espeso).*
3. *Batir las claras a punto de nieve e ir añadiendo, poco a poco, el almíbar, sin dejar de batir. Introducirlo en una manga y decorar la torta mediante ondas. Terminar adornándolo con unas bolitas de yema en la parte inferior.*
4. *Introducirlo unos instantes en el horno, con la parrilla encendida, para que se dore ligeramente.*

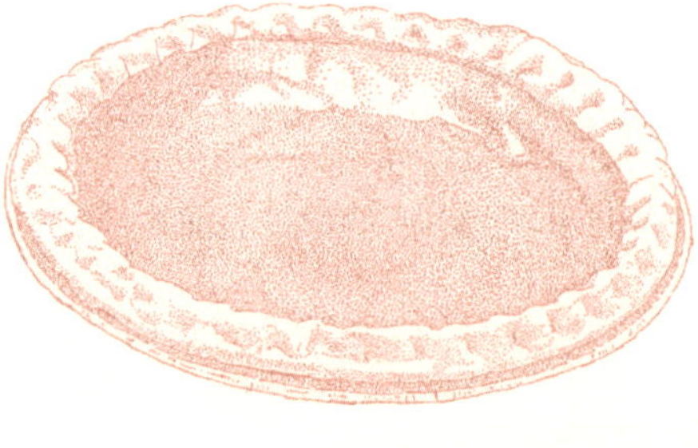

Tarta de albaricoque

Para 4 personas

Tiempo de elaboración:50 minutos

Dificultad: media

Ingredientes:

- 175 g de masa quebrada (pág. 47)
- 200 g de mermelada de albaricoques
- 500 g de albaricoques
- 1 limón
- 60 ml de almíbar dorado

Preparación:

1. Calentar el horno a temperatura fuerte (200 °C). Forrar un molde redondo y bajo, de unos 20 cm y de base desmontable, con la masa quebrada.
2. Poner legumbres secas encima para que no suba, y cocer unos 10 minutos. Sacar las legumbres y cocer 3 minutos más sin ellas.
3. Retirar y dejar enfriar completamente. Cuando la masa esté fría, añadir la mermelada de albaricoques. Aparte, rallar la corteza de limón y exprimir la mitad del mismo.
4. Poner el almíbar en un cazo pequeño y añadir la ralladura y el zumo de limón. Calentar y remover para que se mezclen bien los ingredientes.
5. Lavar los albaricoques, partir por la mitad, sacar el hueso y cortar en láminas finas. Cubrir con ellas la mermelada, formando círculos, y empezando por el borde exterior hacia el centro.
6. Verter el almíbar con limón por encima e introducir la tarta en el horno unos 20 minutos. Retirar y dejar enfriar.

Torta de crema de chocolate

Para 6 personas

Tiempo de elaboración: 1 h. y 40 min.

Dificultad: media

Ingredientes:

Para el bizcocho

- 200 g de harina floja
- 200 g de azúcar
- 5 huevos
- 1 cucharadita de levadura en polvo

Para el relleno

- 1/2 l. de leche
- 4 huevos
- 3 cucharadas de azúcar
- 1 cucharada de almidón o harina de maíz
- 1 rama de canela
- la corteza de un limón

Para el adorno

- 50 g de chocolate sin leche
- 100 g de guindas
- 100 g de melón confitado

Preparación:

1. Poner en un bol las yemas de huevo y el azúcar, y batir enérgicamente hasta conseguir una crema homogénea. Montar las claras de huevo a punto de nieve y agregarlas a la crema, removiendo cuidadosamente hasta que estén bien mezcladas.
2. Tamizar la harina y mezclar con la levadura. Seguidamente, añadirla a la crema anterior y batir hasta obtener una masa esponjosa.
3. Engrasar un molde, espolvorearlo con harina, y verter en él la masa. Introducirlo en el horno, previamente calentado a temperatura suave, y dejar cocer unos 30 minutos. Desmoldar y dejar enfriar sobre una rejilla.
4. Seguidamente, para preparar la crema, poner la leche con la canela y la piel de limón a hervir. Añadir las yemas de los huevos y el azúcar. Batirlo todo con una espátula y, cuando esté fino, agregar la harina de maíz desleída en un poco de leche fría. Mezclar y llevar a ebullición a fuego suave, sin dejar que llegue a hervir. Dejar enfriar.
5. Partir el bizcocho por la mitad y rellenarlo con parte de la crema. Tapar y cubrir la superficie y los lados con la crema restante.
6. Por último, para hacer el fondant, trocear el chocolate, ponerlo en una bandeja e introducirlo en el horno hasta que empiece a desleírse. Sacarlo y con una espátula ir moviéndolo para que resulte cremoso. Hacer una manga pastelera de papel parafinado, disponer en ella el chocolate y decorar el pastel al gusto. Colocar las guindas y el melón confitado formando dibujos. Pueden añadirse, si se desea, unas perlas de confitería.

Tarta de frutos secos

Para 4 personas

Tiempo de elaboración: 1 hora y 10 minutos

Dificultad: media

Ingredientes:

- 250 g de harina
- 125 g de mantequilla
- 25 g de azúcar
- 1 huevo
- 2 cucharadas de leche
- 1/2 cucharadita de sal

Para el relleno

- 50 g de piñones
- 100 g de pasas de Corinto
- 50 g de nueces
- 5 cucharadas de mermelada o crema pastelera
- 2 huevos
- 1 copita de coñac
- 2 dl de leche
- 50 g de coco rallado o almendras troceadas

Preparación:

1. Disponer la harina en forma de volcán, y en el centro colocar todos los ingredientes de la pasta. Trabajar, primero con un tenedor y a continuación con los dedos, hasta que los ingredientes estén bien mezclados. Dejar reposar unos 10 minutos.
2. Estirar la pasta con el rodillo y forrar con ella un molde de 24-26 cm de diámetro (de paredes bajas y, a ser posible, desmontable). Apretar bien la masa con los dedos contra el borde y las paredes del molde.
3. Poner en remojo las pasas en el coñac. Untar la base de la tarta con la mermelada y disponer encima los frutos secos.
4. Batir los huevos y mezclarlos con la leche y el coñac de la maceración. Cubrir la tarta con este preparado y tapar el ruedo lateral con coco rallado o con almendras troceadas. Introducir en el horno, precalentado a 180 °C, durante unos 35-40 minutos. Servir templada.

Tarta de limón con merengue I

Para 4 personas

Tiempo de elaboración: 1 hora

Dificultad: media

Ingredientes:

- 175 g de masa quebrada (pág. 47)
- 1 limón grande
- 2 huevos
- 100 g de azúcar lustre
- 30 g de azúcar
- 30 g de harina de maíz
- 20 g de mantequilla
- una pizca de sal

Preparación:

1. Con un rodillo, estirar la masa y forrar con ella un molde de 18 cm. Cubrir la superficie con legumbres secas e introducir en el horno precalentado a 200 °C. Cocer 10 minutos. Quitar las legumbres y cocer 15 minutos más.
2. Exprimir el zumo de limón y cortar la corteza. Reservar. En un cazo, poner 1/4 litro de agua y el azúcar, y hervir durante un minuto para hacer un almíbar claro. Retirar.
3. Mezclar la harina de maíz con el zumo de limón e incorporar el almíbar, removiendo bien para que no se formen grumos. Separar las claras de las yemas y añadir estas últimas, junto con la mantequilla ablandada, a la mezcla de limón y harina de maíz.
4. Batir el conjunto hasta que se deshaga la mantequilla y la mezcla se ponga espesa. Si estuviera demasiado líquida, calentar suavemente, removiendo sin cesar. Verter esta crema sobre la tarta ya desmoldada.
5. Añadir una pizca de sal a las claras de huevo y montarlas a punto de nieve firme. Agregar la mitad del azúcar lustre y batir de nuevo.
6. Extender el merengue sobre el relleno de limón, a ser posible con la manga pastelera, si no es así, puede rizarse la superficie con un tenedor, formando picos.
7. Espolvorear con el resto de azúcar lustre y gratinar unos minutos.

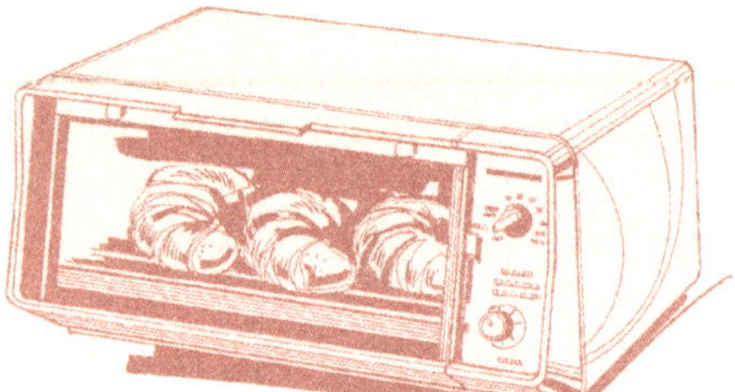

Tarta de queso

Para 4 personas

Tiempo de elaboración: 1 hora

Dificultad: media

Ingredientes:

* 200 g de masa quebrada (pág. 47)
* 500 g de queso blando cremoso
* 5 huevos
* 100 g de azúcar
* 1 cucharada de zumo de limón
* 1 cucharadita de ralladura de limón

Preparación:

1. Estirar la masa quebrada con un rodillo y forrar un molde bajo, a ser posible desmoldable, y previamente untado con un poco de mantequilla. Pinchar la base con un tenedor.

2. Batir el queso, procurando que no queden grumos, y añadir, poco a poco, el azúcar, la ralladura y el zumo de limón y las yemas de huevo.
3. Montar las claras a punto de nieve y agregarlas a la preparación de queso. Verter todo el conjunto sobre la tarta.
4. Introducir el molde en el horno, previamente calentado a temperatura suave (150 °C), durante unos 75 minutos, aproximadamente. Sacar del horno, dejar enfriar unos 10 minutos y quitar cuidadosamente el molde.

Tarta de músico

Para 4 personas

Tiempo de elaboración: 50 minutos

Dificultad: media

Ingredientes:

* 300 g de masa de hojaldre

Para la guarnición

* 25 g de avellanas
* 25 g de almendras
* 25 g de nueces
* 25 g de pasas de Corinto
* algunos piñones
* 1 huevo

Para la crema pastelera

* 1/4 l de leche
* 100 g de azúcar
* 3 yemas de huevo
* 1 cucharada de almidón o harina de maíz
* piel de limón

Preparación:

1. Con la leche, el azúcar, las yemas de huevo, la piel de limón y el almidón, hacer una crema espesa. Reservarla.
2. Estirar la pasta con el rodillo, dándole forma rectangular. Cortar la tarta, de unos 30 cm de longitud por 15 de anchura. Con los recortes, hacer unas tiras de 1 cm de anchura.
3. Pintar la superficie de la tarta con huevo batido y disponer en los lados las tiras de pasta, para formar el reborde. Apretar suavemente, para que queden bien fijas.
4. Cubrir el fondo de la tarta con la crema y esparcir por encima los frutos secos. Introducir en el horno, ya caliente, a 200 °C, y dejar cocer hasta que el hojaldre haya subido y tenga un bonito color dorado.
5. Si se tostararan demasiado los frutos secos, cubrir la tarta con un papel de aluminio. Al sacarla del horno, pintar con el almíbar claro.

Tarta de fresones y crema

Para 4 personas

Tiempo de elaboración: 55 minutos

Dificultad: media

Ingredientes:

* 250 g de masa de hojaldre
* 600 g de fresones

Para la crema

* 3 huevos
* 2 cucharadas de harina de maíz
* 3 cucharadas de azúcar
* 1/2 l de leche
* vainilla en polvo

Para el almíbar

* azúcar de lustre
* unas gotas de limón
* agua

Preparación:

1. Extender la masa con el rodillo, dándole forma circular. Cortar un redondel y, con el resto de la pasta, hacer unas tiras y formar con ellas un borde alrededor. Pinchar el fondo con tenedor.
2. Cocer en el horno a temperatura fuerte durante unos 20 minutos, hasta que esté dorada. Sacar y dejar enfriar.
3. Con los ingredientes, hacer una crema pastelera espesa y rellenar con ella la tarta. Disponer encima los fresones (enteros, si son pequeños, o partidos por la mitad, si son grandes) y pintar con un poco de almíbar claro.

Tarta de manzana

Para 4 personas

Tiempo de elaboración: 1 hora

Dificultad: media

Ingredientes:

* 300 g de masa de hojaldre
* 3 manzanas tipo Golden, grandes
* 100 g de azúcar
* 1/2 limón
* 3 cucharadas soperas de mermelada de albaricoque
* 1 cucharada de agua

Preparación:

1. Estirar la masa con un rodillo y, con la ayuda de un plato, cortar un círculo. Levantarlo cuidadosamente con un cuchillo y disponerlo en una placa para horno previamente humedecida con agua.
2. Pelar las manzanas, partirlas por la mitad, retirar el corazón y las pepitas y cortarlas en gajos muy finos.
3. Pinchar el fondo de la pasta de hojaldre con un tenedor y disponer encima las láminas de manzana, en forma de flor y cabalgando un poco, una encima de la otra.
4. Espolvorear por encima con el azúcar e introducir en el horno, a temperatura fuerte, durante unos 25 minutos.
5. Colar la mermelada y añadirle el zumo del medio limón y el agua. Cocer a fuego suave durante 5 minutos hasta conseguir un almíbar claro.
6. Cuando la tarta esté cocida, sacar del horno y pintar con el almíbar toda la superficie.

Plum-cake

Para 4 personas

Tiempo de elaboración: 1 hora y 50 minutos

Dificultad: media

Ingredientes:

* 150 g de harina floja
* 125 g de mantequilla
* 125 g de azúcar
* 3 huevos
* 200 g de pasas de Corinto
* guindas para adornar
* 1 cucharadita de levadura en polvo
* mantequilla para untar

Preparación:

1. Poner en un bol la mantequilla y batirla hasta que resulte cremosa. A continuación, añadir el azúcar y los huevos, uno a uno, mezclando continuamente.
2. Agregar la levadura en polvo a la harina y añadirla poco a poco, a la masa preparada. Enharinar ligeramente las pasas para que se repartan bien y añadirlas a la mezcla.
3. Untar bien con mantequilla todas las paredes de un molde de plum-cake y verter en él la masa preparada.

4. Cocer en el horno a temperatura moderada (180-200 °C) durante unos 60-70 minutos. Sacar del molde y decorar con las guindas.

Tronco de kiwi

Para 4 personas

Tiempo de elaboración: 25 minutos

Dificultad: media

Ingredientes:

- 4 kiwis
- 8 yemas de huevo
- 200 g de azúcar
- 4 claras de huevo
- 80 g de harina
- 20 g de fécula
- 1/2 l de nata líquida
- mermelada de kiwi

Preparación:

1. Batir las yemas junto con 50 g de azúcar, hasta obtener una mezcla espumosa. Montar las claras con otros 50 g de azúcar e incorporar a la mezcla de las yemas, de abajo arriba.
2. Tamizar la harina por encima de la mezcla, junto con la fécula, y mezclar bien. Repartir la masa sobre papel de barba y cocer al horno, durante 5 minutos, a una temperatura de 240 °C.
3. Volcar la lámina de bizcocho sobre un paño espolvoreado con azúcar, tapar con un paño húmedo y dejar enfriar. Quitar el papel de barba.
4. Pelar los kiwis, cortar unas rodajas para el adorno y, con un tenedor, machacar el resto. Montar la nata con 100 g de azúcar y mezclar con los kiwis machacados.
5. Untar el bizcocho con la nata y los kiwis machacados y enrollarlo. Cubrir con la mermelada de kiwi y adornar con las rodajas reservadas.

Bizcocho de Saboya

Para 4 personas

Tiempo de elaboración: 1 hora

Dificultad: media

Ingredientes:

* 3 huevos
* 125 g de azúcar
* 125 g de harina semifuerte

Para el relleno y adorno

* 400 g de nata montada
* 100 g de azúcar lustre

Preparación:

1. En un bol, batir las yemas de huevo junto con el azúcar hasta que resulten esponjosas. Añadir la harina, mezclándola poco a poco, hasta conseguir una masa completamente homogénea.
2. Aparte, batir las claras de huevo y, cuando estén a punto de nieve, agregarlas cuidadosamente a la mezcla, esponjándolo todo para lograr una pasta suave y fina.
3. Untar ligeramente una placa especial de horno rectangular o, en su defecto, un papel de barba, formando en éste un pequeño reborde alrededor. Con la ayuda de la manga pastelera, repartir la masa encima del papel, empezando por una esquina y siguiendo en diagonal.
4. Cocer inmediatamente en el horno, previamente calentado, durante 9-10 minutos, a 200 °C. Una vez cocido, sacarlo del papel cuando aún esté caliente y colocarlo en otro papel o en una servilleta y enrollar. Dejar enfriar. Cuando esté frío, desenrollar y cortar las puntas de los lados para que resulten iguales. Repartir por encima la nata, previamente mezclada con 75 g de azúcar lustre, y enrollar cuidadosamente. Una vez conseguido el brazo de gitano, espolvorear con el azúcar lustre restante.
5. Reservar en el frigorífico hasta el momento de servir o, si se prefiere, en el congelador, ya que este dulce admite bien la congelación.

Tronco de nata

Para 4 personas

Tiempo de elaboración: 35 minutos

Dificultad: media

Ingredientes:

- 4 huevos
- 200 g de azúcar
- 1 sobre de azúcar vainillado
- 200 g de harina
- 1 cucharadita rasa de levadura en polvo
- mantequilla para untar

Para el relleno y adorno

- 500 g de nata montada o Chantilly
- 150 g de azúcar de lustre

Preparación:

1. Batir las yemas de huevo con el azúcar hasta obtener una masa homogénea y esponjosa. Añadir el azúcar vainillado. Mezclar la harina con la levadura y agregarlas, poco a poco, a la masa. Batir las claras de huevo a punto de nieve fuerte y añadir a la mezcla esponjándola.
2. Untar una placa de horno rectangular con mantequilla y, a continuación, forrar la bandeja con papel de barba o pergamino, formando un reborde en los cantos para que no rebose la masa.
3. Repartir la masa en la bandeja de forma uniforme y cocer en el horno precalentado a 200-220 °C, durante 10 minutos.
4. Una vez cocido, volcarlo sobre una servilleta o paño blanco y retirar el papel. Enrollar enseguida y dejar enfriar. Mientras, mezclar la nata con la mitad del azúcar de lustre.
5. Cuando esté frío, cortar las puntas de los lados para que queden bien iguales y repartir la nata por encima. Enrollar de nuevo cuidadosamente y cubrir con el azúcar restante.
6. Introducir unas horas en el frigorífico o, si se desea, en el congelador.

Tronco de chocolate y trufa

Para 4 personas

Tiempo de elaboración: 1 hora

Dificultad: media

Ingredientes:

- * 4 huevos
- * 200 g de azúcar
- * 1 sobre de azúcar vainillado
- * 200 g de harina
- * 1 cucharadita rasa de levadura en polvo
- * mantequilla para untar

Para el relleno y adorno

- * 400 g de nata montada o Chantilly
- * 100 g de cacao en polvo
- * 75 g de azúcar de lustre

Para el adorno

- * 200 g de chocolate fondant
- * 50 g de granillo de azúcar

Preparación:

1. Hacer el bizcocho siguiendo la receta del tronco de nata. Mezclar la nata con el azúcar y el cacao hasta conseguir la trufa.
2. Una vez frío el bizcocho, poner la trufa encima y enrollar. A continuación introducir en el frigorífico.
3. Cortar el chocolate en láminas finas y poner en un cazo al baño María, a fuego suave, removiendo constantemente, pero procurando que el agua no llegue a hervir, ya que, si lo hiciera, el chocolate se endurecería demasiado.
4. Cuando la cobertura de chocolate esté fluida y tenga la consistencia de una mahonesa, sacar el tronco del frigorífico y verter el chocolate encima, cubriéndolo completamente.
5. Esparcir el granillo de azúcar cuando el chocolate esté todavía tibio para que se adhiera bien. Por último, introducir en el frigorífico o en el congelador.

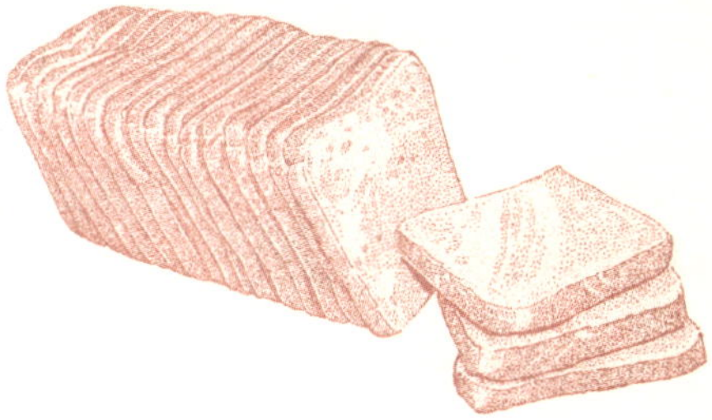

Roscón de nata y trufa

Para 4 personas

Tiempo de elaboración: 35 minutos

Dificultad: media

Ingredientes:

- * 200 g de masa de hojaldre
- * 300 g de nata montada azucarada
- * 60 g de cacao instantáneo
- * 50 g de azúcar lustre

Preparación:

1. Aplanar la masa de hojaldre con el rodillo hasta conseguir una tira de unos 70 cm de longitud por 3 cm de grosor y 5 cm de anchura.
2. Enrollar cuidadosamente la tira para formar un rosco. Colocarlo sobre la placa de horno untada ligeramente, y cocerlo a 220 °C, hasta que resulte dorado. Sacar y dejar enfriar.
3. Mientras, preparar la trufa. Para ello, mezclar la mitad de la nata con el cacao instantáneo.
4. Cuando el roscón esté frío, cortarlo horizontalmente, un poco más arriba del centro, y rellenarlo, con ayuda de la manga pastelera, con bolas de nata y de trufa, alternadas. Espolvorear por encima con el azúcar lustre.

Milhojas

Para 4 personas

Tiempo de elaboración: 55 minutos

Dificultad: media

Ingredientes:

* 150 g de harina de fuerza
* 150 g de harina normal
* 250 g de manteca o mantequilla
* 180 ml de agua (casi un vaso)
* 400 g de nata montada y azucarada
* 50 g de azúcar de lustre
* 1 kiwi
* canela en polvo (facultativo)

Preparación:

1. Hacer pasta de hojaldre, estirarla con el rodillo y formar 4 rectángulos de 15 x 30 cm, aproximadamente.
2. Pinchar los rectángulos de pasta con un tenedor y colocarlos sobre una placa de horno, mojada con agua. Cocer a temperatura fuerte.
3. Una vez cocida y fría la pasta, poner un rectángulo de hojaldre en la fuente en que se vaya a servir. Cubrir con una capa de nata y colocar encima otro rectángulo de pasta. Disponer una nueva capa de nata, otra de pasta, nata de nuevo y, finalmente, cubrir con el hojaldre restante.

4. Espolvorear la superficie con abundante azúcar de lustre. Marcar unas líneas que formen rombos (o adornar con canela en polvo), y decorar con montoncitos de nata y medias rodajas de kiwi.

Bismarck de nata

Para 4 personas

Tiempo de elaboración: 45 minutos

Dificultad: media

Ingredientes:

* 200 g de harina de fuerza
* 1 huevo grande
* 20 g de azúcar
* 50 g de mantequilla
* 50 cl de leche
* 10 g de levadura prensada
* 50 g de azúcar de lustre
* 50 g de almendras fileteadas
* la ralladura de medio limón
* una pizca de sal
* 400 g de nata montada azucarada

Preparación:

1. Diluir la levadura en la leche templada y el azúcar. Agregar 3 cucharadas de harina y trabajarla hasta obtener una masa blanda. Tapar y dejar fermentar en un lugar templado.
2. Sobre una mesa, formar un volcán con el resto de la harina y disponer en el centro la mantequilla ablandada, el huevo entero, la sal y las raspaduras de limón.
3. Trabajar con un tenedor o con las manos, y añadir la levadura fermentada. Trabajar de nuevo con las manos, golpear la masa, y seguir trabajando hasta que la masa se despegue de la mesa.
4. Partirla en dos tiras alargadas y con ellas formar una trenza, más ancha por el centro. Colocar sobre una bandeja de horno previamente untada, tapar con un paño y dejar reposar para que fermente (el tiempo depende de la temperatura ambiente).
5. Con el azúcar de lustre y un poco de agua hacer un almíbar claro y pintar con él la superficie. Espolvorear con las almendras fileteadas e introducir en el horno precalentado a 190 °C. Cocer durante unos 15 minutos.
6. Cuando el bismarck esté frío, cortarlo horizontalmente y, con la ayuda de la manga pastelera, rellenarlo con la nata montada.

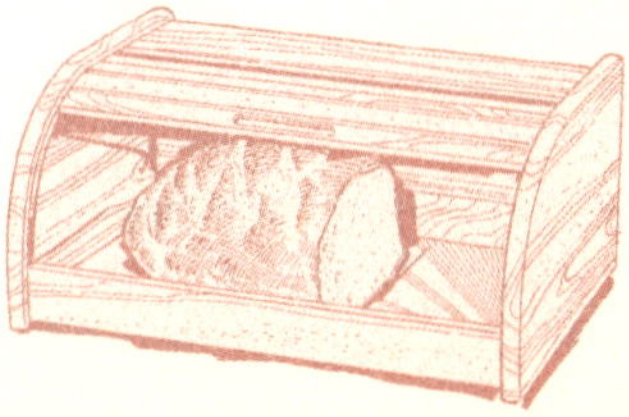

Panetón

Para 4 personas

Tiempo de elaboración: 2 horas y 20 minutos

Dificultad: media

Ingredientes:

- 650 g de harina
- 50 g de levadura prensada
- 150 g de azúcar
- 1/4 l de leche tibia
- 200 g de mantequilla
- 6 yemas de huevo
- 1 cucharada de sal
- una pizca de nuez moscada molida
- la corteza de un limón rallada
- 100 g de corteza de limón confitada picada
- 50 g de corteza de naranja picada
- 150 g de pasas

Preparación:

1. Tamizar la harina sobre la superficie de trabajo y hacer un hoyo en el centro; colocar en él la levadura, el azúcar y la leche. Mezclar, removiendo bien, y dejar fermentar durante 15 minutos.
2. Batir la mantequilla derretida, 5 yemas de huevo, las especias y la corteza de limón con la masa anterior hasta que forme burbujas. Dejar fermentar 15 minutos más.
3. Añadir las cortezas de limón y de naranja confitadas, y las pasas, formar una bola e introducirla en el molde forrado con papel de barba engrasado, y dejar fermentar otra vez 15 minutos más.
4. Batir la yema de huevo restante, untar el bizcocho y cortarlo en forma de cruz. Cocer en el horno, precalentado a 200 °C, en la parte baja durante 90 minutos.
5. Dejar enfriar el bizcocho en el molde. Volcarlo sobre una rejilla. Antes de servir, retirar el papel de barba.

Roscón relleno de crema

Para 4 personas

Tiempo de elaboración: 1 h. y 15 min.

Dificultad: media

Ingredientes:

|* 200 g de masa de hojaldre

|* 1 huevo

Para la crema

|* 1/2 l de leche

|* 4 huevos

|* 1 cucharada de harina de maíz

Preparación:

1. Con la ayuda del rodillo, extender la masa de hojaldre hasta conseguir una tira de unos 60-70 cm de longitud por 10 cm de anchura.
2. Poner la crema pastelera en una manga con boquilla lisa y verterla alrededor del roscón y en un extremo del mismo. Envolver la crema con el otro extremo. Si se desea, hacer 4 cortes con un cuchillo muy afilado.
3. Cocer en el horno a 220 °C, hasta que adquiera un bonito color dorado. Al sacar el roscón del horno, y cuando todavía esté caliente, pintar con huevo batido con ayuda de un pincel.

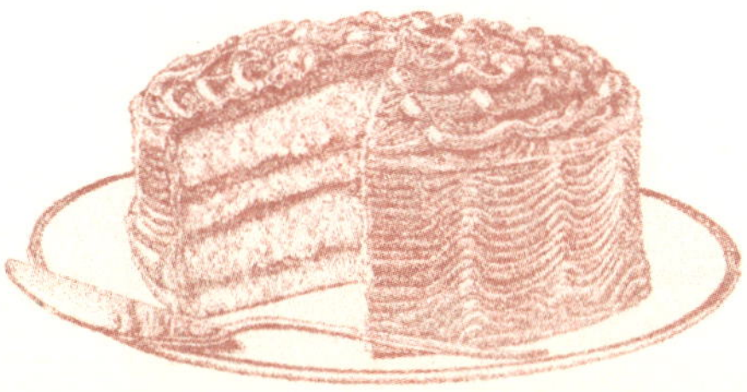

Roscón de Reyes

Para 4 personas

Tiempo de elaboración: 1 hora y 15 minutos

Dificultad: media

Ingredientes:

|* 5 huevos

|* 400 g de harina

|* 250 g de azúcar

|* 1 limón

|* trozos de fruta confitada: ciruelas, melón, naranja...

Preparación:

1. Batir los huevos junto con el azúcar hasta obtener una crema espumosa. Añadir la corteza de limón rallada y la harina poco a poco, mezclar con cuidado.
2. Untar bien con mantequilla un molde en forma de corona y colocar en el fondo los trozos de fruta confitada.
3. Verter sobre las frutas la masa preparada y cocer en el horno durante 30 minutos a una temperatura suave.
4. Una vez esté frío, volcar el roscón, y espolvorearlo con azúcar.
5. Servirlo decorado con una corona de cartulina dorada.

Roscón de crema y nata

Para 4 personas

Tiempo de elaboración: 50 minutos

Dificultad: media

Ingredientes:

- 200 g de harina de fuerza
- 1 huevo grande o 2 pequeños
- 20 g de azúcar
- 50 g de mantequilla
- 5 dl de leche
- 10 g de levadura prensada

Para el adorno y el relleno

- 300 g de nata montada
- 4 guindas
- 1 huevo

Para la crema pastelera

- 2 huevos
- 2 cucharadas de harina de maíz
- 3 cucharadas de azúcar
- 2 dl de leche

Preparación:

1. Con los ingredientes, hacer una masa de brioche y dejar reposar durante 3 o 4 horas para que suba bien. Mientras, hacer la crema pastelera.
2. Extender la masa con el rodillo hasta conseguir un cuadrado. Untar con mantequilla, enrollar y darle forma de rosco. Dejar reposar de nuevo durante 1 hora.
3. Marcar unas ondas en la parte superior y poner en las mismas la crema pastelera con ayuda de la manga. Adornar con las guindas. Pintar con huevo batido y cocer en el horno, previamente calentado a 190 °C, unos 20 minutos. Sacar y dejar enfriar sobre una rejilla.
4. Cuando esté frío, partirlo horizontalmente y rellenar la parte inferior con la nata montada. Cubrir con cuidado con la parte superior.

Rosco de Pascua

Para 4 personas

Tiempo de elaboración: 1 h. y 30 min.

Dificultad: media

Ingredientes:

- 150 g de pasas de Corinto
- 1 copita de ron blanco
- 100 g de chocolate
- 125 g de mantequilla
- 125 g de azúcar
- 3 huevos
- 75 g de almendras troceadas
- 100 g de almendras molidas
- 2 cucharaditas de levadura
- 1 tubo de vainilla
- un poco de sal
- 125 g de harina
- 50 g de harina de maíz

Preparación:

1. Poner las pasas en maceración con el ron durante 12 horas. Precalentar el horno a 150 °C. Untar un molde de corona con mantequilla y espolvorearlo con harina.
2. Batir la mantequilla con el azúcar hasta que quede cremosa; agregar los huevos, uno a uno, batiendo por espacio de un minuto antes de poner el segundo. Cuando estén incorporados todos los huevos, seguir batiendo durante 5 minutos más.
3. Añadir la vainilla, la sal, las pasas junto con el licor, el chocolate, las almendras molidas, las harinas y la levadura tamizadas y mezclar todo con una espátula.
4. Colocar en el fondo del molde las almendras troceadas, y a continuación verter la masa. Introducir en el horno y dejar cocer durante 1 hora y cuarto, aproximadamente. Desmoldar cuando esté frío.

Roscón de nata

Para 4 personas

Tiempo de elaboración: 55 minutos

Dificultad: media

Ingredientes:

Para la pasta «choux»

- 65 g de harina
- 1 vasito de agua
- 40 g de mantequilla
- 3 huevos
- 1 pizca de sal
- 1 cucharadita de azúcar

Además

- 175 g de azúcar

|* 100 ml de agua

|* 1 rama de canela

|* 200 ml de nata montada

|* 1 yema de huevo

|* 30 g de azúcar lustre

Preparación:

1. Preparar pasta «choux» y ponerla en una manga pastelera con boquilla gruesa y lisa, y formar sobre la placa del horno un círculo de pasta de unos 25 cm de diámetro.
2. Pintar la superficie con yema de huevo y cocer al horno, a 200 °C, durante 25 minutos.
3. Una vez cocida la pasta, sacarla del horno y dejarla para que se enfríe sobre una rejilla.
4. Partir el roscón por la mitad horizontalmente y reservar.
5. Mezclar la nata con la mitad de azúcar lustre e introducirla en una manga pastelera con boquilla rizada.
6. Rellenar la base del roscón y tapar con la otra mitad. Preparar un almíbar, algo espeso, con el azúcar, el agua y la canela.
7. Verter el almíbar sobre el roscón y espolvorear con azúcar lustre.

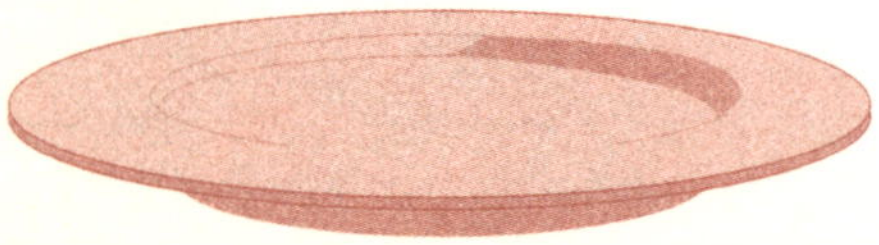

Saint-Honoré I

Para 4 personas

Tiempo de elaboración: 55 minutos

Dificultad: media

Ingredientes:

Para la masa quebrada

|* 125 g de harina

|* 15 g de azúcar

|* 65 g de mantequilla

|* 1 huevo entero

Para la crema pastelera

|* 2 yemas de huevo

|* 25 g de harina de maíz o maizena

|* 75 g de azúcar

|* 200 ml de leche

Para el almíbar

|* 175 g de azúcar

|* 1/4 l de agua

Además

|* 1 yema de huevo para pintar la superficie

|* 100 ml de nata

Preparación:

1. Para preparar la masa quebrada, mezclar todos los ingredientes y trabajarlos bien con las manos. Dejarla reposar en el frigorífico durante 10 minutos aproximadamente.

2. Transcurrido ese tiempo, sacar del frigorífico y estirar formando un círculo de unos 26 cm de diámetro. Poner la masa sobre una placa de horno untada con mantequilla, espolvorear con harina y pincharla con un tenedor o con la punta de un cuchillo.
3. Preparar pasta «choux» y disponerla en una manga pastelera con boquilla lisa de 1 cm de diámetro.
4. Formar un círculo de pasta «choux» alrededor de la masa quebrada. Pintar la superficie con yema de huevo y cocer en el horno a temperatura fuerte.
5. Formar bolitas (lionesas) con la pasta «choux» sobrante, pintarlas con huevo, y cocerlas al horno durante 15 minutos.
6. Preparar, con el azúcar y el agua, un almíbar algo espeso. Untar con él las lionesas (éstas pueden rellenarse con crema pastelera). Montar las lionesas alrededor de la tarta.
7. Preparar una crema pastelera con las yemas de huevo, el azúcar, la harina de maíz o maizena, y la leche, cociéndola hasta que empiece a espesar.
8. Mezclar con la nata e introducirla en la manga pastelera. Llenar el centro de la tarta con pequeños montoncitos. Servir fría.

Tronco relleno de crema

Para 4 personas

Tiempo de elaboración: 35 minutos

Dificultad: media

Ingredientes:

* 4 huevos
* 200 g de azúcar
* 1 sobre de azúcar vainillado
* 200 g de harina
* 1 cucharadita de levadura en polvo
* mantequilla
* 150 g de azúcar lustre

Para la crema

* 300 ml de natillas
* 250 g de mantequilla
* 1 cucharada de licor

Preparación:

1. Batir las yemas de huevo con el azúcar hasta obtener una masa homogénea y esponjosa. Agregar el azúcar vainillado. Tamizar la harina junto con la levadura y añadirlo a la masa. Batir las claras de huevo a punto de nieve y añadir a la mezcla, esponjándola.
2. Repartir la masa en una bandeja para el horno, previamente untada con mantequilla y forrada con papel de barba. Cocer en el horno a una temperatura de 200-220 °C durante 10 minutos.
3. Una vez terminada la cocción, volcar sobre un paño húmedo y retirar el papel. Enrollar el bizcocho y dejar enfriar. Mientras tanto, preparar la crema inglesa: trabajar la mantequilla hasta que quede suave y fina. Agregar las natillas y batir continuamente. Incorporar el licor y seguir batiendo hasta que se espese. Dejar enfriar.
4. Cuando el bizcocho esté frío, desenrollar y repartir por encima la crema. Enrollar con cuidado y cubrir con el azúcar lustre. Quemar el azúcar formando líneas paralelas, e introducir en el frigorífico hasta la hora de servirlo.

Búlgaros

Para 4 personas

Tiempo de elaboración: 1 hora y 40 minutos

Dificultad: media

Ingredientes:

* 6 cucharadas de harina
* 5 cucharadas de azúcar
* 3 huevos y 1 clara
* 1 cucharadita de levadura

Para el relleno

* 200 g de mantequilla
* 100 g de azúcar molido
* 2 claras
* un poco de vainilla
* una pizca de sal

Para el glaseado

* 1 tableta de 200 g de chocolate sin leche
* 1 cucharadita de mantequilla

Preparación:

1. Montar las claras a punto de nieve muy firme; añadir las yemas, la harina mezclada con la levadura, la vainilla y la sal.
2. Forrar con papel blanco una placa de horno y untar con mantequilla. Verter en ella la preparación anterior. Cocer en el horno durante 35-40 minutos (teniendo en cuenta

que no se debe dorar), a una temperatura media.

3. Para preparar la masa del relleno se tiene que mezclar la mantequilla junto con las claras de huevo montadas y el azúcar.
4. Fundir el chocolate al baño María, junto con la mantequilla.
5. Una vez cocido el bizcocho, extender por encima el relleno y enrollar. Cortar en porciones de unos 10 cm. Bañar por encima con el chocolate, cubriendo totalmente los tronquitos. Adornar al gusto.

Tarta Sacher vienesa

Para 4 personas

Tiempo de elaboración: 1 hora y 40 minutos

Dificultad: alta

Ingredientes:

* 8 huevos
* 200 g de azúcar
* 60 g de cacao en polvo
* 120 g de harina
* 100 g de mantequilla
* 50 g de migas de bizcocho
* mermelada de albaricoque
* 200 g de chocolate

Preparación:

1. Separar las claras de las yemas y batir éstas con 100 g de azúcar hasta que estén espumosas. Batir a punto de nieve las claras con el resto del azúcar.
2. Tamizar el cacao con la harina, por encima de las yemas, e incorporar de abajo arriba junto con la mantequilla caliente. Agregar también de abajo arriba las claras batidas y las migas de bizcocho.
3. Introducir la masa en el molde, ya engrasado, y cocer durante 40 minutos en el horno a una temperatura de 200 °C. Una vez transcurrido el tiempo, apagar el horno y dejar que la tarta repose en él durante un buen rato.
4. Sacar la tarta del horno y dejarla reposar unas dos horas para que se enfríe. Cortar la tarta, rellenarla con la mermelada y volver a tapar.
5. Derretir al baño María el chocolate y extenderlo sobre la tarta, formando una capa regular.
6. Si se quiere, cuando el baño aún esté caliente, se marcan las porciones de tarta y se adorna cada una al gusto.

Savarín

Para 4 personas

Tiempo de elaboración: 1 hora y 30 minutos

Dificultad: alta

Ingredientes:

- 350 g de harina
- 20 g de levadura prensada
- 1 taza de leche
- 4 huevos
- 240 g de azúcar
- 1 bolsita de vainilla en polvo
- una pizca de sal
- 150 g de mantequilla
- 3 copitas de licor de ron
- 1 vaso de vino blanco
- 1/4 l de agua

Preparación:

1. Tamizar la harina sobre la mesa de trabajo y practicar un hoyo en el centro. Depositar en él la levadura desmenuzada, deshacerla con la leche tibia y mezclar con un poco de harina. Dejar que fermente esta masa previa, tapada, unos 15 minutos.
2. Batir los huevos con 40 g de azúcar, hasta obtener una mezcla espumosa, incorporar la vainilla, la pizca de sal y la mantequilla ablandada, y añadir esta mezcla a la masa previa. Trabajar bien, añadiendo toda la harina hasta obtener una masa fluida. Dejar fermentar, tapada, 10 minutos.
3. Untar con un poco de mantequilla y harina un molde para savarín. Verter en él la masa anterior y dejar que fermente hasta que adquiera el doble de su volumen y que casi llene el molde.
4. Introducir el pastel en el horno, precalentado a 220 °C, durante 40 minutos (colocarlo en la parte baja del horno). Sacarlo y volcar sobre una rejilla. Reservar.
5. Colocar el ron, el vino, el agua y 150 g de azúcar en una cacerola donde quepa el savarín, y llevarlo todo a ebullición.
6. Introducir el pastel boca arriba y dejarlo hasta que haya absorbido todo el líquido. Poner el savarín sobre una bandeja. Adornar al gusto; colocando nata o trufa en el centro, y fresas u otras frutas tanto en el centro como a su alrededor.

Tarta de Pascua de yema con frutas

Para 4 personas

Tiempo de elaboración: 1 hora y 15 minutos

Dificultad: alta

Ingredientes:

Bizcocho

- 6 huevos grandes
- 180 g de azúcar
- 130 g de harina
- ralladura de un limón
- 50 g de almendras en polvo
- 1 cucharadita de levadura en polvo

Relleno

- 200 g de confitura de albaricoque
- 5 cucharadas de azúcar
- zumo de limón

Yema

- 3 huevos, el mismo peso en azúcar

Adornos

- fruta confitada variada
- huevos de chocolate
- gelatina de manzana
- plumas
- grageas de colores
- almendra picada

Preparación:

1. Batir los huevos con el azúcar y la raspadura de limón, hasta que llegue a doblar el volumen, a punto de relieve.
2. Añadir la harina, junto con la cucharadita de levadura, con mucho cuidado para que no baje la pasta; al finalizar esta operación añadir también cuidadosamente las almendras en polvo.
3. Untar un molde de unos treinta centímetros de diámetro con mantequilla, verter la preparación, cocer a horno precalentado a 180 °C unos treinta minutos. Desmoldar sobre una rejilla. Cuando esté frío, partir por la mitad, emborrachar un poco con licor o vino dulce y rellenar con la confitura, mezclada con el azúcar y el zumo de limón.

Yema para cubrir:

4. Batir los huevos y el azúcar, poner al fuego y con la espátula de madera remover cuando empiece a pegarse a la espátula y tienda a espesar un poco; retirar del fuego y seguir batiendo; volver a poner al fuego, cuando parezca que va a hervir sacar del fuego y remover vivamente. Extender sobre un mármol y dejar enfriar.
5. Cuando esté en su punto, extenderla enci-

ma del bizcocho y adornar con las frutas confitadas; pintar con la gelatina de manzana tibia para darle brillo.

6. Pintar los laterales y cubrir con las almendras picadas. Adornar con los huevos de chocolate, plumas, al gusto de cada uno. Presentar en una bandeja con blonda.

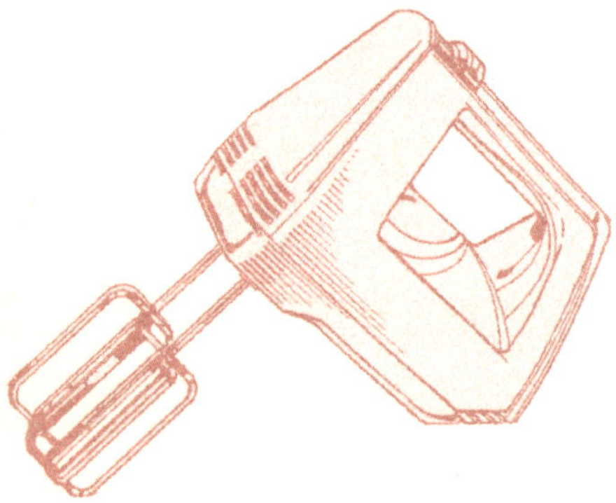

Pastel Napoleón

Para 4 personas

Tiempo de elaboración: 1 hora

Dificultad: alta

Ingredientes:

- 6 yemas de huevo
- 200 g de azúcar
- 6 claras de huevo
- 100 g de harina
- 50 g de fécula
- 50 g de cacao en polvo
- 80 g de almendras picadas
- 1/2 cucharadita de canela molida
- 1/4 de cucharadita de clavo aromático molido
- una pizca de sal
- 2 cucharadas de coñac
- 80 g de mantequilla
- 100 g de chocolate de cobertura

Para el molde

- mantequilla y pan rallado

Preparación:

1. Batir las yemas con 50 g de azúcar hasta que estén bien espumosas. Batir las claras con el resto del azúcar a punto de nieve y agregar a la masa de las yemas.
2. Tamizar la harina con la fécula y el cacao, mezclar bien con las almendras, la canela, el clavo y la sal, e incorporarlo a la mezcla anterior junto con el coñac. Derretir la mantequilla y añadirla a la masa cuando esté tibia.
3. Colocar la masa en el molde, previamente engrasado y espolvoreado con el pan rallado. Cocer durante 55 minutos en la parte baja del horno.
4. Dejar enfriar en una rejilla. Derretir el chocolate de cobertura al baño María y usarlo para cubrir el pastel.

Tarta helada de queso y limón

Para 8 personas

Tiempo de elaboración: 55 minutos

Dificultad: alta

Ingredientes:

- 250 g de queso fresco
- 100 g de galletas
- 50 g de mantequilla
- 100 ml de jerez
- 3 limones
- 3 cucharadas de azúcar
- 3 hojas de gelatina
- 3 yemas de huevo

Para la crema

- 1 limón
- 1 yema de huevo
- 100 g de mantequilla
- 100 g de azúcar

Preparación:

1. Mezclar las galletas, desmenuzadas, con la mantequilla fundida y el jerez, y forrar con esa pasta un molde desmontable.
2. Trabajar las yemas con el azúcar; añadir el queso fresco, la gelatina desleída en el zumo caliente de los 3 limones y la ralladura de uno de ellos. Mezclar bien.
3. Batir las claras a punto de nieve y añadir con cuidado, antes que cuaje, a la preparación anterior.
4. Llenar el molde con la preparación obtenida y dejar en el frigorífico unas 24 horas.
5. Para preparar la crema, trabajar la yema de huevo con el azúcar; añadir el zumo y la ralladura del limón y la mantequilla ablandada, y cocer a fuego suave hasta obtener una crema espesa.
6. Cubrir la tarta y dejar enfriar en el congelador. Antes de servir, adornar la superficie con medios limones.

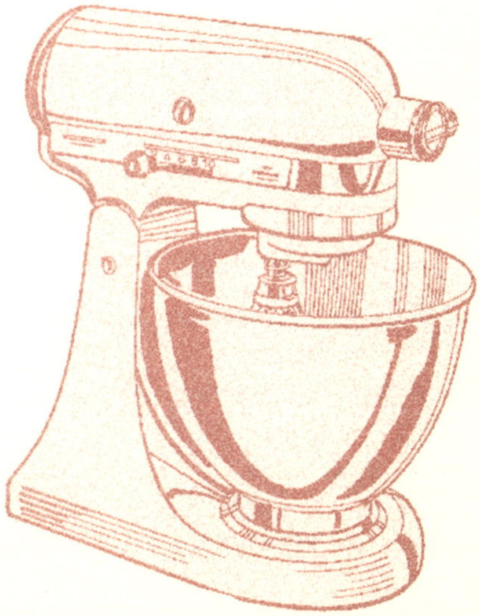

Rejanes

Para 4 personas

Tiempo de elaboración: 40 minutos más el tiempo del horno

Dificultad: alta

Ingredientes:

- * 150 g de mantequilla
- * 150 g de azúcar
- * 8 huevos
- * harina
- * 150 g de almendras peladas
- * 2 cucharadas de levadura
- * manteca de cerdo

Preparación:

1. Triturar las almendras junto con el azúcar hasta convertirlas en una harina muy fina.
2. Separar las yemas de las claras de 3 huevos. Batir las claras a punto de nieve y reservar las yemas.
3. Enmantecar un papel de barba y recubrir con él el fondo de un molde alargado y hondo.
4. En otro recipiente hondo, disponer la mezcla de almendras y azúcar junto con la mantequilla partida en trozos pequeños; mezclar bien todo el conjunto.
5. Añadir 5 huevos y 3 yemas. Mezclar bien durante un rato y agregar en forma de lluvia la harina tamizada con la levadura. A continuación, trabajar bien la masa con una espátula de madera.
6. Finalmente, incorporar a la masa las claras de huevo montadas a punto de nieve y seguir mezclando.
7. Verter la masa en el molde y meterlo en el horno, templado, durante treinta minutos. Para saber si el pastel está en su punto, clavar en él con cuidado la punta afilada de un cuchillo: si éste sale seco el pastel ya estará listo.
8. Por último, desmoldar el pastel, dejarlo enfriar y cortarlo en tajadas de 1 cm y, seguidamente, en triángulos.

Bizcocho de Vic

Para 4 personas

Tiempo de elaboración: 45 minutos

Dificultad: baja

Ingredientes:

- 4 huevos
- 75 g de fécula de patata
- 125 g de azúcar lustre
- 25 g de mantequilla
- 25 g de harina
- 1 cucharadita de levadura en polvo
- 1 limón y sal

Preparación:

1. Separar las yemas de las claras. Batir las claras en un bol, hasta lograr el punto de nieve fuerte, añadir el azúcar poco a poco batiendo continuamente, añadir una pizca de sal y las yemas, ralladura de limón y, por último, la fécula mezclada con la levadura; trabajarlo con cuidado para que no baje la mezcla.
2. Untar un molde de bizcocho con la mantequilla, espolvorear con la harina, verter en él la preparación.
3. Precalentar el horno a 170 °C, introducir el molde en el horno y dejar cocer unos treinta minutos. Cuando esté cocido, dejar enfriar.
4. Desmoldar en una bandeja y espolvorear con azúcar lustre.

Roscón de fiestas extremeño

Para 4 personas

Tiempo de elaboración: 1 hora y 10 minutos

Dificultad: baja

Ingredientes:

- 200 g de harina
- 100 g de azúcar
- 1 huevo
- 1 tacita de aceite de oliva
- 20 g de levadura prensada
- sal
- 1 copita de anís

Preparación:

1. En un recipiente, disponer la harina formando un hueco en el centro.
2. Colocar en el centro de este hueco el huevo,

el azúcar, el anís, el aceite y la sal. Agregar la levadura diluida en agua tibia.

3. Trabajar la masa y dejarla reposar durante aproximadamente 15 minutos. Volverla a amasar un rato más.

5. Seguidamente, con ambas manos, estirarla en forma de rollo y unir los extremos. Poner en un recipiente plano.

6. A continuación, espolvorear el roscón con el azúcar.

7. Por último, cocerlo en horno flojo. Servir inmediatamente después de enfriado.

Pan de higo casero

Para 4 personas

Tiempo de elaboración: 30 minutos

Dificultad: baja

Ingredientes:

|* 1 kg de higos de Fraga

|* harina

|* 1/4 kg de almendras tostadas sin piel

|* 100 g de nueces peladas

|* 5 cucharadas de anís en grano

Preparación:

1. Partir por la mitad los higos y ponerlos a secar al sol o en el horno.

2. Enharinar un molde alargado y disponer en él una capa de higos secos y, encima otra de almendras, anís y nueces. Repetir la operación varias veces.

3. Prensar bien las capas y, seguidamente, introducir en horno suave y dejar hasta que se caliente.

4. Dejar enfriar, retirar del molde, y envolver en papel transparente para su presentación.

Brazo de gitano

Para 4 personas

Tiempo de elaboración: 30 minutos

Dificultad: alta

Ingredientes:

|* 6 huevos

|* 150 g de harina

|* 150 g de azúcar

|* 1 limón

|* mantequilla

|* azúcar lustrePara 4 personas

Para el relleno

|*crema, chocolate, trufa o nata

Preparación:

1. Forrar con papel blanco una fuente para horno, untar el papel con mantequilla y espolvorear con harina.
2. Cascar los huevos y poner sólo las yemas en un bol.
3. Batir los huevos y añadir la piel de limón rallada y el azúcar, mezclar bien.
4. Seguidamente, montar las claras a punto de nieve e incorporarlas a las yemas con cuidado de que no se deshagan; añadir la harina y mezclar poco a poco con una espátula de madera hasta conseguir una pasta homogénea.
5. Extender la pasta encima del papel de la fuente y estirarla hasta obtener 5 milímetros de grosor.
6. Llevar la fuente al horno a temperatura media y dejar cocer durante 10 minutos.
7. Sacar del horno y separar la pasta del papel.
8. Colocar la pasta sobre otro papel previamente espolvoreado con harina.
9. Cubrir la pasta con el relleno que se quiera y enrollarla, dándole forma de tubo y cuidando de que el relleno no salga por los lados.
10. Espolvorear con azúcar lustre, dejar enfriar y servir.

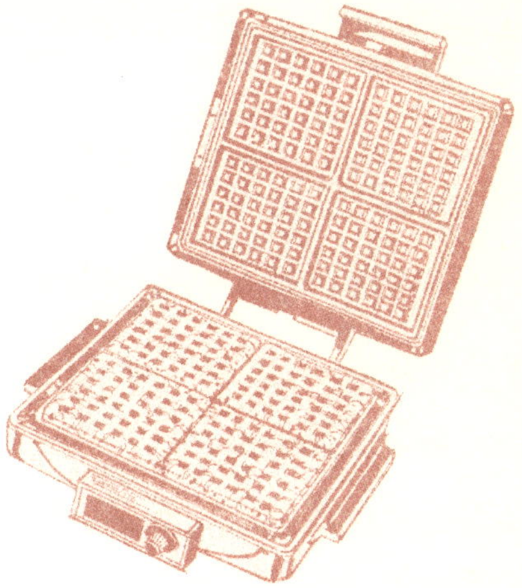

Roscón de Almería

Para 6 personas

Tiempo de elaboración: 1 hora y 5 minutos

Dificultad: alta

Ingredientes:

* 400 g de harina
* 150 g de azúcar
* 1 huevo
* 1 cucharada de levadura
* 1 copa de anís
* 1 vaso de leche
* 1 vaso pequeño de aceite y sal

Preparación:

1. Templar la leche, añadir la levadura y un poco de sal. Batir hasta que se deshaga la levadura.

2. Formar un volcán de harina sobre el mármol y agregar los demás ingredientes, finalizando con la leche y la levadura.
3. Mezclar y amasar bien hasta conseguir una pasta homogénea; dejar reposar.
4. Amasar un poco más y estirar la masa.
5. Redondear la masa y unir los dos extremos para así formar el rosco.
6. Colocar el rosco en una bandeja previamente untada con mantequilla, espolvorear con azúcar y llevar al horno, a temperatura media, durante 35 o 40 minutos, aproximadamente. Servir frío.

Pastel de gloria

Para 6 personas

Tiempo de elaboración: 1 hora y 5 minutos

Dificultad: alta

Ingredientes:

- 20 huevos (sólo las claras)
- 250 g de almendras molidas
- 500 g de azúcar
- 100 g de almidón
- azúcar lustre

Para la crema

- 6 dl de leche
- 350 g de azúcar
- 50 g de harina
- 1/4 de nata líquida
- 60 g de gelatina neutra
- 1 limón
- canela en rama

Preparación:

1. Montar las claras a punto de nieve y reservar 4 yemas.
2. Añadir, removiendo poco a poco, el azúcar, el almidón y las almendras. Mezclar y rellenar una manga pastelera con el merengue.
3. Sobre un papel de estraza, hacer tiras de merengue de unos 20 cm de largo por ocho de ancho.
4. Poner el papel de estraza con las tiras de merengue sobre una fuente para horno.
5. Llevar al horno a temperatura media 30 minutos aproximadamente.
6. Retirar el merengue del horno y dejar enfriar.
7. Distribuir la crema sobre la mitad de las tiras de merengue; tapar la crema con la otra mitad.
8. Espolvorear las tiras con azúcar lustre y servir.

Para la crema:

9. Calentar un recipiente con la leche, una rama de canela y un trozo de corteza de limón.

10. En otro recipiente, mezclar bien el azúcar, la harina, cuatro yemas de huevo y la nata líquida.
11. Añadir la mezcla a la leche cuando ésta esté ya tibia; dejar cocer todo hasta el momento en que empiece a hervir, sin dejar de remover.
12. Apartar la crema del fuego y agregar la gelatina previamente disuelta en un poco de agua caliente. Mezclar bien y dejar enfriar.

Pastel cordobés

Para 4 personas

Tiempo de elaboración: 1 hora y 10 minutos

Dificultad: alta

Ingredientes:

- 400 g de harina
- 50 g de manteca de cerdo
- 200 g de mantequilla
- 2 huevos
- 400 g de cabello de ángel
- 1 vaso de agua
- canela
- azúcar
- vinagre
- sal

Preparación:

1. Mezclar la harina con el agua, la manteca, un poco de sal y un chorrito de vinagre; amasar bien hasta conseguir una pasta homogénea.
2. Dejar reposar un rato, estirar la masa con el rodillo enharinado, untar la masa con la mantequilla blanda.
3. Doblar la masa seis veces (como para hacer el hojaldre) y partirla por la mitad.
4. Estirar cada mitad, dándole la misma forma redonda.
5. Cubrir una mitad con cabello de ángel, tapar con la otra mitad.
6. Pintar los extremos con huevo batido y cerrar las dos capas dándoles forma de trenza.
7. Ponerlo en el horno a temperatura alta de 30 a 35 minutos.
8. Una vez cocido, pintar toda la superficie con huevo batido y espolvorear con azúcar y canela.
9. Volver a introducir unos instantes el pastel en el horno ya apagado.
10. Servir caliente o frío.

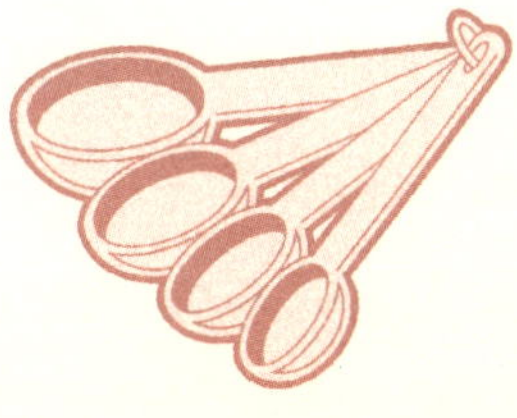

Bizcocho de manzana I

Para 4 personas

Tiempo de elaboración: 50 minutos

Dificultad: baja

Ingredientes:

- * 3 huevos
- * 125 g de harina
- * 2 cucharaditas de levadura en polvo
- * 3 manzanas reinetas
- * ralladura de limón
- * 100 g de mermelada de albaricoque
- * 125 g de mantequilla

Preparación:

1. En un bol, trabajar la mantequilla reblandecida junto con el azúcar, luego, añadir los huevos y la ralladura de limón y seguir trabajando hasta formar una masa espumosa.
2. Agregar la harina mezclada con la levadura y batir enérgicamente con las varillas hasta que esté bien amalgamado.
3. Untar un molde de 24 cm de diámetro, forrar el fondo con un papel y volver a untar. Verter la preparación anterior en el molde.
4. Pelar las manzanas, cortarlas en gajos muy finos y cubrir toda la masa en forma circular.
5. Precalentar el horno a 180 °C, introducir el molde, y dejar cocer unos 30 minutos. Comprobar el punto de cocción, pinchando con una aguja, que debe salir limpia.
6. Cuando esté en su punto, sacar del horno y desmoldar en rejilla.
7. Por último, en un cazo pequeño, disolver la mermelada con 2 cucharadas de agua y 1 de azúcar, remover cuidadosamente y dejar hervir unos segundos. Cubrir el pastel con este almíbar y servirlo en bandeja con blonda.

Bizcocho de Novales

Para 6 personas

Tiempo de elaboración:1 hora

Dificultad: baja

Ingredientes:

- * 4 huevos frescos
- * 240 g de harina
- * 2 cucharaditas de levadura en polvo
- * 1/2 dl de zumo de naranja

- 1/2 dl de zumo de limón
- ralladura de naranja
- ralladura de limón
- 1 dl de aceite
- mantequilla
- 200 g de azúcar

Preparación:

1. En un bol, batir con las varillas los huevos junto con el azúcar, hasta que el conjunto esté espumoso y blanquecino. Añadir el aceite y trabajar un poco más.
2. Incorporar los zumos y las ralladuras de naranja y de limón; mezclar bien.
3. Mezclar la harina con la levadura y añadirla a la preparación anterior con cuidado, trabajando lo menos posible.
4. Engrasar un molde redondo con mantequilla y verter en él la preparación anterior.
5. Precalentar el horno a temperatura media, 180 °C. Poner dentro el bizcocho y dejar cocer durante unos 25 a 30 minutos. Comprobar el punto de cocción. Al retirar del horno, dar un golpe seco con el molde sobre el mármol, desmoldar y dejar enfriar.

Torta de chicharrones

Para 6 personas

Tiempo de elaboración:

1 hora y 25 minutos

Dificultad: alta

Ingredientes:

- 1/2 kg de harina
- 100 g de chicharrones
- 50 g de uvas pasas
- 100 g de azúcar
- 1 copita de anís
- canela en polvo
- agua
- 100 g de manteca de cerdo
- azúcar para espolvorear
- sal

Preparación:

1. Poner la harina formando una montañita encima de una superficie plana, hacer un hueco en el centro del montón y echar en su interior un poco de agua templada y una pizca de sal.
2. Mezclar la harina y el agua, y trabajar hasta obtener una masa que no se pegue a la mesa.
3. Incorporar los chicharrones, el azúcar, la manteca de cerdo y las uvas pasas.

4. Remover todo junto y trabajar hasta el momento en que todo quede bien mezclado.
5. Extender cuidadosamente sobre un recipiente plano o en una empanadera, rociando la masa con la copita de anís y espolvoreándola con la canela en polvo y el azúcar.
6. Hacer unos pequeños cortes sobre la masa e introducir en el horno a temperatura media, durante unos cuarenta y cinco minutos, aproximadamente.

Bizcocho de nueces

Para 6 personas

Tiempo de elaboración: 45 minutos

Dificultad: media

Ingredientes:

* 4 huevos
* 200 g de harina
* 2 cucharaditas de levadura
* 100 g de nueces picadas
* ralladura de limón
* 125 g de mantequilla
* 200 g de azúcar

Preparación:

1. En un bol, mezclar los huevos, el azúcar y la ralladura de limón, trabajando con las varillas; batir hasta que esté espumoso y añadir la mantequilla derretida. Después, incorporar la harina mezclada con la levadura, poco a poco, sin amasar demasiado.
2. Untar con matequilla un molde redondo de 24 cm de diámetro y verter en él la mitad del preparado. Esparcir las nueces picadas por encima y, sobre éstas, el resto del preparado, cubriéndolas.
3. Precalentar el horno a 170 °C, poner dentro la masa del bizcocho y dejar cocer unos 30 minutos. Comprobar el punto de cocción, retirar del horno y dejar enfriar.

Tarta de Santiago simple

Para 6 personas

Tiempo de elaboración: 1 hora

Dificultad: media

Ingredientes:

* 300 g de harina
* 200 g de mantequilla
* 400 g de almendras picadas
* 400 g de azúcar
* 4 huevos
* 1 limón
* azúcar lustre
* agua

Preparación:

1. En un recipiente, batir los huevos con el azúcar, la harina, la mantequilla y el agua, por espacio de 30 minutos.
2. Incorporar la almendra molida y la corteza de limón rallada, y mezclar bien hasta conseguir una masa homogénea.
3. Untar un molde redondo y verter en él la masa. Introducir en el horno (a ser posible, bastante alto) y dejar cocer durante unos veinticinco minutos, aproximadamente.
4. Cuando la tarta esté fría, desmoldar y espolvorear con azúcar lustre.

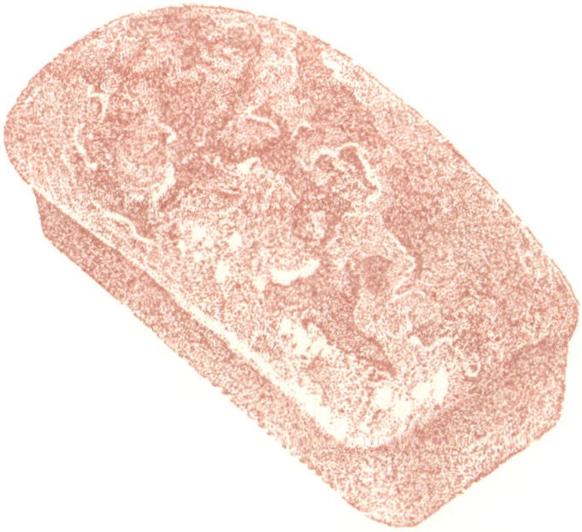

Tarta típica de Portomarín

Para 6-8 personas

Tiempo de elaboración: 1 hora y 30 min.

Dificultad: alta

Ingredientes:

* pasta de hojaldre
* 800 g de almendras picadas
* 1/2 l de azúcar en almíbar
* 8 huevos
* 100 g de harina

Preparación:

1. Amasar la harina junto con la almendra, el azúcar en almíbar y los huevos, hasta conseguir una pasta ligada.
2. Una vez conseguida la masa en su punto, dejar reposar.
3. Forrar un molde de cobre de unos dos centímetros de alto con la pasta de hojaldre.
4. Verter sobre el hojaldre la masa preparada anteriormente.
5. Introducir en el horno, calentado a 175 °C, por espacio de una hora.

Brazo de gitano de mantequilla

Para 6 personas

Tiempo de elaboración: 1 hora y 30 min.

Dificultad: media

Ingredientes:

* 1/2 kg de mantequilla casera
* 125 g de azúcar

|* 1/4 l de agua

|* 50 g de anises

|* 50 g de fruta confitada

Preparación:

1. En un cazo, poner el agua y el azúcar y llevar a cocer a fuego muy suave por espacio de unos cuarenta minutos, hasta conseguir un almíbar flojo.
2. En un recipiente, poner la mantequilla y trabajar con la mano, batiéndola firmemente y con constancia hasta que se vaya derritiendo poco a poco con el calor.
3. Una vez frío el almíbar, ir añadiéndolo poco a poco a la mantequilla hasta que ésta lo absorba todo.
4. La masa obtenida con el almíbar y la mantequilla la trabajamos hasta que tenga forma de brazo de gitano.
5. Introducir en el frigorífico y dejar enfriar para que, de nuevo, tenga consistencia.
6. Servir adornado con los anises y la fruta confitada.

Pastel de manzanas con aguardiente de sidra

Para 8 personas

Tiempo de elaboración: 1 hora y 30 minutos

Dificultad: alta

Ingredientes:

Budín

|* 1 kg de manzanas reinetas

|* 100 g de mantequilla

|* 150 g de azúcar

|* 6 yemas de huevo

|* 1 l de leche

|* 80 g de azúcar para el caramelo

|* ralladura de 1 limón

Sabayón

|* 3 dl de aguardiente de sidra

|* 150 g de azúcar

|* 5 yemas de huevo

|* 1 huevo entero

Preparación:

1. Pelar las manzanas, quitarles las pepitas; cortarlas en gajos y ponerlas en una sartén, junto con 75 gramos de azúcar y la mantequilla, hasta que estén cocidas.
2. En un cazo pequeño, poner el resto de azú-

car, unas gotas de agua y ponerlo al fuego hasta que llegue al punto de caramelo. Echarlo en un molde redondo de unos veinticuatro centímetros de diámetro, dejar enfriar.

3. En un bol de cristal, batir las yemas de huevo con el azúcar restante y la ralladura de limón, trabajar un poco para que se disuelva el azúcar. Añadir la leche caliente, sin dejar de batir. Añadir las manzanas cocidas. Mezclar bien todos los ingredientes. Volcar el preparado en el molde acaramelado.
4. Precalentar el horno, y poner al baño María, unos veinticinco minutos (el agua no debe hervir) a horno fuerte.

Sabayón:

5. En un cazo de acero inoxidable o de porcelana poner las yemas de huevo con el azúcar y el huevo entero. Batir con las varillas hasta conseguir una pasta esponjosa y suave. Poner al fuego al baño María y, sin dejar de batir, echar poco a poco el aguardiente de sidra. Cuando esté frío el budín, servir cortando las porciones y napando con el sabayón.

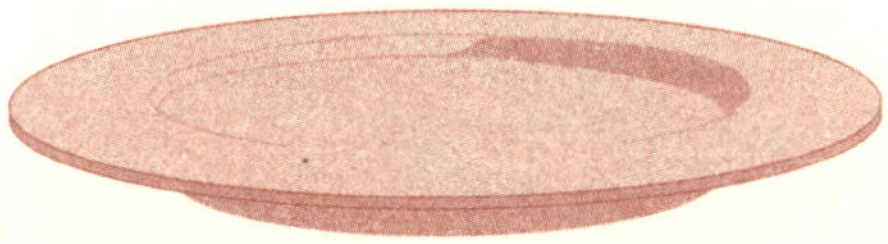

Tarta de ciruelas

Para 6 personas

Tiempo de elaboración:

1 hora y 40 minutos

Dificultad: alta

Ingredientes:

- 1 kg de ciruelas claudias
- 1 plancha fina de bizcocho
- 1/2 l de crema pastelera
- 100 g de jalea de albaricoque
- 2 copitas de vino de Oporto
- 100 g de nata y canela en polvo

Preparación:

1. Deshuesar las ciruelas.
2. Forrar una fuente un poco honda con la plancha de bizcocho y emborracharla con las dos copitas de vino de Oporto.
3. Hacer la crema pastelera y aromatizarla con canela en polvo; una vez templada la crema, verterla sobre el bizcocho. Introducir en el frigorífico por espacio de cinco o seis horas (hasta conseguir que esté muy fría).
4. Sacar del frigorífico y colocar, de forma simétrica, las ciruelas deshuesadas.
5. Calentar un poco de jalea de albaricoque e impregnar con ella totalmente el pastel.
6. Decorar el conjunto con la nata montada.

Roscón de Villalba

Para 6 personas

Tiempo de elaboración: 1 hora

Dificultad: media

Ingredientes:

- 1 kg de almendras
- 125 g de azúcar
- 6 huevos
- 50 g de guindas

Preparación:

1. Picar las almendras y tostar ligeramente.
2. En un recipiente, poner las almendras tostadas, el azúcar y los huevos.
3. Batir todo junto, hasta que resulte una masa compacta y homogénea.
4. Poner la masa en un molde y darle forma de rosca. Marcar unas coronitas y decorar con las guindas al gusto.
5. Introducir en el horno a una temperatura de 150 °C.
6. El roscón está cocido cuando la parte superior esté dorada (unos treinta minutos).

Torta a la navarra

Para 4 personas

Tiempo de elaboración: 50 minutos

Dificultad: baja

Ingredientes:

- 4 huevos
- 100 g de pasas
- 100 g de miga de pan rallado
- 1/4 l de leche
- 3 cucharadas de mantequilla
- canela en polvo
- 150 g de azúcar

Preparación:

1. Retirar 2 cucharadas de azúcar y reservarlas.
2. Poner las pasas en remojo con agua tibia.
3. En un recipiente hondo, poner la miga de pan, la leche, los huevos, una pizca de canela, el azúcar y las pasas escurridas. Mezclar bien todo durante unos minutos.
4. Untar una fuente refractaria con la mantequilla, espolvorearla con 2 cucharadas de azúcar e incorporar seguidamente la mezcla de los ingredientes.
5. Introducir la fuente en el horno y mantenerla hasta que la torta esté dorada en la superficie.
6. Dejar enfriar y desmoldar. Servir la torta cortada en forma de triángulos.

Rosca asturiana

Para 4 personas

Tiempo de elaboración: 1 h. y 5 min.

Dificultad: media

Ingredientes:

* 1/2 kg de harina
* 1 tazón de leche
* 125 g de azúcar
* 6 cucharadas de mantequilla
* 1 huevo
* levadura

Preparación:

1. Derretir la mantequilla cerca de la lumbre.
2. Mezclar la levadura con la harina y pasar por un tamiz.
3. En un recipiente hondo, batir la mantequilla ya derretida, añadir el azúcar y mezclar.
4. Seguir batiendo y agregar el huevo batido, la harina, la levadura y la leche, vertida poco a poco.
5. Untar un molde para rosca con mantequilla y rellenarlo con la mezcla anterior.
6. Llevarlo a horno moderado y dejar unos cuarenta minutos.
7. Dejar enfriar la rosca y desmoldar.

Bizcocho de almendras

Para 6 personas

Tiempo de elaboración: 45 minutos

Dificultad: media

Ingredientes:

* 250 g de almendras molidas
* 250 g de azúcar
* 150 g de mantequilla
* 5 huevos
* 0,5 dl de brandy
* ralladura de limón y azúcar glas

Preparación:

1. Dejar la mantequilla a temperatura ambiente el tiempo suficiente para que se ablande.
2. Batir los huevos con el azúcar con la batidora de mano, hasta que se espese y forme relieve, añadir la ralladura del limón.
3. Añadir la mantequilla reblandecida y mezclar cuidadosamente.
4. Cuando esté todo bien trabajado, agregar con una espátula las almendras molidas y, finalmente, el brandy para no bajarlo demasiado.

5. Untar con mantequilla un molde, verter la masa preparada.
6. Precalentar el horno a 200 °C e introducir el molde en él unos diez minutos. Luego, bajar un poco la temperatura a 160 °C y dejar cocer 20 minutos más.
7. Dejar 5 minutos en el horno apagado, luego sacarlo, dejar enfriar y desmoldar.
8. Servir espolvoreado con azúcar glas.

Bizcocho de espuma para tartas

Para 4 personas

tiempo de elaboración: 30 minutos

Dificultad: baja

Ingredientes:

- 5 huevos
- 100 g de azúcar
- 50 g de maizena
- 75 g de harina
- 50 g de azúcar glas
- 20 g de levadura en polvo

Preparación

1. Batir las yemas con el azúcar y se reservan.
2. Batir las claras a punto de nieve y cuando están listas, añadir el azúcar glas.
3. Unir las claras con las yemas, la harina y la levadura, removiendo bien con la espátula.
4. Verter la mezcla en un molde con papel de barba, espolvorear con azúcar glas e introducir en el horno a 150 °C durante 20 minutos.

Bizcocho a la naranja

Para 4 personas

tiempo de elaboración: 30 minutos

Dificultad: baja

Ingredientes:

- 3 huevos
- 175 g de azúcar
- 250 g de harina
- 175 dl de aceite
- 20 g de levadura en polvo
- zumo y ralladura de la corteza de una naranja

Preparación

1. Batir las claras a punto de nieve y, cuando están muy consistentes, añadir el azúcar y las yemas; batir hasta que se mezclen todos los ingredientes y quede una masa muy fina
2. Verter la masa en un molde engrasado con mantequilla (extenderla con una brocha plana) e introducir en el horno a 160 °C durante 40 minutos.
3. Adornar con gajos de naranja y azúcar glas.

Bizcocho al licor de manzana

Para 4 personas

Tiempo de elaboración: 40 minutos

Dificultad: baja

Ingredientes:

* 4 huevos
* 100 g de azúcar
* 60 g de harina
* 60 g de maizena
* 30 g de mantequilla
* 2 copas de licor de manzana
* 1 vaso de almíbar
* 15 g de levadura en polvo

Preparación

1. Separar las claras de las yemas. Batir las primeras a punto de nieve con la mitad del azúcar, al igual que las yemas con la otra mitad; unir ambas mezclas y a continuación añadir la mantequilla derretida.
2. Echar poco a poco la harina mezclada con la levadura, removiendo con una espátula. Cuando esté todo muy bien mezclado verter en un molde engrasado con mantequilla (extenderla con una brocha plana). Meter en el horno a 160 °C durante 20 minutos.
3. Emborrachar con el almíbar y el licor de manzana.

Bizcocho de melocotón

Para 4 personas

Tiempo: 40 minutos

Dificultad: Baja

Ingredientes:

|* 4 huevos

|* 250 g de azúcar

|* 250 g de harina

|* 250 g de maizena

|* 150 g de mantequilla

|* 250 g de mermelada de melocotón

|* 1/2vaso de zumo de melocotón

|* 20 g de levadura en polvo

Preparación

1. Poner los huevos y el azúcar en un recipiente y batirlos bien.
2. Después añadir la harina, la levadura, la mantequilla derretida y el zumo de melocotón mezclándolo todo.
3. Por último, añadir la mermelada y volver a mezclarlo muy bien con la espátula.
4. Verter en el molde, engrasado ya con mantequilla, y con rodajas de melocotón en el fondo, e introducir en el horno a 160 °C de 40 a 50 minutos.
5. Adornar los costados de la tarta con trocitos de melocotón.

Bizcocho casero

Para 4 personas

Tiempo de elaboración: 30 minutos

Dificultad: baja

Ingredientes:

|* 6 huevos

|* 240 g de harina

|* 150 g de azúcar

|* 20 g de levadura en polvo

|* 1/4 l de moscatel

Preparación

1. Montar las claras a punto de nieve. Cuando están muy subidas, añadir el azúcar, batiéndolas de nuevo hasta que estén muy fuertes, y añadir las yemas, batiéndolo hasta que este bien mezclado.
2. Añadir la harina junto con la levadura, revolviendo bien con la espátula.
3. Verter en el molde, engrasado con mantequilla (extenderla con una brocha plana) y cocer a 160 °C durante 30 minutos.
4. Una vez frío, emborrachar con el moscatel.

Bizcocho Mohajan

Para 4 personas

Tiempo de elaboración: 30 minutos

Dificultad: baja

Ingredientes:

- * 4 huevos
- * 100 g de azúcar
- * 60 g de harina
- * 60 g de fécula de patata o maizena
- * 35 g de mantequilla
- * 20 g de levadura en polvo
- * unas gotas de esencia de limón

Preparación

1. En un bol, batir las yemas con el azúcar y reservarlas.
2. En otro recipiente, batir las claras a punto de nieve y cuando están muy duras, añadir las yemas, la harina con la levadura y la fécula de patata o maizena, removiendo bien con la espátula.
3. Incorporar la mantequilla derretida y, cuando todo está mezclado, verter en moldes cuadrados de pape, llenándolos hasta la mitad.
4. Meter en horno fuerte (200 °C) y, cuando estén dorados, sacar y espolvorear con azúcar glas.

Bizcocho de coco

Para 4 personas

Tiempo de elaboración: 20 minutos

Dificultad: baja

Ingredientes:

- * 3 huevos
- * 150 g de azúcar
- * 120 g de harina
- * 50 g de coco rallado
- * 75 g de mantequilla
- * 1 copa de coñac
- * 15 g de levadura en polvo

Preparación

1. Poner en un recipiente las yemas con el azúcar, batirlas bien e ir añadiendo el coñac, la harina mezclada con la levadura y el coco rallado, removiéndolo todo con la espátula.
2. Añadir a la masa que tenemos preparada las claras batidas a punto de nieve, incorporar la mantequilla derretida. Mezclar todo muy bien y verterlo en un molde engrasado con mantequilla.
3. Ponerlo en el horno a 160 °C y dejar que cueza durante 25 minutos. A continuación, sacarlo y espolvorear con azúcar glas y coco.

Bizcocho de chocolate

Para 4 personas

Tiempo de elaboración: 20 minutos

Dificultad: baja

Ingredientes:

* 3 huevos
* 150 g de azúcar
* 150 g de harina
* 75 g de mantequilla
* 1/4 l de leche
* 25 g de cacao en polvo
* 20 g de levadura en polvo

Preparación

1. Poner en un recipiente la mantequilla y el azúcar, mezclarlos bien hasta que formen una pasta cremosa e ir añadiendo los huevos uno a uno.
2. Una vez esté bien mezclado, echar el cacao diluido en la leche y por último la harina mezclada con la levadura.
3. Verter en un molde engrasado con mantequilla e introducir en el horno a 160 °C durante 30 minutos.
4. Cuando esté cocido, sacar y se dejar enfriar. Puede adornarse con azúcar glas o con nata.

Bizcocho de nata

Para 4 personas

Tiempo de elaboración: 20 minutos

Dificultad: baja

Ingredientes:

* 3 huevos
* 100 g de nata
* 100 g de azúcar
* 200 g de harina
* 20 g de levadura en polvo
* ralladura de corteza de limón

Preparación

1. Poner en un recipiente la nata, el azúcar y los huevos, y batir todo muy bien hasta que esté espumoso.
2. Agregar a continuación la harina mezclada con la levadura, batiendo de nuevo hasta que quede la pasta muy fina (se le puede añadir algún licor a gusto).
3. Preparar un molde engrasado con mante-

quilla (extenderla con brocha plana) y verter el preparado. Meterlo en el horno a 160 °C durante 40 o 50 minutos.

4. Adornar con nata y rodajas de limón.

Bizcocho del fraile

Para 4 personas

Tiempo de elaboración: 20 minutos

Dificultad: baja

Ingredientes:

* 9 huevos
* 250 g de harina
* 200 g azúcar
* 1 limón
* 1 vaso de vino dulce 20 g de levadura en polvo

Preparación

1. Poner en un recipiente las yemas de los huevos, y en otro las claras. Batir éstas a punto de nieve fuerte, añadir el azúcar poco a poco hasta que queden duras.
2. Batir las yemas y se mezclarlas con las claras con cuidado, incorporar la harina mezclada con la levadura en forma de lluvia a fin de que quede bien fina y, por último, echar la ralladura de limón.
3. Preparar un molde engrasado con mantequilla, colocando en el fondo papel de estraza, y meter en el horno a 160 °C durante 15 minutos.
4. Una vez desmoldado, emborrachar con el vino dulce.

Hojaldre de nueces

Para 6 personas

Tiempo de elaboración: 50 minutos

Dificultad: media

Ingredientes:

* 200 g de masa de hojaldre
* 100 g de crema pastelera
* 80 g de nueces peladas
* 80 g de mermelada

Preparación:

1. Estirar la masa de hojaldre hasta formar un rectángulo de 25 x 5 cm. Cubrir con una capa fina de crema pastelera aromatizada con vainilla. Espolvorear con las nueces troceadas y meter a horno fuerte a 210 °C.

2. Desleír la mermelada de albaricoque en un poco de agua y cocer durante 1 minuto. Abrillantar el pastel con la mermelada con ayuda de un pincel de repostería.

Tarta de limón verde

Para 6 personas

Tiempo de elaboración: 1 hora

Dificultad: media

Ingredientes:

- * 300 g de masa sablé
- * 10 g de mantequilla baja en calorías.

Para la crema de limón verde:

- * 4 limones verdes
- * 75 g de edulcorante granulado
- * 4 yemas de huevo
- * 2 claras de huevo
- * 20 g de maizena
- * 1 yogur natural

Preparación:

1. Forrar un molde de tarta untado con mantequilla con la masa sablé. Pinchar el fondo con un tenedor y meter al horno a 180-200 °C

2. Mezclar las yemas y el edulcorante, y añadir la corteza de 2 limones picada muy fina, el zumo de los 4 limones y la maizena. Cocer al baño María a fuego lento hasta que espese, sin que llegue a hervir en ningún momento. Retirar del fuego, dejar enfriar y añadir el yogur natural, mezclando con unas varillas de alambre para alisar la crema.

3. Montar las claras a punto de nieve con una pizca de sal hasta que estén muy firmes e incorporarlas suavemente a la crema.

4. Poner esta preparación en el fondo del molde y meter al horno precalentado a 210 °C . Desmoldar y poner en una rejilla hasta que se enfríe.

Tarta de grosellas

Para 6 personas

Tiempo de elaboración: 45 minutos

Dificultad: media

Ingredientes

- * 300 g de masa quebrada (pág. 47)
- * 10 g de mantequilla baja en calorías

Para el relleno:

- * 300 g de grosellas
- * 3 claras de huevo
- * 50 g de almendras molidas
- * 50 g de pedazos de bizcocho
- * 50 g de edulcorante granulado

* 1 cucharadita de extracto de vainilla
* 5 cl de kirsch

Preparación

1. Untar un molde de tarta con mantequilla y forrarlo con la masa quebrada. Pinchar el fondo con un tenedor y meterlo al horno a 180-200 °C
2. Limpiar las grosellas y escurrirlas con cuidado. Ponerlas a macerar en el kirsch con la vainilla.
3. Montar las claras a punto de nieve con una pizca de sal fina hasta que estén muy firmes. Añadir el edulcorante y las almendras molidas.
4. Poner los pedazos de bizcocho en el fondo de la tarta.
5. Mezclar las grosellas y el merengue con una espátula de madera. Poner esta preparación sobre los pedazos de bizcocho y alisar la superficie con una espátula metálica.
6. Meter al horno a 210 °C (termostato 7). Poner sobre una rejilla y dejar enfriar.

Tarta de arándanos

Para 6 personas

Tiempo de elaboración: 55 minutos

Dificultad: media

Ingredientes

* 300 g de masa quebrada (pág. 47)
* 300 g de arándanos
* 30 g de pan rallado fino
* 1 yogur natural
* 1 dl de leche desnatada
* 20 g de edulcorante granulado
* 2 huevos enteros
* 20 g de maizena
* 1 cucharadita de extracto de vainilla
* 20 g de mantequilla baja en calorías

Preparación

1. Untar un molde de tarta con mantequilla y forrarlo con la masa quebrada. Poner el pan rallado en el fondo y seguidamente los arándanos. Meter al horno a 210 °C durante 15 minutos.
2. Sacarlo y añadir la mezcla de yogur, leche, edulcorante, huevos, maizena y vainilla. Meter de nuevo al horno y cocer otros 20 minutos.
3. Desmoldar con cuidado y poner sobre una rejilla hasta que se enfríe.

Brioche de frutas

Para 8 personas

Tiempo de elaboración: 80 minutos

Dificultad: Media

Ingredientes

|* 500 g de masa de brioche

|* 300 g de crema pastelera

|* 2 cl de ron

|* 50 g de frutas confitadas

|* 50 g de pasas

|* 20 g de azúcar glas

Preparación

1. Estirar 150 g de masa de brioche, debiendo quedar muy fina, y forrar con ella un molde de bizcocho de 22 cm de diámetro. Estirar la masa restante y formar un cuadrado de 25 x 25 cm.
2. Poner 5/6 de la crema pastelera sobre el cuadrado de masa y el resto en el fondo del molde. Cubrir con las pasas y las frutas confitadas. Formar un rollo con el cuadrado de masa, cortarlo en rodajas de 2,5 cm y ponerlas en el molde.
3. Dejar fermentar hasta que llegue al borde del molde. Pintar con huevo batido y meter al horno. Sacar del horno, rociar con el ron y glasear con una mezcla de agua y azúcar glas.

Brioche muselina

Para 6 personas

Tiempo de elaboración: 70 minutos

Dificultad: alta

Ingredientes

|* 500 g de masa de brioche

|* 1 huevo

Preparación

1. Poner la masa en un molde de cake de 20 x 8 cm untado con mantequilla y dejar fermentar hasta que llegue al borde del molde. Pintar con huevo batido y hacer un corte en sentido longitudinal con una tijera, manteniendo la punta introducida 2 cm en la masa. Meter al horno a temperatura media y dejar enfriar.
2. Servir acompañado de crema inglesa o de coulis de fruta

Brioche relleno

Para 8 personas

Tiempo de elaboración: 1 hora

Dificultad: alta

Ingredientes

- * 350 g de masa de brioche
- * 400 g de crema pastelera
- * 1 hoja de gelatina (2 g)
- * 12,5 cl de nata montada
- * Azúcar glas

Para el almíbar:

- * 5 cl de almíbar espeso
- * 1 cl de kirsch

Preparación

1. Preparar la crema pastelera con la gelatina, remojada en agua y escurrida, y la nata montada
2. Estirar la masa de brioche hasta que tenga 1,5 cm de grosor y forrar con ella un molde de bizcocho de 22 cm de diámetro.
3. Dejar fermentar hasta que doble de volumen y meter al horno. Dejar enfriar.
4. Una vez frío, cortar el brioche por la mitad en sentido horizontal y emborracharlo con el almíbar.
5. Mezclar la crema pastelera y la nata montada y rellenar el brioche.
6. Reconstruir el pastel y espolvorearlo con azúcar glas. Meter al frigorífico hasta el momento de servir.

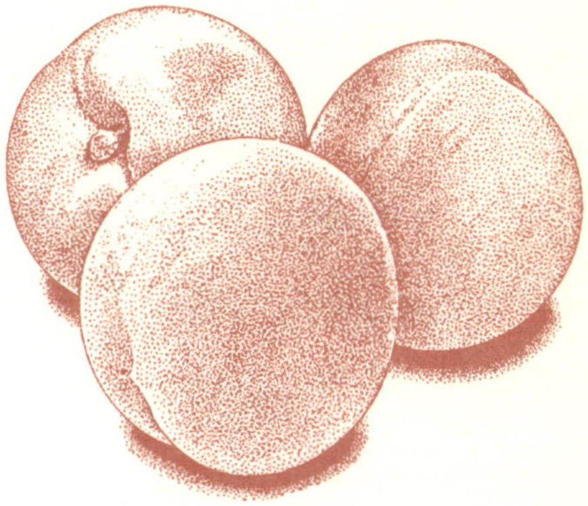

Tronco de Navidad

Para 6 personas

Tiempo de elaboración: 70 minutos

Dificultad: media

Ingredientes

Para el almíbar:

- * 1,5 dl de almíbar espeso
- * 2 cl de kirsch

Para la crema de mantequilla:

- * 4 yemas de huevo
- * 150 g de azúcar
- * 160 g de mantequilla
- * 1 cl de kirsch

Para el relleno:

- * 30 g de frutas confitadas, picadas muy finas

Para decorar:

- 20 g de almendras en láminas tostadas
- 20 g de virutas de chocolate
- 10 g de frutas confitadas, picadas muy finas

Preparación

1. Untar con un poco de mantequilla una hoja de papel parafinado de 40 x 25 cm, cubrirla con la masa de bizcocho y meter al horno precalentado. Una vez cocido el bizcocho, ponerlo sobre la superficie de trabajo para acelerar el proceso de enfriamiento y para que el bizcocho esté lo suficientemente ligero como para enrollarlo.
2. Desprender el papel y poner el bizcocho sobre otra hoja limpia. Emborrachar con el almíbar aromatizado y cubrir con un tercio de la crema y las frutas confitadas. Enrollar el bizcocho por el lado más largo para formar un rollo grueso, debiendo quedar el extremo final hacia abajo. Cubrir todo el tronco con abundante crema de mantequilla y cortar ambos extremos ligeramente al bies y colocarlos sobre el tronco para formar los nudos. Mezclar un poco de crema con chocolate o café y cubrir los extremos.
3. Hacer unas rayas con un tenedor. Colorear un poco de crema con colorante verde, ponerla en un cartucho de papel y dibujar unas hojas.
4. Decorar con almendras tostadas, frutas confitadas, virutas de chocolate y champiñones de merengue.
5. El bizcocho también se puede rellenar con crema pastelera o con mousse de fruta y con dados de fruta fresca.

Croquembouche

Para 6 personas

Tiempo de elaboración: 90 minutos

Dificultad: alta

Ingredientes

- 300 g de pasta choux (pág. 53)
- 600 g de crema pastelera
- Caramelo hecho con 300 g de azúcar

Preparación

1. Preparar los petisús, debiendo tener un tamaño un poco mayor que el de los profiteroles (calcular 4 por persona) y hacer unos di-

bujos en forma de "S" y arabescos para decorar.

2. Rellenar los petisús agujereándolos por la base. Hacer un caramelo. Untar una hoja de papel parafinado con aceite y forrar con ella un chino, que se mantendrá en equilibrio en un recipiente. Poner un petisú en el fondo del chino y pegar con caramelo otros 2 o 3 para formar la primera fila. Las filas deben quedar completas cada vez. Formar la segunda fila sumergiendo los petisús en el caramelo en dos puntos para poder pegarlos entre sí.
3. Una vez formada la última fila, verter un poco de caramelo hirviendo para asegurar el pegado y dejar enfriar. Dar la vuelta al chino y retirar el papel. Decorar con las "eses" y los arabescos.
4. Se pueden colocar frutas bañadas en caramelo a ambos lados.

Selva Negra

Para 8 personas

Tiempo de elaboración: 70 minutos

Dificultad: media

Ingredientes

Para el bizcocho de chocolate:

* 3 huevos
* 90 g de azúcar
* 80 g de harina
* 20 g de cacao

Para el chantilly:

* 25 cl de nata líquida
* 30 g de azúcar
* Unas gotas de vainilla

Para el relleno:

* 100 g de almíbar (pág. 22) aromatizado con 2 cl de kirsch
* 200 g de cerezas en almíbar deshuesadas
* 50 g de jalea de grosella

Para decorar:

* 100 g de chocolate de calidad o de cobertura, en virutas

Preparación

1. Preparar el bizcocho, el chantilly, deshuesar las cerezas.
2. Una vez cocido el bizcocho, cortarlo en tres discos en sentido horizontal.

3. Emborrachar uno de los discos, que será la base del pastel, y cubrir con la jalea de grosella y las cerezas, reservando 7 para decorar.
4. Cubrir con un poco de chantilly e igualar la superficie.
5. Poner otro disco, emborracharlo y cubrir con una capa abundante de chantilly. Emborrachar el tercer disco por la parte de la miga y ponerlo sobre el pastel, apretando ligeramente con la mano para conseguir una superficie uniforme.
6. Cubrir todo el pastel con chantilly y decorar con 6 rosetones de chantilly alrededor y 1 en el centro, poniendo sobre éstos las cerezas reservadas.
7 Cubrir con las virutas de chocolate.
8. Meter al frigorífico hasta el momento de servir.

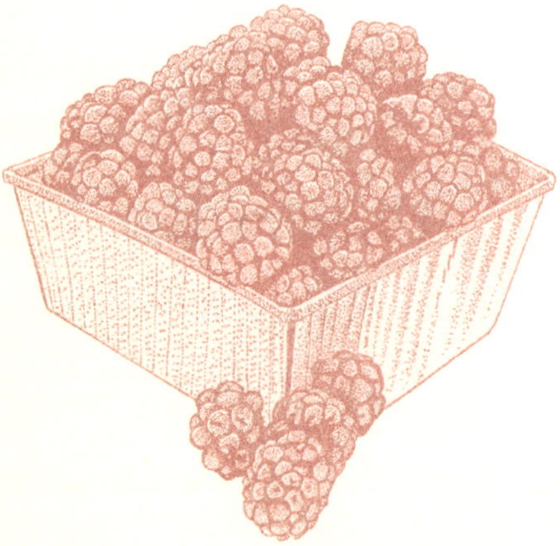

Pastel embajador

Para 6 personas

Tiempo de elaboración: 75 minutos

Dificultad: alta

Ingredientes

- 1 bizcocho
- 350 g de crema pastelera
- 50 g de crema de mantequilla

Para el almíbar:

- 1 dl de almíbar espeso
- 2 cl de kirsch

Para el acabado:

- 100 g de pasta de almendras
- 5 cerezas confitadas
- 10 g de angélica
- 10 g de chocolate
- 30 g de frutas confitadas, picadas muy finas

Preparación

1. Preparar el bizcocho, la crema pastelera, la crema de mantequilla y el almíbar.
2. Una vez cocido el bizcocho, cortarlo por la mitad, emborracharlo y cubrirlo con la crema pastelera y las frutas confitadas picadas.
3. Reconstruir el pastel y cubrirlo con la crema de mantequilla.

4. Meter al frigorífico durante unos minutos y seguidamente cubrir con una capa fina de pasta de almendras previamente estirada con azúcar glas.
5. Decorar con las cerezas confitadas y la angélica, y hacer unos dibujos con el chocolate derretido y metido en un cartucho de papel.

Delicia al Cointreau

Para 6 personas

Tiempo de elaboración: 150 minutos

Dificultad: alta

Ingredientes

Para el bizcocho

* 3 huevos
* 90 g de azúcar
* 90 g de harina
* 30 g de mantequilla

Para el disco de merengue

* 2 claras de huevo
* 90 g de azúcar
* 30 g de almendras molidas

Para la crema de mantequilla

* 1 huevo y 1 yema
* 125 g de azúcar
* 160 g de mantequilla
* 1 cl de Cointreau

Para el almíbar:

* 7,5 cl de almíbar espeso
* 7,5 cl de zumo de naranja
* 1 cl de Cointreau

Para el acabado.

* 30 g de almendras tostadas
* Gajos de 2 naranjas peladas a lo vivo
* Juliana de naranja confitada
* 7 cerezas en almíbar

Preparación

1. Preparar el disco de merengue y la crema de mantequilla.

Preparación del bizcocho

2. Cortarlo por la mitad en sentido horizontal y emborracharlo con el almíbar. Preparar un papel o un cartón de tamaño ligeramente inferior al del fondo del pastel para poder moverlo fácilmente y que no se pegue a la superficie de trabajo.

3. Cubrir uno de los discos de bizcocho con una capa de crema de mantequilla (1/3 aproximadamente) y poner encima el disco de merengue del mismo tamaño. Añadir otra capa de crema y reconstruir el pastel. Cubrir completamente con crema y poner la almendras tostadas alrededor. Decorar la parte superior con los gajos de naranja y cubrir con la juliana de naranja y las cerezas en almíbar.

Preparación de la juliana de naranja

4. Quitar la piel de las naranjas, sin la parte blanca, con un pelapatatas, y cortarla en juliana fina. Escaldarla en abundante agua hirviendo y pasarla por agua fría para eliminar el amargor.
5. Cocer nuevamente con abundante agua y una pizca de sal hasta que la piel esté tierna. Pasarla por agua fría, escurrirla y cocerla con 100 g de azúcar, 100 g de agua y unas gotas de zumo de limón hasta que reduzca un poco y se convierta en almíbar.
6. Dejar enfriar. Si el almíbar queda demasiado espeso, aligerarlo con un poco de Cointreau. Cubrir los gajos de naranja con esta preparación.
7. Se conserva en el frigorífico durante varios días. Asimismo, se puede utilizar para servir con helados o parfaits.

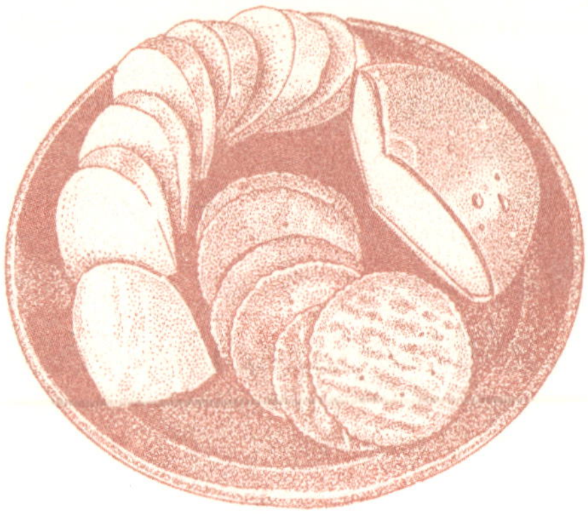

Pastel ópera

Para 6 a 8 personas

Tiempo de elaboración: 70 minutos

Dificultad: alta

Ingredientes

* 300 g de crema de mantequilla
* 10 g de azúcar glas

Para el bizcocho:

* 3 huevos
* 75 g de azúcar
* 20 g de harina
* 20 g de fécula
* 40 g de almendras molidas, ligeramente tostadas

Para el relleno de crema de chocolate:

* 190 g de chocolate
* 2,5 cl de nata
* 5 cl de leche

Para el glaseado de chocolate:

- * 50 g de chocolate
- * 25 g de mantequilla

Para el almíbar:

- * 15 cl de almíbar espeso
- * 3 cl de extracto de café

Preparación

1. Preparar la masa de bizcocho y extenderla sobre una hoja de papel parafinado de 35 x 25 cm untada con un poco de mantequilla. Meter al horno y dejar enfriar el bizcocho sobre la mesa para evitar que se seque.
2. Preparar la crema de chocolate.
3. Retirar el papel del bizcocho y cortarlo en tres discos del mismo tamaño. Colocar una hoja de papel parafinado debajo del pastel para poder moverlo una vez relleno.
4. Emborrachar uno de los discos con 1/3 del almíbar aromatizado con el café, cubrir con una capa de crema de chocolate y poner otro disco de bizcocho. Seguidamente cubrir con la crema de mantequilla aromatizada con el café y poner el tercer disco emborrachado, con la parte seca hacia arriba. Apretar ligeramente para que la superficie quede lisa y el bizcocho se adhiera a la crema.
5. Preparar el glaseado de chocolate y extenderlo sobre el pastel con una espátula metálica. Dejar enfriar y espolvorear con azúcar glas en tiras diagonales.
6. Meter al frigorífico hasta el momento de servir.
7. Este postre se conserva bien y puede prepararse con antelación.

Pastel sevillano

Para 6 personas

Tiempo de elaboración: 40 minutos

Dificultad: media

Ingredientes

Para la masa:

- * 125 g de mantequilla
- * 125 g de azúcar
- * 2 huevos y 1 yema
- * La ralladura de 1 naranja
- * 125 g de harina
- * 3 g de levadura química
- * El zumo de 2 naranjas
- * 5 cl de almíbar espeso
- * 2 cl de Cointreau

Preparación

1. Preparar la masa de la misma manera que la del bizcocho de naranja, ponerla en un

molde de bizcocho untado con mantequilla y espolvoreado con harina y meter al horno.

2. Desmoldar y poner sobre una rejilla. Emborrachar el fondo del pastel, mientras esté todavía caliente, con el zumo de naranja, el almíbar y el Cointreau.
3. Opcional: una vez frío el pastel, aplicar una capa de almíbar caliente con ayuda de un pincel de repostería y seguidamente hacer un glaseado de fondant, un poco más caliente que de costumbre, dada la humedad del pastel.
4. Decorar con chocolate derretido y metido en un cartucho de papel, gajos de naranja pelada a lo vivo, cerezas confitadas y angélica confitada.

Pastel en corona

Para 6 personas

Tiempo de elaboración: 100 minutos

Dificultad: media

Ingredientes

|* 300 g de pasta choux (pág. 53)

Para el relleno:

|* 200 g de crema pastelera y 1 hoja de gelatina

|* 200 g de crema de mantequilla

|* 200 g de nata montada

|* 1 cucharadita de extracto de vainilla

|* 30 g de frutas confitadas, picadas muy finas

Para el acabado:

|* 10 g de azúcar glas

Preparación

1. Poner la pasta choux en una placa de horno en forma de corona, de la misma manera que para hacer un París-Brest, y meter al horno.
2. Preparar las 3 cremas, mezclando la gelatina remojada en agua fría y escurrida con un poco de crema pastelera caliente. Dejar enfriar y mezclar las tres cremas.
3. Una vez cocida y fría la corona, cortarla hasta 2/3 de su altura y rellenarla con la mitad de la crema. Añadir las frutas y la crema restante. Poner la tapa y espolvorear con azúcar glas.

Pastel Singapur

Para 8 personas

Tiempo de elaboración: 50 minutos

Dificultad: baja

Ingredientes

|* 1 bizcocho

Para el relleno:

|* 50 g de mermelada

|* 1/2 lata de piña en almíbar

Para el almíbar:

|* 1 dl de almíbar espeso

|* 2 cl de ron

Para decorar:

|* 50 g de glaseado claro

|* 1/2 lata de piña en almíbar

|* 5 cerezas confitadas

|* 10 g de angélica

|* 30 g de almendras en láminas tostadas

Para el acabado:

|* 10 g de azúcar glas

Preparación

1. Una vez cocido y frío el bizcocho, cortarlo por la mitad en sentido horizontal, emborracharlo con el almíbar y rellenarlo con la piña cortada en dados y la mermelada.

2. Reconstruir el pastel y abrillantar con el almíbar hirviendo.

3. Decorar con rodajas de piña, las cerezas confitadas y la angélica. Abrillantar la piña y poner las almendras alrededor.

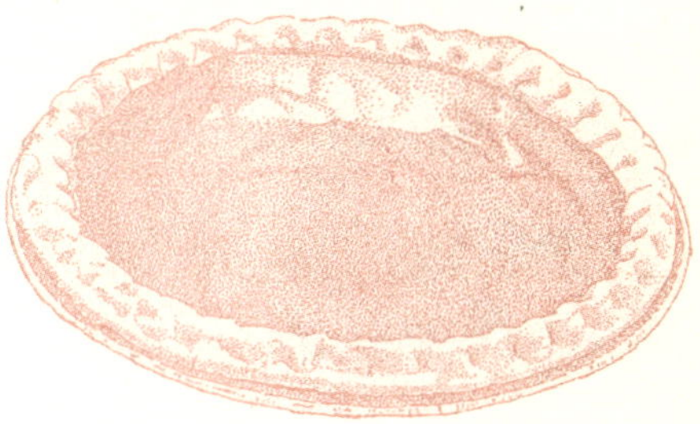

Bizcocho de fruta

Para 6 personas

Tiempo de elaboración: 1 hora

Dificultad: baja

Ingredientes

|* 200 g de masa de hojaldre

|* 1 disco de bizcocho de 22 cm de diámetro

|* 500 g de crema pastelera

Para el almíbar:

|* 5 cl de almíbar espeso

|* 1 cl de kirsch

Para el acabado:

|* 50 g de almíbar claro

|* 30 g de almendras en láminas tostadas

|* Fruta fresca o escalfada:

|* Plátanos, fresas, kiwis

|* Naranjas, piña, peras

|* 1 cl de kirsch

Preparación

1. Estirar la masa de hojaldre y cortar un disco de 22 cm de diámetro.
2. Emborrachar el disco de bizcocho.
3. Cubrir el disco de hojaldre con una capa de crema pastelera, y poner el disco de bizcocho encima. Emborracharlo nuevamente y cubrir con una capa fina de crema pastelera, así como los lados del pastel.
4. Distribuir la fruta, alternando los colores, y abrillantar con el almíbar caliente.
5. Adherir las almendras alrededor.

Hojaldre de manzana

Para 6 personas

Tiempo de elaboración: 70 minutos

Dificultad: alta

Ingredientes

* 450 g de masa de hojaldre

Para el relleno:

* 500 g de manzanas Golden
* 25 g de mantequilla
* 25 g de azúcar
* 50 g de pasas
* 50 g de almíbar claro
* 10 g de azúcar glas

Preparación

1. Pelar las manzanas, vaciarlas y cortarlas en dados pequeños. Cocerlas con la mantequilla durante 10 minutos como máximo. Una vez cocidas, añadir el azúcar y las pasas, mezclar y dejar enfriar.
2. Estirar la masa de hojaldre y formar un rectángulo de 25 x 35 cm. Cortarlo por la mitad en sentido longitudinal para obtener 2 tiras. Poner una tira sobre una placa de horno humedecida y pincharla con un tenedor. Cubrir con la compota de manzana, dejando 2 cm alrededor sin cubrir. Humedecer los bordes con un pincel de repostería. Doblar la otra tira de masa por la mitad en sentido longitudinal, espolvoreándola con un poco de harina para que no se pegue. Hacer unos cortes de 4 cm en la masa, dejando un espacio de 1 cm entre éstos. Colocarla sobre un lado de la tira rellena, desplegarla y cu-

brir el conjunto. Apretar para pegar los bordes, marcar con un cuchillo, pintar con huevo batido y meter al horno hasta que el hojaldre esté subido y dorado.

3. Una vez frío, aplicar el almíbar hirviendo sobre la parte central y espolvorear los bordes con azúcar glas.

Bizcocho genovés

Para 6 personas

Tiempo de elaboración: 40 minutos

Dificultad: media

Ingredientes

- 125 g de almendras molidas
- 125 g de azúcar
- 2 huevos y 1 yema
- 2 claras de huevo, montadas a punto de nieve
- 50 g de harina
- 25 g de fécula
- 75 g de mantequilla
- 2 g de levadura química
- 1 cl de ron

Preparación

1. Trabajar el azúcar, las almendras, los huevos y la yema hasta conseguir una mezcla esponjosa. Añadir el ron y seguidamente la harina, la fécula y la levadura tamizadas. Incorporar las claras a punto de nieve y la mantequilla derretida, y mezclar suavemente.
2. Poner la masa en un molde de bizcocho untado con mantequilla y cubierto con un disco de papel parafinado.
3. Meter al horno a 170 °C durante 20 minutos.
4. Este bizcocho puede acompañar a una macedonia de frutas.

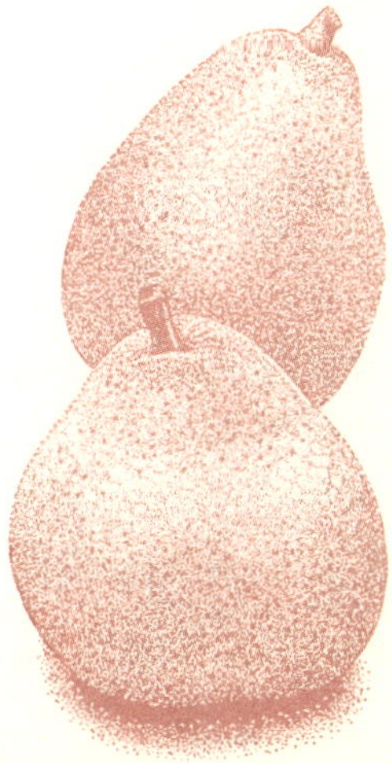

Bizcocho Turín

Para 6 personas

Tiempo de elaboración: 40 minutos

Dificultad: media

Ingredientes

- * 3 huevos y 1 yema
- * 1 clara de huevo, montada a punto de nieve
- * 115 g de azúcar
- * 50 g de almendras molidas
- * Kirsch al gusto
- * 40 g de fécula
- * 45 g de harina
- * 40 g de mantequilla derretida

Preparación

1. Trabajar los huevos, la yema, el azúcar y las almendras, calentando la mezcla al baño María hasta que esté templada.
2. Añadir el kirsch y la harina mezclada con la fécula. Incorporar la clara montada a punto de nieve y la mantequilla derretida y mezclar suavemente. Meter al horno durante 20 minutos.
3. Se utiliza de la misma manera que el bizcocho genovés.

Torta bretona

Para 6 personas

Tiempo de elaboración: 30 minutos

Dificultad: baja

Ingredientes

- * 125 g de mantequilla
- * 100 g de azúcar
- * 1 huevo y 2 g de sal
- * 1 cl de ron
- * 40 g de frutas confitadas picadas
- * 30 g de pasas
- * 250 g de harina
- * 1 g de levadura química

Preparación

1. Hacer una pasta sablé (pág. 48). Para ello, batir la mantequilla hasta que alcance el punto de pomada y trabajarla con una espátula con el azúcar, el huevo, la sal, el ron, las frutas confitadas, las pasas y por último la harina y la levadura mezcladas. Si la pasta queda demasiado blanda, meterla al frigorífico hasta que endurezca.

2. Estirar la pasta con un rodillo hasta que tenga 1 cm de grosor y ponerla en un molde de tarta untado con mantequilla. Pintar con huevo batido y hacer unas rayas con un tenedor. Meter al horno y cocer, como la pasta sablé, hasta que esté dorada.
3. Se utiliza de la misma manera que el bizcocho genovés.

Milhojas marmolado

Para 6 personas

Tiempo de elaboración: 50 minutos

Dificultad: alta

Ingredientes

Para la masa de hojaldre:

- 250 g de harina
- 5 g de sal
- 12,5 cl de agua
- 200 g de mantequilla

Para la crema pastelera:

- 1/2 litro de leche
- 3 yemas de huevo
- 125 g de azúcar
- 50 g de maizena
- 1 cl de ron

Para el glaseado:

- 100 g de fondant y 5 g de cacao

Preparación

1. Preparar la masa de hojaldre y la crema pastelera. Estirar la masa de hojaldre, debiendo tener el tamaño de una placa de horno, pinchar toda la superficie con un tenedor y meter al horno. Espolvorear con azúcar glas y meter nuevamente al horno hasta que se caramelice (opcional).
2. Una vez frío el hojaldre, cortarlo en tres tiras del mismo tamaño. Cubrir una de las tiras con la mitad de la crema pastelera, poner otra tira encima y cubrir con la crema restante. Poner la tercera tira, del revés, para que la superficie quede lisa y se pueda glasear con facilidad. Apretar ligeramente con las manos para que la crema se adhiera al hojaldre.

Preparación del glaseado

3. Calentar el fondant, no debiendo rebasar los 35 °C, y añadir almíbar o agua hasta que adquiera la consistencia adecuada. Debe quedar bastante líquido y la superficie debe ser lisa. Aromatizar una cucharada colmada de fondant con el cacao. Ambos fondants deberán tener la misma temperatura y la misma consistencia.
4. Verter el fondant blanco sobre el milhojas y

extenderlo rápidamente con una espátula metálica. Poner el fondant de chocolate en un cartucho de papel y dibujar unas líneas a lo largo del pastel (esta operación también puede hacerse con una cuchara). Pasar inmediatamente la punta de un tenedor en un sentido y después en otro, dejando un espacio de 1 cm.

5. Se pueden cubrir los lados del pastel con almendras en láminas, en cuyo caso éstos deben cubrirse previamente con crema pastelera.

Pastel de moka

Para 6 personas

Tiempo de elaboración: 55 minutos

Dificultad: media

Ingredientes

- 1 bizcocho

Para la crema de mantequilla:

- 1 huevo y 1 yema
- 125 g de mantequilla
- 1 cl de extracto de café
- 150 g de mantequilla

Para el acabado:

- 30 g de almendras en láminas tostadas

Para emborrachar:

- 1 dl de almíbar espeso y 1 cl de ron

Preparación

1. Preparar el bizcocho, la crema de mantequilla y el almíbar, y tostar las almendras.
2. Una vez cocido y frío el bizcocho, cortarlo en dos o tres discos, según su grosor. Emborrachar y cubrir con una capa fina de crema de mantequilla aromatizada con el café. Reconstruir el pastel y cubrirlo por completo con la crema (reservar un poco para decorar), alisando con una espátula metálica.
3. Poner la crema reservada en una manga pastelera con boquilla pequeña rizada o en un cartucho de papel y decorar el pastel. Adherir las almendras alrededor.

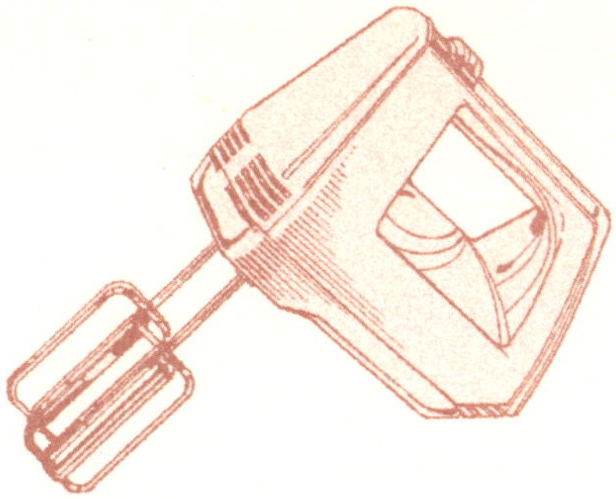

París-Brest

Para 6 personas

Tiempo de elaboración: 65 minutos

Dificultad: alta

Ingredientes

Para la pasta choux:

|* 12,5 cl de agua

|* 50 g de mantequilla

|* 2 g de sal

|* 4 g de azúcar

|* 80 g de harina

|* 2 huevos o 2 y medio

|* 15 g de almendras picadas

Para la crema muselina:

|* 2,5 c. de leche

|* 1 huevo

|* 85 g de azúcar

|* 40 g de maizena

|* 125 g de mantequilla

|* 85 g de praliné

Para el acabado:

|* 10 g de azúcar glas

Preparación

1. Preparar la pasta choux (pág. 53) y ponerla en una manga con boquilla grande lisa.
2. Sirviéndose de un aro como modelo, trazar 2 tiras de masa, una junto a otra, sobre una placa de horno untada con un poco de mantequilla. Seguidamente poner otra tira de masa encima de las anteriores, no debiendo coincidir las uniones en el mismo punto.
3. Pintar con huevo batido, hacer unas rayas con un tenedor y disponer las almendras picadas. Si queda algo de masa, formar uno o varios relámpagos que se harán al mismo tiempo en el horno. Meter al horno hasta que la corona de pasta quede bien seca. Sacar del horno y dejar enfriar.
4. Hacer la crema muselina, procediendo al principio como para hacer crema pastelera.
5. Una vez cocida la crema, añadir la mitad de la mantequilla y mezclar con un batidor de varillas. Dejar enfriar, sin dejar de batir. En cuanto la crema esté fría, añadir la mantequilla restante en punto de pomada y el praliné. Mezclar con fuerza a mano o con el batidor durante 5 minutos para aligerar y emulsionar la crema.

6. Cortar la corona a 2/3 de su altura y rellenarla con la mitad de la crema metida en una manga pastelera con boquilla mediana rizada. Cortar los relámpagos en tiras finas, disponerlos sobre la crema y añadir la crema restante. Poner la tapa y espolvorear con azúcar glas.
7. Meter al frigorífico hasta el momento de servir.
8. Para hacer crema muselina al café, sustituir el praliné por extracto de café y aumentar la proporción de azúcar en 40 g.
9. Se puede preparar un relleno diferente sustituyendo la crema muselina por crema pastelera aromatizada con café o praliné (para la primera capa) y seguidamente poner una capa de chantilly.

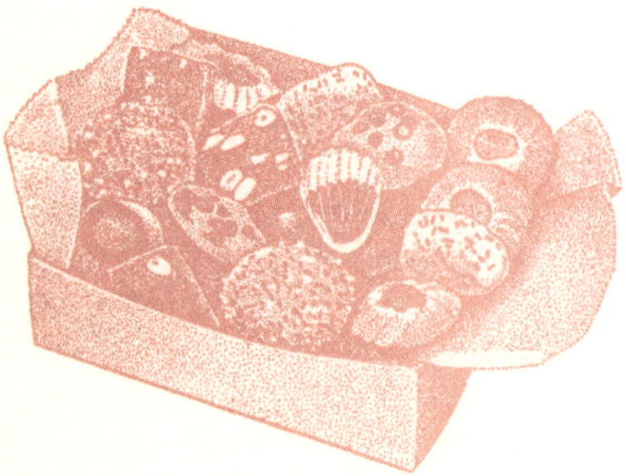

Pithiviers

Para 6 personas

Tiempo de elaboración: 50 minutos

Dificultad: media

Ingredientes

* 400 g de masa de hojaldre

Para la masa:

* 200 g de harina
* 4 g de sal
* 10 cl de agua
* 150 g de mantequilla
* 200 g de crema de almendras

Preparación

1. Estirar la masa de hojaldre hasta que tenga 4 mm de grosor y cortar dos discos de 24 cm de diámetro aproximadamente.
2. Cubrir uno de los discos con la crema de almendras, debiendo dejar un borde 3 cm sin cubrir. Pasar un poco de agua por el borde con un pincel de repostería y poner el otro disco encima. Apretar para pegar los bordes.
3. Recortar el borde en forma de festón con una puntilla.
4. Pintar con huevo batido, sin que escurra, hacer unas rayas con un cuchillo o un tenedor, pinchar y meter al horno.

5. *Una vez cocido el pastel, espolvorear con azúcar glas y glasear en el horno con el grill encendido.*

Brazo de gitano con crema de castañas

Para 6 personas

Tiempo de elaboración: 50 minutos

Dificultad: baja

Ingredientes

* 300 g de masa de bizcocho
* 12 castañas

Para el relleno:

* 250 g de crema de castañas endulzada con azúcar
* 50 g de mantequilla

Para emborrachar:

* 1 dl de almíbar espeso
* 2 cl de ron

Para el glaseado de crema de chocolate:

* 100 g de chocolate
* 50 g de mantequilla

Preparación

1. *La preparación es la misma que la de la plancha de bizcocho.*
2. *La crema de castañas puede enriquecerse, si se desea, con un poco de mantequilla en punto de pomada. Mezclar a fondo, emborrachar la plancha de bizcocho, rellenarla y enrollarla.*
3. *Cubrir con la crema de chocolate y decorar con las castañas asadas al horno o cocidas en agua y peladas.*

Bizcocho borracho con chantilly

Para 6 personas

Tiempo de elaboración: 55 minutos

Dificultad: media

Ingredientes

Para la masa:

* 150 g de harina
* 2 g de sal
* 12 g de azúcar
* 2 huevos
* 8 g de levadura de cerveza
* 4 cl de agua templada
* 50 g de mantequilla

Para emborrachar:

|* 200 g de azúcar

|* 400 g de agua

|* 1 tira de cáscara de naranja o de limón

|* 1 palo de canela

|* 3 cl de ron

Para el relleno:

|* 2 dl de nata

|* 30 g de azúcar

|* 1 cucharadita de extracto de vainilla

Para el acabado:

|* 50 g de almíbar claro

|* 4 cerezas confitadas

|* 1 naranja

|* 1 kiwi

Preparación

1. Preparar la masa de bizcocho borracho y dejar fermentar. Poner en un molde de corona, dejar fermentar de nuevo y meter al horno.

2. Mientras tanto, preparar el almíbar para emborrachar el bizcocho, llevando a ebullición todos los ingredientes, excepto el ron.

3. Una vez cocido el bizcocho, desmoldarlo sobre un plato, colocado a su vez en una fuente amplia, para recoger el almíbar sobrante.

4. Verter el almíbar caliente sobre el bizcocho, poco a poco. Verificar que ha absorbido el almíbar tocándolo con los dedos pulgar e índice. Dejar enfriar y rociar con el ron.

5. Abrillantar la parte superior y los bordes exteriores con el almíbar hirviendo y dejar enfriar nuevamente. Rellenar con el chantilly y ponerlo sobre una fuente; para ello, hacer que se deslice por el plato. Decorar con la fruta.

Brazo de gitano de limón

Para 6 personas

Tiempo de elaboración: 70 minutos

Dificultad: media

Ingredientes.

|* 300 g de masa de bizcocho

Para la muselina de limón:

|* 2 huevos

|* 130 g de azúcar

|* 130 g de mantequilla

|* 300 g de limones

Para emborrachar:

|* 1 dl de almíbar espeso

|* 1/2 limón

Para el glaseado de crema de chocolate:

* 100 g de chocolate
* 50 g de mantequilla

Preparación

1. Extender la masa de bizcocho sobre una hoja de papel de 40 x 25 cm y meter al horno.
2. Retirar el papel y poner la plancha de bizcocho sobre otra hoja limpia. Emborrachar el bizcocho con el almíbar aromatizado con el limón y rellenarlo con la crema muselina preparada de la siguiente manera: poner 2 huevos en un cazo pequeño, añadir el azúcar y remover un poco con un batidor de varillas. Seguidamente incorporar la ralladura de los limones, el zumo y la mitad de la mantequilla cortada en pedazos pequeños. Batir esta preparación a fuego lento hasta que rompa a hervir. Retirar del fuego y dejar enfriar a 15-18 ºC. Añadir la mantequilla restante blanda y mezclar con el batidor.
3. Rellenar el bizcocho con esta crema y enrollarlo.
4. También se pueden añadir a la crema fresas o frambuesas cortadas en pedacitos antes de enrollar el bizcocho. El extremo final del bizcocho debe quedar hacia abajo.
5. Glasear con la crema de chocolate templada. Meter al frigorífico hasta que se endurezca y servir.

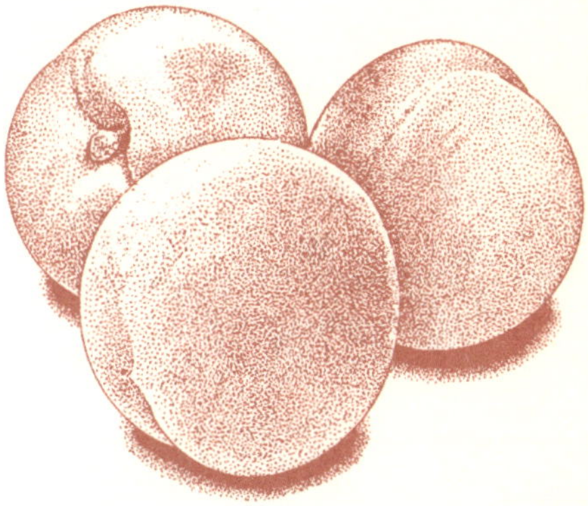

Saint-Honoré II

Para 6 personas

Tiempo de elaboración: 1 hora

Dificultad: baja

Ingredientes

* 200 g de masa quebrada o de masa de hojaldre

Para la pasta choux:

* 10 cl de agua
* 40 g de mantequilla
* 1 g de sal
* 3 g de azúcar
* 60 g de harina
* 2 huevos

Para la crema pastelera:

- 2 dl de leche
- 1 yema de huevo
- 50 g de azúcar
- 25 g de harina
- 1 cl de kirsch

Para la crema chantilly:

- 1/4 de litro de nata montada
- 40 g de azúcar
- 1 cucharadita de extracto de vainilla

Para el caramelo:

- 100 g de azúcar

Preparación

1. Estirar la masa (quebrada o de hojaldre) y cortar un disco de 22 cm de diámetro. A 1 cm del borde, pintar con huevo batido, cubriendo una superficie de 2 cm. Poner parte de la pasta choux (pág. 53) en una manga pastelera con boquilla mediana y disponerla a 1 cm del borde en forma de corona.
2. Poner un poco de pasta choux en el centro del disco en espiral.
3. Formar 13 petisús del tamaño de profiteroles sobre una placa de horno untada con un poco de mantequilla y meter al horno, así como el disco de pasta. Preparar la crema pastelera y montar el chantilly.
4. Una vez cocido el Saint-Honoré, pegar los petisús a la corona de pasta choux con caramelo (reservar 1 para decorar) y caramelizar la parte superior de éstos con ayuda de una cuchara. Aromatizar la crema pastelera con el kirsch y cubrir el fondo del pastel.
5. Decorar con el chantilly y poner el petisú reservado en el centro.

Pastel de nueces

Para 6 personas

Tiempo de elaboración: 100 minutos

Dificultad: alta

Ingredientes

Para el merengue:

- 5 claras de huevo montadas a punto de nieve
- 125 g de azúcar
- 125 g de almendras molidas
- 35 g de fécula o de harina
- 300 g de crema de mantequilla

Para el relleno:

|* 75 g de nueces picadas

Para el glaseado de crema de chocolate:

|* 50 g de chocolate

|* 25 g de mantequilla

Para decorar:

|* 7 mitades de nueces

|* 30 g de almendras en láminas tostadas

Preparación

1. Preparar el merengue y formar 2 discos de 22 cm de diámetro sobre una hoja de papel parafinado o de aluminio untado con un poco de mantequilla. Meter al horno. Los discos se pueden hacer con antelación y conservarse en un lugar seco.
2. Cubrir uno de los discos con la crema de mantequilla aromatizada al gusto (reservar un poco para cubrir los lados del pastel). Seguidamente distribuir las nueces picadas y poner el otro disco encima, del revés. Cubrir los lados con la crema reservada, alisando con una espátula metálica, y glasear la parte superior con la crema de chocolate. Decorar con las mitades de nueces, poniendo 1 en el centro.
3. Adherir las almendras tostadas alrededor del pastel y meter al frigorífico hasta el momento de servir, como debe hacerse con todos los pasteles a base de crema de mantequilla.

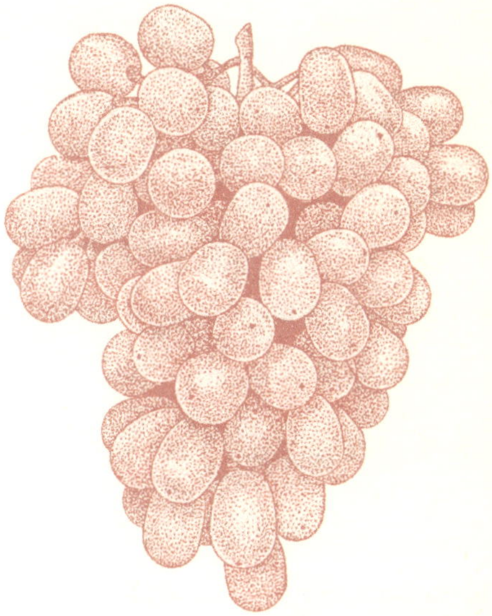

Cake de limón

Para 6 personas

Tiempo de elaboración: 50 minutos

Dificultad: media

Ingredientes

|* 250 g de azúcar

|* 200 g de harina

|* 4 huevos

|* 125 g de mantequilla

|* 1/2 paquete de levadura química

|* La ralladura de 1 limón

|* Unas gotas de vainilla

Preparación

1. Trabajar la harina, el azúcar, los huevos, la vainilla y la ralladura de limón hasta conseguir una masa blanquecina. Añadir la mantequilla derretida y mezclar hasta que quede completamente incorporada. Agregar la levadura en forma de lluvia y mezclar.
2. Dejar reposar durante 10 a 12 horas.
3. Al cabo de este tiempo, poner la mezcla en un molde de cake untado con mantequilla y espolvoreado con harina y meter al horno durante 30 minutos a 180 °C

Cake de frutas

Para 6 personas

Tiempo de elaboración: 65 minutos

Dificultad: media

Ingredientes

- 125 g de mantequilla
- 125 g de azúcar
- 3 huevos
- 180 g de harina
- 3 g de levadura química
- 100 g de frutas confitadas picadas
- 100 g de pasas
- 50 g de piel de naranja confitada
- 2 cl de ron

Preparación

1. Preparar la masa de la misma manera que la del bizcocho de naranja.
2. Poner las pasas en maceración en el ron. Escurrirlas y mezclarlas con las frutas confitadas, las pasas y 2/3 de la harina mezclada con la levadura.
3. Batir la mantequilla, el azúcar, los huevos y la harina restante hasta conseguir una masa lisa.
4. Mezclar ambas preparaciones suavemente con una espátula.
5. Encamisar un molde de cake con papel parafinado y llenarlo con la mezcla hasta 2/3 de su capacidad. Meter al horno a 180 °C durante 45 minutos.
6. Seguidamente bajar la temperatura a 160 °C y terminar la cocción.

Cake marmolado

Para 6 personas

Tiempo de elaboración: 70 minutos

Dificultad: baja

Ingredientes

- 100 g de mantequilla
- 175 g de azúcar
- 5 huevos
- 6 cl de leche
- Ralladura de limón
- 175 g de harina
- 175 g de fécula
- 5 g de levadura química
- 15 g de cacao
- 3 cl de leche aproximadamente

Preparación

1. Preparar la masa de la misma manera que la del bizcocho de naranja.
2. Disolver el cacao en la leche y mezclarlo con 1/6 de la masa. Encamisar un molde de cake con papel parafinado.
3. Poner una capa de masa clara en el fondo del molde. Seguidamente, y con una cuchara sopera, poner 2 tiras de masa de chocolate y cubrir con otra capa de masa clara. Poner otras 2 tiras de masa de chocolate, llenando el molde hasta 2/3 de su capacidad. Remover con un tenedor a lo largo de la masa para conseguir una mezcla marmolada.
4. Meter al horno a 180 °C durante 45 minutos, seguidamente bajar la temperatura a 160 °C y terminar la cocción.

Cake de manzana

Para 6 personas

Tiempo de elaboración: 50 minutos

Dificultad: baja

Ingredientes

- 125 g de mantequilla
- 125 g de azúcar
- 3 huevos
- 150 g de harina
- 3 g de levadura química
- Unas gotas de concentrado de vainilla
- 500 g de manzanas
- 2 cl de ron
- 50 g de almíbar claro

Preparación

1. Preparar la masa de la misma manera que la del bizcocho de naranja
2. Cubrir el fondo de un molde de bizcocho con papel parafinado y poner la mitad de la masa. Seguidamente cubrir con una capa de láminas finas de manzana y añadir la masa restante.
3. Terminar con una capa de manzanas y meter al horno a temperatura media durante 30 minutos.
4. Rociar con el ron y abrillantar con el almíbar hirviendo.

Pastel esponjoso de chocolate

Para 6 personas

Tiempo de elaboración: 55 minutos

Dificultad: media

Ingredientes

|* 160 g de azúcar

|* 100 g de mantequilla

|* 100 g de almendras crudas ralladas

|* 70 g de chocolate rallado

|* 4 huevos

|* 4 bizcochos

|* 3 cl de leche

|* 2 cl de ron

|* 20 g de harina

|* 20 g de fécula

|* 10 g de cacao amargo

Preparación

1. Separar las yemas de las claras.
2. Batir la mantequilla hasta que alcance el punto de pomada y añadir el azúcar hasta que la mezcla quede esponjosa. Agregar las yemas, una por una, las almendras ligeramente tostadas y el chocolate. Mezclar.
3. Poner la leche y el ron en un plato hondo y sumergir los bizcochos. Añadirlos a la mezcla anterior y trabajar el conjunto. Incorporar la harina, la fécula y las claras montadas a punto de nieve, removiendo suavemente con una espátula.
4. Verter la mezcla en un molde untado con mantequilla y espolvoreado con harina, y meter al horno. Dejar enfriar y desmoldar.
5. Espolvorear con cacao amargo.

Tarta de nueces

Para 6 personas

Tiempo de elaboración: 1 hora y 10 minutos

Dificultad: media

Ingredientes

Para la pasta sablé:

- 250 g de harina
- 100 g de azúcar glas
- 100 g de mantequilla
- 2 g de levadura química
- 1 huevo

Para el relleno:

- 150 g de azúcar
- 150 g de nueces picadas
- 40 g de mantequilla
- 4 cl de leche

Preparación

1. Hacer una pasta sablé (pág. 48) con azúcar. Estirarla con un rodillo y forrar un aro o molde de tarta con 4/5 de la pasta. Pinchar con un tenedor. Reservar un disco de pasta del mismo diámetro.
2. Poner el azúcar a fuego medio sin agua hasta conseguir un caramelo rubio. Añadir las nueces picadas y mezclar sobre el fuego. Agregar la leche y la mantequilla, y mezclar todo bien durante unos segundos al fuego.
3. Poner esta mezcla en el fondo de tarta, extendiéndola suavemente hasta que tenga un grosor uniforme. Pintar el borde con un poco de huevo batido y poner encima el disco de pasta reservado.
4. Apretar ligeramente los laterales para unir las dos pastas. Pintar la superficie con huevo batido, hacer unas rayas con un tenedor y pinchar con la punta de un cuchillo. Meter al horno hasta que el pastel esté dorado por arriba y por debajo.
5. Se conserva varios días envuelto en papel de aluminio.

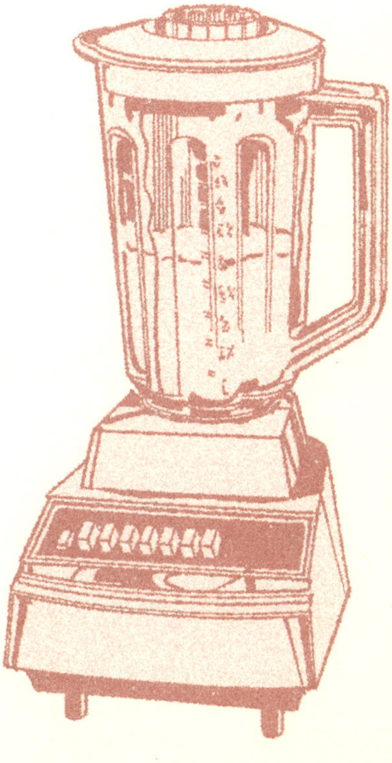

Kugelhopf

Para 8 personas

Tiempo de elaboración: 70 minutos

Dificultad: alta

Ingredientes

- * 300 g de harina
- * 6 g de sal
- * 45 g de azúcar
- * 15 g de levadura de panadero
- * 2 huevos
- * 10 cl de leche
- * 120 g de mantequilla
- * 60 g de pasas
- * 30 g de almendras

Preparación

1. Preparar la masa como la de brioche.
2. Untar con mantequilla un molde de kugelhopf de 20 cm de diámetro aproximadamente y cubrirlo con las almendras y las pasas. Poner la masa en el molde y dejar fermentar hasta que doble de volumen. Meter al horno hasta que esté subido y dorado.
3. Desmoldar, dejar enfriar ligeramente y espolvorear con azúcar glas.
4. Se puede acompañar de crema inglesa o de coulis de frutas rojas.

Delicia de hojaldre con peras o fresas

Para 8 personas

Tiempo de elaboración: 130 minutos

Dificultad: alta

Ingredientes

- * 350 g de masa de hojaldre

Para el bizcocho de almendra:

- * 2 yemas de huevo
- * 50 g de azúcar
- * 25 g de harina
- * 25 g de almendras molidas
- * 2 claras de huevo
- * 600 g de crema de bavarois aromatizada con 1 cl de licor

Para el relleno:

- * 1 kg de peras o
- * 600 g de fresas

Para el almíbar:

- * 1 dl de almíbar espeso

* 2 cl de licor

Para el acabado:

* Azúcar glas
* Coulis de fresa

Preparación

1. Estirar la masa de hojaldre y cortarla en 2 tiras de 12 o 13 cm de ancho y 40 cm de largo. Pinchar con un tenedor y meter al horno.
2. Preparar el bizcocho de almendra de la misma manera que la plancha de bizcocho, sustituyendo la fécula por las almendras. Extenderlo formando una tira de 40 x 13 cm y meter al horno. Una vez cocido, recortar lo sobrante.
3. Preparar un molde de 5 cm de alto, 35 cm de largo y 12 cm de ancho, y encamisarlo con papel parafinado. Poner la mitad de la crema de bavarois, la mitad de las peras o fresas cortadas en dados y cubrir con el bizcocho de almendra.
4. Emborracharlo y cubrir con la crema de bavarois y los dados de fruta restantes. Cubrir con una hoja de papel parafinado y meter al frigorífico durante 2 horas.
5. Media hora antes de servir, poner el conjunto cuidadosamente entre las dos tiras de hojaldre.
6. Espolvorear con azúcar glas y caramelizar con un hierro al rojo. Acompañar de coulis de fresa.
7. Este pastel también puede ponerse en un molde redondo de bizcocho. El montaje se realiza de la misma manera.

Tarta de peras y arándanos

Para 6 personas

Tiempo de elaboración: 55 minutos

Dificultad: alta

Ingredientes

* 300 g de masa quebrada (pág. 47)
* 20 g de mantequilla baja en calorías
* 500 g de peras maduras
* 200 g de arándanos
* 1/2 vaina de vainilla

Para el relleno:

* 3 claras de huevo
* 60 g de edulcorante granulado
* 1 pizca de sal fina

Preparación

1. Pelar las peras y quitarles el corazón y las pepitas. Cocerlas con los arándanos y la vainilla hasta que se evapore el agua que contienen y se forme un compota. Dejar enfriar.

2. Untar un molde de tarta con mantequilla y forrarlo con la masa quebrada. Pinchar el fondo con un tenedor y cocer al horno a temperatura media, 180-220 C°.
3. Sacarlo y poner la compota en el fondo de la tarta.
4. Montar las claras a punto de nieve con la pizca de sal hasta que estén muy firmes y añadir suavemente el edulcorante. Cubrir la tarta con el merengue metido en una manga pastelera con una boquilla rizada.
5. Meter al horno con el grill encendido hasta que se dore.

Tarta de manzanas streusel

Para 6 personas

Tiempo de elaboración: 65 minutos

Dificultad: alta

Ingredientes

- 300 g de masa quebrada (pág. 47)
- 600 g de manzanas
- 1 dl de leche desnatada
- 1 yogur natural con 0% de materia grasa
- 2 huevos enteros
- 20 g de edulcorante granulado
- 1 cucharadita de canela en polvo

Para el streusel:

- 50 g de harina
- 50 g de mantequilla baja en calorías
- 30 g de edulcorante granulado
- 1 cucharadita de canela en polvo

Preparación

1. Para hacer el streusel, proceder como para hacer un roux: derretir la mantequilla, añadir la harina y seguidamente el edulcorante y la canela. Reservar.
2. Forrar un molde de tarta con la masa quebrada. Pinchar el fondo con un tenedor. Poner las manzanas cortadas en láminas y espolvorear con un poco de edulcorante y canela. Meter al horno a 210 °C durante 15 minutos.
3. Mezclar la leche con el yogur, el edulcorante y los huevos batidos. Cubrir las manzanas con esta mezcla y volver a meter al horno otros 10 a 15 minutos.
4. Sacar del horno y poner sobre una rejilla. Añadir el streusel desmenuzado y meter al horno con el grill encendido hasta que se dore.

Tarta de ciruelas amarillas

Para 6 personas

Tiempo de elaboración: 50 minutos

Dificultad: alta

Ingredientes

* 300 g de masa quebrada (pág. 47)
* 250 g de queso blanco
* 60 g de edulcorante granulado
* 3 hojas de gelatina
* 1,5 dl de nata baja en calorías
* 1 limón y 5 cl de licor de ciruela

Para el relleno:

* 300 g de ciruelas amarillas deshuesadas
* 1 cucharadita de canela en polvo

Preparación

1. Forrar un molde de tarta con la masa quebrada. Pinchar el fondo con un tenedor y meter al horno a 180-200 °C.
2. Sacar del horno y poner sobre una rejilla hasta que se enfríe.
3. Sumergir las hojas de gelatina en agua fría para que se ablanden.
4. Mezclar el queso blanco y el edulcorante con unas varillas de alambre. Añadir las hojas de gelatina escurridas y disueltas a fuego muy lento en el zumo de limón. Incorporar la nata montada, la piel del limón picada y el licor de ciruela. Mezclar suavemente.
5. Cubrir el fondo de la tarta con esta crema y meter al frigorífico hasta que tome consistencia. Poner la ciruelas sobre la crema formando un rosetón y espolvorear con canela.
6. Esta tarta puede hacerse con cualquier otra fruta de estación.

Tarta Tatin con harina integral

Para 6 personas

Tiempo de elaboración: 65 minutos

Dificultad: alta

Ingredientes

Para 250 g de masa quebrada:

* 150 g de harina integral
* 75 g de mantequilla baja en calorías
* 1 huevo
* 2 cl de agua
* 2 g de levadura en polvo

Para el relleno:

- 1,5 kg de manzanas
- 60 g de edulcorante granulado
- 5 hojas de gelatina
- 1 cucharadita de canela en polvo
- 1 vaina de vainilla

Preparación

1. Hacer la masa quebrada y dejarla reposar en el frigorífico durante 1 hora.
2. Pelar las manzanas, quitarles el corazón y las pepitas, y cortarlas por la mitad. Cortar la mitad de las manzanas en láminas finas y cocerlas con el edulcorante, la canela y la vainilla cortada en sentido longitudinal, hasta que se haga una compota. Añadir la gelatina previamente remojada, escurrida y disuelta.
3. Forrar un molde de tarta con la masa quebrada y pinchar el fondo con un tenedor. Meter al horno a 180 °C.
4. Con un cuchillo, hacer unas incisiones en la parte convexa de las manzanas restantes y ponerlas en una fuente de horno untada con mantequilla. Meter al horno a 240 °C (termostato 8) con el grill encendido durante 8 a 10 minutos hasta que se doren.
5. Poner las mitades de manzana en el fondo de un molde de bizcocho con la parte dorada hacia abajo. Cubrir con la compota fría y meter al frigorífico durante 2 horas.
6. Para servir, poner la masa quebrada cocida sobre la compota y pasar el fondo del molde por la llama unos segundos. Dar la vuelta al molde rápidamente y poner en una fuente redonda. Servir la tarta templada.

Tarta antillana

Para 6 personas

Tiempo de elaboración: 70 minutos

Dificultad: alta

Ingredientes

- 300 g de masa quebrada (pág. 47)
- 400 g de queso blanco
- 4 plátanos
- 6 rodajas de piña
- El zumo de 1/2 limón
- 6 hojas de gelatina

|* 60 g de edulcorante granulado

|* 1 dl de ron.

|* 50 g de mermelada de albaricoque

Preparación

1. Forrar un molde de tarta con la masa quebrada. Pinchar el fondo con un tenedor y meter al horno a 210 °C durante 20 minutos. Poner sobre una rejilla y dejar enfriar.
2. Cortar los plátanos en rodajas y ponerlos a macerar en el ron y el zumo de limón. Triturar las rodajas de piña con 30 g de edulcorante.
3. Sumergir las hojas de gelatina en agua fría hasta que se ablanden. Escurrirlas y disolverlas en el ron templado.
4. Mezclar el queso blanco con el edulcorante restante y añadir la mitad de la mezcla de ron y gelatina. Añadir la otra mitad al puré de piña.
5. Poner el queso blanco en el fondo de la tarta. Seguidamente poner la mitad de las rodajas de plátano y cubrir con el puré de piña. Decorar con las rodajas de plátano restantes y abrillantar con la mermelada de albaricoque caliente.
6. Meter al frigorífico durante 2 horas como mínimo.

Bizcochos de soletilla

Para 4 personas

Tiempo de elaboración: 35 minutos

Dificultad: baja

Ingredientes:

|* 6 yemas

|* 4 claras de huevo

|* 125 g de azúcar

|* 60 g de fécula

|* 70 g de harina

|* 1/2 taza de azúcar en polvo

Preparación

1. Precalentar el horno a 200 °C. Forrar la bandeja del horno con papel de barba.
2. Depositar las 6 yemas de huevo en un bol y agregarles 1/3 del azúcar; batir bien hasta obtener una mezcla espumosa.
3. Batir las claras a punto de nieve, mezclar con ellas el resto del azúcar y, por último, la fécula.

4. *Incorporar, removiendo de abajo arriba, la mezcla de yema a la clara montada y añadir la harina tamizada.*
5. *Introducir la masa de bizcocho en una manga pastelera con boquilla redonda y formar con ella barritas de unos 8 cm de longitud, bien separadas, en la bandeja de horno.*
6. *Cocer los bizcochos durante unos 15 minutos a una altura media, hasta que adquieran un color amarillo claro.*
7. *Dejar enfriar sobre papel. Luego, retirar el papel con cuidado y espolvorear los bizcochos con el azúcar en polvo tamizado.*

Bizcochos de reina

Para 4 personas

Tiempo de elaboración: 40 minutos

Dificultad: baja

Ingredientes:

- *harina*
- *2 huevos*
- *azúcar*
- *almendras ralladas*
- *mermelada*
- *manteca*

Preparación

1. *Separar las yemas de las claras de los huevos y batir, en un recipiente, las 2 yemas con 2 cucharadas de azúcar y, en otro, las 2 claras a punto de nieve; mezclarlas, añadir 2 cucharadas de harina y remover de nuevo.*
2. *Introducir la mezcla en una manga pastelera con boquilla lisa y formar porciones sobre una placa de pastelería enmantecada y espolvoreada con harina. Precalentar el horno y meter la placa.*
3. *Cuando los bizcochos estén a medio hacer, espolvorearlos con las almendras ralladas y un poco de azúcar. Dejar de nuevo en el horno.*
4. *Cuando ya estén en su punto, retirar los bizcochos, poner entre cada 2 de ellos un poco de mermelada y juntarlos en forma de bocadillo.*

Bizcochos de Calatayud

Para 4 personas

Tiempo de elaboración: 1 hora

Dificultad: media

Ingredientes:

- 200 g de harina
- 2 cucharadas de levadura
- 3 cucharadas de azúcar fino
- 125 g de azúcar molido
- 6 huevos
- aceite

Preparación

1. Batir las yemas de los huevos con el azúcar molido hasta lograr una mezcla esponjosa.
2. Batir también las claras de huevo a punto de nieve.
3. Mezclar la levadura con la harina
4. Poner en un recipiente hondo las yemas batidas con el azúcar, la mezcla de harina y levadura, y las claras a punto de nieve. Mezclar y agregar el azúcar fino.
5. Untar con aceite rectángulos de papel de barba para pastelería.
6. Con la ayuda de una manga pastelera con boquilla ancha, formar unos bizcochos alargados en estos papeles.
7. Disponerlos sobre una placa de hornear y cocerlos en el horno, a temperatura suave, durante 20 minutos.

Tarta-flan

Para 6 personas

Preparación: 20 minutos

Cocción: 40 minutos a 200 °C

Dificultad: baja

Ingredientes:

- 300 g de masa quebrada (pág. 47)

Para el relleno:

- 4 mitades de peras escalfadas
- 3 rodajas de piña escalfadas
- 4 mitades de melocotón escalfadas
- 1 plátano
- 20 cerezas escalfadas
- 7 dl de preparación para flan

Preparación

1. Forrar un molde con la masa quebrada y cubrir con la fruta cortada en rebanadas gruesas, alternando los colores y sin apretarlas en exceso para dejar espacio para el flan.
2. Añadir la preparación de flan y meter al horno hasta que la pasta esté dorada y el flan cuajado.
3. Seguidamente se puede cubrir con merengue.

Tarta Linzer

Para 6 personas

Preparación: 20 minutos

Cocción: 30 minutos a 180 °C

Dificultad: media

Ingredientes:

Para el fondo de tarta:

*| 250 g de harina

*| 60 g de almendras molidas

*| 125 g de azúcar

*| 2 g de canela

*| 1 g de sal

*| 2 g de levadura química

*| 75 g de mantequilla

*| 1 huevo y 1 yema

Para el relleno:

*| 200 g de mermelada de frambuesa

Para pintar la tarta:

*| 1/2 huevo

Preparación

1. Preparar la pasta igual que la pasta de galleta. Estirarla, de modo que no quede demasiado fina, y forrar con ella un molde de tarta, reservando un poco para la rejilla. Pinchar con un tenedor y cubrir con una capa gruesa de mermelada de frambuesa. Cortar la pasta reservada en tiras con una rueda de cortar o un cuchillo, y ponerla sobre la tarta formando una rejilla. Pegar los bordes.
2. Pintar con huevo batido y meter al horno hasta que la pasta esté dorada por arriba y por abajo.

Tarta de ciruelas pasas

Para 6 personas

Preparación: 45 minutos

Cocción: 30 minutos a 180 °C

Dificultad: baja

Ingredientes:

*| 400 g de masa quebrada (pág. 47)

*| 400 g de ciruelas pasas

*| 2 dl de leche

*| 2 dl de nata

*| 2 huevos y 1 yema

*| 50 g de almendras molidas

*| 50 g de azúcar

Preparación

1. Forrar un aro o molde de tarta con la masa quebrada. Pinchar con un tenedor y rellenar con las ciruelas deshuesadas (si está muy duras, ponerlas a cocer con el agua fría o dejarlas en remojo durante 1 hora antes de deshuesarlas).

2. Mezclar la leche, la nata, el azúcar y los huevos, pasar por el chino y verter sobre las ciruelas. Añadir las almendras molidas y meter al horno.
3. Dejar enfriar y espolvorear con azúcar glas.

Tarta a la inglesa

Para 6 personas

Preparación: 20 minutos

Cocción: 30 minutos a 200 °C

Dificultad: media

Ingredientes:

*| 300 g de masa de hojaldre
*| 1 huevo, para pintar la tarta

Para el relleno:

*| 800 g de manzanas
*| 80 g de azúcar
*| 5 cl de agua

Preparación

1. Pelar las manzanas, vaciarlas, cortarlas en gajos pequeños y ponerlas en una fuente de horno. Añadir el agua y el azúcar. Cubrir el borde de la fuente con una tira de masa y seguidamente tapar las manzanas con una capa fina de masa de hojaldre.
2. Pegar los bordes, pintar con huevo batido y decorar con florones de masa. Pinchar la masa en varios puntos con la punta de un cuchillo y meter al horno. Servir la tarta templada.
3. Se puede acompañar de nata montada, crema inglesa o coulis.

Tarta de naranja

Para 6 personas

Preparación: 25 minutos

Cocción: 40 minutos a 200 °C

Dificultad: media

Ingredientes:

*|masa quebrada (pág. 47)
*| preparación para flan
*| 1 kg de naranjas

Preparación

1. Preparar la mezcla de flan en frío mezclando todos los ingredientes. Pasar por el

chino. Forrar un aro o molde de tarta con la masa quebrada, verter la mezcla de flan y meter al horno.

2. Quitar la piel a la mitad de las naranjas y cortarla en juliana. Confitarla en almíbar durante unos minutos.
3. Pelar las naranjas a lo vivo y sacar los gajos.
4. Una vez fría la tarta, cubrirla con los gajos de naranja y con la juliana confitada.

Tarta de limón con merengue II

Para 6 personas

Preparación: 25 minutos

Cocción: 40 minutos a 200 °C

Dificultad: alta

Ingredientes:

*| masa quebrada (pág. 47)

Para la crema de limón:

*| 4 huevos

*| 150 g de azúcar

*| 60 g de mantequilla derretida

*| 2 cl de nata

*| La ralladura y el zumo de 2 limones grandes

Para el merengue:

*| 2 claras de huevo

*| 125 g de azúcar

Preparación

1. Forrar un aro o molde de tarta con la masa quebrada.
2. Para preparar la crema de limón: batir los huevos con el azúcar, añadir la ralladura de limón, el zumo, la nata y la mantequilla derretida.
3. Verter este preparación sobre el fondo de masa quebrada (que también se puede cocer en vacío durante unos minutos antes de rellenar la tarta) y meter al horno hasta que la pasta esté dorada y la crema cuajada.
4. Sacar del horno, desmoldar y decorar con el merengue. Meter al horno a temperatura media durante unos minutos hasta que el merengue tome un ligero color.

Tarta de frutas exóticas

Para 6 personas

Preparación: 30 minutos

Cocción: 25 minutos a 200 °C

Dificultad: media

Ingredientes:

*| 300 g de masa quebrada (pág. 47)

Para la crema de almendras:

*| 100 g de mantequilla

*| 125 g de azúcar

*| 125 g de almendras

*| 1 huevo y 1 yema

*| 300 g de crema pastelera

Para el relleno:

*| naranjas, piña,

*| mangos, kiwis,

*| plátanos

*|

Para el acabado:

*| almíbar claro

*| 30 g de almendras en láminas

Preparación

1. Forrar un aro o molde de tarta con la masa quebrada y cubrir con la crema de almendras, debiendo tener 1,5 cm de grosor. Meter al horno, sin que se seque, y dejar enfriar. Si la crema de almendras queda seca, humedecerla con un poco de zumo de naranja.
2. Una vez fría, cubrir con la crema pastelera aromatizada con ron. Disponer la fruta sobre la crema, preparada de la manera siguiente: las naranjas peladas a lo vivo y sacados los gajos, los mangos cortados en rebanadas, los kiwis en rodajas, la piña troceada y los plátanos cortados en rodajas.
3. Abrillantar con el almíbar, tanto la fruta como la pasta, y adherir las almendras en láminas o cacahuetes tostados alrededor de la tarta.

Tarta de pera

Para 6 personas

Preparación: 40 minutos

Cocción: 40 minutos a 200 °C

Dificultad: media

Ingredientes:

*| 400 g de masa quebrada (pág. 47)

*| 1 lata de peras en almíbar de 1 kg

*| 20 g de almendras en láminas

Para la crema pastelera:

*| 2 dl de leche

*| 1 yema de huevo

*| 50 g de azúcar

*| 20 g de maizena

Para la crema de almendras:

*| 75 g de mantequilla

*| 100 g de azúcar

*| 100 g de almendras molidas

*| 1 huevo

Preparación

1. Preparar la crema pastelera y la crema de almendras y mezclar ambas.
2. Forrar un aro o molde de tarta con masa quebrada. Pinchar el fondo con un tenedor y cubrir con una capa fina de crema pastelera y crema de almendras. Seguidamente disponer la peras y cubrirlas con la crema restante y las almendras en láminas
3. Meter al horno precalentado durante 40 minutos.

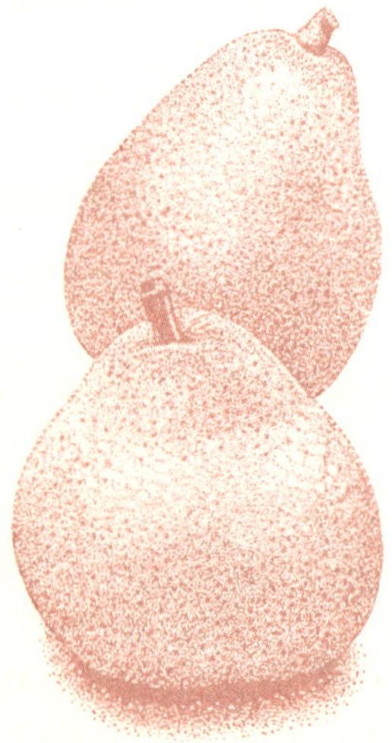

Tarta de hojaldre con fruta

Para 6 personas

Preparación: 30 min

Cocción: 30 minutos a 220 °C

Dificultad: media

Ingredientes:

*| 350 g de masa de hojaldre

*| 500 g de crema pastelera

Para el relleno:

*| fruta fresca o en almíbar, según la temporada

Para el acabado:

*| 50 g de almíbar claro

Preparación

1. Estirar la masa de hojaldre y cortar una tira de 18 x 40 cm y dos tiras de 1,5 cm de ancho para formar los bordes.
2. Poner la tira de masa sobre una placa de horno humedecida, no debiendo tener harina. Pinchar la masa con un tenedor, humedecer los bordes y poner las tiras de masa, apretar y marcar con un cuchillo a la vez para pegar los bordes. Pintar las tiras con huevo batido.
3. Dejar reposar durante 10 minutos y meter al horno precalentado a 220 °C. Bajar la

temperatura y 180 °C y terminar la cocción hasta que la masa esté seca. Dejar enfriar.

4. Una vez frío el fondo de tarta, rellenarlo con la crema pastelera, disponer la fruta y abrillantar con el almíbar. Espolvorear los bordes de la tarta con azúcar glas.

Tarta Tatin

Para 6 personas

Preparación: 1 hora y 10 minutos

Cocción: 50 minutos

Dificultad: alta

Ingredientes:

- 300 g de masa quebrada (pág. 47)
- 1 kg de manzanas
- 200 g de azúcar
- 50 g de mantequilla
- El zumo de 1/2 limón
- 1 yema de huevo o 5 cl de leche

Preparación

1. Derretir la mantequilla en una sartén honda o en un molde de bizcocho. Añadir el azúcar y remover con una espátula hasta que se derrita.
2. Pelar las manzanas, cortarlas en cuartos y ponerlas, bien apretadas, en la sartén o molde. Rociar con el zumo de limón y meter al horno hasta que las manzanas estén casi hechas.
3. Cubrir el molde con la masa quebrada estirada con un rodillo, pintar con la yema de huevo o con leche y pinchar con la punta de un cuchillo para dejar salir el vapor.
4. Meter de nuevo al horno y cocer hasta que el jugo de cocción de las manzanas se haya evaporado por completo y se haya caramelizado. Verificar el punto de cocción pasando la punta de un cuchillo por un lado del molde.
5. Una vez terminada la cocción, poner el molde a fuego medio y remover con un movimiento circular para despegar el fondo. Retirar del fuego.
6. Poner una fuente amplia sobre el molde y darle la vuelta, con cuidado de no quemarse. Retirar el molde. En caso de que el caramelo no se haya dorado suficientemente, volver a poner el molde sobre la tarta y proceder a la inversa, poniéndolo de nuevo al fuego y removiendo para que no se agarre. Volver a desmoldar.
7. Servir la tarta templada, acompañada de crema inglesa, sabayón o nata a medio montar.

Cremas, Budines y Flanes

Tronco de Navidad

Para 4 personas

Tiempo de elaboración: 1 hora

Dificultad: media

Ingredientes:

* 6 yemas de huevo
* 80 g de azúcar
* la corteza de 1/2 limón
* 4 claras de huevo
* 80 g de harina
* 250 g de chocolate en tableta
* 250 g de mantequilla
* 125 g de azúcar en polvo
* 1 copita de ron
* 2 hojas finas de chocolate
* 1 cucharadita de pistachos picados

Preparación:

1. Batir las yemas de huevo con una cucharada de azúcar y la corteza de limón previamente rallada, hasta conseguir una masa espumosa. Seguidamente, batir enérgicamente las claras con el resto del azúcar a punto de nieve e incorporar de abajo arriba a la masa de las yemas.
2. Tamizar la harina por encima de la masa anterior e incorporarla de abajo arriba. Extender la masa de bizcocho sobre la bandeja del horno, forrada con papel de barba, y cocer en el horno, a una temperatura de 230 °C, durante 10-12 minutos.
3. Volcar el bizcocho sobre un paño espolvoreado con azúcar y cortar cuidadosamente una tira no muy gruesa, para poder formar los adornos, y cubrirlo todo con un paño húmedo.
4. Derretir el chocolate al baño María. Dejar enfriar. Batir la mantequilla con el azúcar en polvo hasta conseguir una masa espumosa; reservar tres cucharadas de esta masa. Añadir el chocolate y el ron al resto de la masa de mantequilla.
5. Cubrir el bizcocho con dos terceras partes de la crema y enrollar. Con el resto de la crema, hacer tiras a lo largo del pastel con la manga pastelera. Realizar esta misma operación con la tira separada anteriormente, pero antes de enrollarla, partirla en tres, para poder formar los tres tronquitos que sobresalen del grande.
6. Colocar los tronquitos a los lados del bizcocho, y adornar con motivos forestales.

Mousse de chocolate I

Para 4 personas

Tiempo de elaboración: 1 hora

Dificultad: media

Ingredientes:

- 4 yemas de huevo
- 100 g de azúcar
- el zumo de 1 naranja
- 100 g de chocolate para fundir
- 1 vasito de vino dulce o de café
- 1 nuez de mantequilla
- 20 g de corteza rallada de naranja confitada
- 3 claras
- 200 ml de crema de leche

Preparación:

1. Montar las yemas en un cazo junto con el azúcar. Ponerlo al baño María y añadir el zumo de naranja. Mezclar enérgicamente hasta que quede una pasta homogénea.
2. Desleír el chocolate al baño María, juntamente con la nuez de mantequilla y el vino.
3. Mezclar bien el chocolate con la crema preparada anteriormente, y añadir la corteza de naranja confitada.
4. Seguidamente montar las claras a punto de nieve e incorporarlas poco a poco a la mezcla anterior con mucho cuidado, hasta que la pasta quede bien homogénea.
5. Colocar la espuma en unas copas.
6. Decorar con nata o con crema de leche y conservar en el frigorífico hasta el momento de servir.

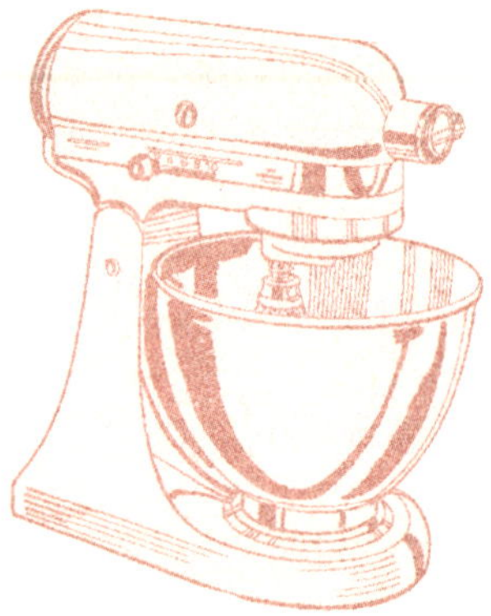

Flan de vainilla

Para 4 personas

Tiempo de elaboración: 50 minutos

Dificultad: baja

Ingredientes:

- 5 huevos
- 200 g de azúcar
- 1/2 l de leche
- vainilla en polvo
- 3 cucharadas de agua
- unas gotas de limón

Preparación:

1. Colocar los 5 huevos en un cazo, añadir 150 g de azúcar, la leche, previamente her-

vida, y la vainilla. Una vez se hayan introducido todos estos ingredientes, remover bien y colar.

2. Poner los 50 g de azúcar restantes en un cazo con las 3 cucharadas de agua y las gotas de limón, y hervir hasta obtener un almíbar a punto de caramelo. Verter el caramelo en uno o varios moldes, según su tamaño.

3. Verter en los moldes caramelizados la preparación anterior y cocer al baño María en el horno durante 40 minutos, aproximadamente, procurando que el agua no hierva.

4. Una vez cocidos y fríos, volcarlos en platos individuales y adornar con nata o con cerezas confitadas.

Flan de leche

Para 4 personas

Tiempo de elaboración: 40 minutos

Dificultad: baja

Ingredientes:

* 1/2 l de leche
* 125 g de azúcar
* 1 huevo entero
* 4 yemas de huevo
* un poco de sal
* 1 rama de canela

Para el caramelo

* 50 g de azúcar
* 1 cucharada de agua

Preparación:

1. Colocar la leche en un cazo y añadir la canela, acercar al fuego y dejar que rompa a hervir; retirar y tapar, para que se conserve caliente.

2. Poner en otro cazo el huevo entero junto con las yemas, el azúcar y la sal; batir hasta que se mezcle todo bien. Verter la leche en forma de chorrito, con mucho cuidado y remover poco a poco.

3. Preparar un caramelo con el azúcar y el agua, y verterlo en el molde, procurando que el fondo quede bien cubierto.

4. Verter la preparación anterior en el molde acaramelado e introducirla, al baño María, en el horno, precalentado a temperatura media, durante 30 minutos; tiene que cuajarse bien.
5. Para saber si el flan está a punto, pinchar con una aguja larga; si sale limpia, el flan está cuajado.
6. Una vez retirado el flan del horno, dejar enfriar en el agua. Sacarlo del molde e introducirlo en el frigorífico hasta el momento en que se haya de servir.

Flan de café

Para 4 personas

Tiempo de elaboración: 55 minutos

Dificultad: media

Ingredientes:

* 1/2 l de leche
* 4 cucharadas de azúcar
* 3 huevos
* 1 cucharada de maizena
* 2 cucharadas de café instantáneo
* 50 g de azúcar para el molde

Preparación:

1. Poner la leche a hervir con las 2 cucharadas de café. Dejar que se enfríe.
2. Colocar el molde al fuego, con el azúcar, y cuando esté derretido bañar bien las paredes y dejar enfriar.
3. Disolver la cucharada de maizena (harina fina de maíz) en un poco de leche. A continuación añadir el resto de leche, el azúcar y las 3 yemas de huevo.
4. Pasar por un colador muy fino y añadir las claras de huevo a punto de nieve. Mezclarlo todo y poner en el molde. Introducir en el horno al baño María durante 35 minutos. Dejar enfriar, y desmoldarlo.

Budín de chocolate

Para 4 personas

Tiempo de elaboración: 50 minutos

Dificultad: media

Ingredientes:

* 100 g de galletas
* 100 g de mantequilla

|* 100 ml de jerez

|* 100 g de cacao en polvo

|* 3 huevos

|* 4 hojas de gelatina

Para la crema

|* 100 g de chocolate rallado

|* 100 g de azúcar

|* 50 g de mantequilla

Preparación:

1. Mezclar las galletas desmenuzadas con 50 g de mantequilla y el jerez. Forrar con esta pasta un molde desmoldable.
2. Trabajar las yemas en un recipiente junto con el azúcar, la gelatina (disuelta en agua caliente), el resto de la mantequilla y el cacao en polvo. Batir bien e incorporar poco a poco las claras a punto de nieve.
3. Llenar el molde con el preparado anterior y dejar en el frigorífico unas 24 horas.
4. Fundir el chocolate al baño María y añadir el azúcar y la mantequilla derretida. Mezclarlo todo hasta obtener una crema homogénea. Dejar enfriar y cubrir la tarta.

Mousse de limón

Para 4 personas

Tiempo de elaboración: 1 hora

Dificultad: media

Ingredientes:

|* 3 limones

|* 1 bote de leche evaporada

|* 100 g de azúcar

Preparación:

1. Rallar la piel de 2 limones y hacer zumo con el resto.
2. En un recipiente, poner la leche, la ralladura de los 2 limones, el azúcar y el zumo de limón. Pasar todos los ingredientes por la batidora y verter en copas o cuencos.
3. Introducirlos en el frigorífico para que se enfríen. Una vez fríos, ya pueden servirse decorados al gusto.

Natillas

Para 4 personas

Tiempo de elaboración: 50 minutos

Dificultad: baja

Ingredientes:

|* 1 l de leche

|* 200 g de azúcar

|* 2 cucharadas rasas de harina de maíz

|* 6 yemas de huevo

|* la corteza de un limón

|* una ramita de canela

Preparación:

1. Verter la leche en un cazo y ponerla a cocer junto con la corteza de limón y la ramita de canela, a fuego suave, para que la leche tome bien el sabor del limón y de la canela.
2. En un recipiente, batir las yemas con el azúcar y la harina de maíz.
3. Cuando la leche hierva, retirar del fuego y verterla sobre las yemas batidas, poco a poco y removiendo siempre, hasta incorporarla toda a la mezcla.
4. Llevar el preparado al fuego hasta que vaya a romper a hervir. Retirar y dejar enfriar antes de servir.

Budín de manzanas

Para 4 personas

Tiempo de elaboración: 1 h. y 30 min.

Dificultad: media

Ingredientes:

|* 1 kg de manzanas

|* 4 huevos

|* 1/2 l de leche

|* 150 g de azúcar

|* ralladura de limón

|* 3 l de nata líquida

Preparación:

1. Pelar las manzanas y cortarlas en trozos, retirando las pepitas. En un cazo con 3 cucharadas de agua, hervirlas lentamente y escurrirlas.
2. Poner en un recipiente 4 cucharadas de azúcar y una de agua, hacer un caramelo y verterlo en un molde de cake, procurando que queden bañadas todas las paredes.
3. En un bol grande, batir 2 huevos y 2 yemas junto con el resto de azúcar y añadir la leche y la ralladura de limón. Cuando esté bien batido, agregar las manzanas hervidas. Verter en un molde acaramelado.
4. Precalentar el horno y cocer el budín al baño María durante 1 hora. Dejar enfriar

en el mismo molde. Después, desmoldar y montar la nata líquida, adornando el contorno con una manga pastelera.

Mel i mató (miel y requesón)

Para 4 personas

Tiempo de elaboración: 30 minutos

Dificultad: baja

Ingredientes:

- 1 l de leche de cabra o de vaca
- 10 g de cuajo en polvo
- 2 dl de agua
- 4 cucharadas de miel

Preparación:

1. Primero mezclar el agua con el cuajo en polvo.
2. Poner la leche en un cazo al fuego y que hierva. Cuando ya ha hervido y esté aún caliente, añadirle 4 cucharadas de la mezcla del cuajo.
3. Seguidamente, colar la leche en un recipiente, con cuidado, con un colador de malla muy fina. Comprobar que el suero que desprende la leche pasa al recipiente y en el colador queda el «mató».
4. Este «mató» se puede servir con azúcar o con almendras picadas, pero la manera más exquisita de tomarlo es con miel.
5. Se pone el «mató» obtenido repartido en 4 platos y se vierte una cucharada de miel sobre cada porción.

Corazón de yema

Para 4 personas

Tiempo de elaboración: 1 hora y 45 minutos

Dificultad: media

Ingredientes:

- 5 huevos
- 100 g de mantequilla
- 300 g de azúcar lustre
- 50 g de almendra molida
- 50 g de harina
- la ralladura de medio limón
- una cucharadita de levadura en polvo
- mermelada y glaseado de albaricoque

Para la yema

- 3 huevos
- azúcar
- crémor tártaro

Preparación:

1. Para confeccionar el bizcocho: batir la mantequilla con 150 g de azúcar, hasta que

quede cremosa, y, sin dejar de batir, ir añadiendo las yemas de huevo, una a una, después las almendras molidas y las ralladuras de limón.

2. Incorporar la harina y la levadura tamizadas, mezclar bien y añadir las tres claras de huevo batidas a punto de nieve. Mezclar con suavidad.

3. Untar el molde con mantequilla y colocar en el fondo un papel engrasado y espolvoreado con harina. Llenar con el preparado y cocer en el horno, a temperatura suave, durante 30 minutos. Una vez cocido, dejar que se enfríe antes de volcarlo sobre una rejilla.

4. Pesar los tres huevos, con cáscara incluida, y tomar la misma cantidad de azúcar. Mezclar con una cucharadita de crémor tártaro y llevar al fuego en un cazo de cobre. Cocer, removiendo siempre, hasta que se espese. Dejar enfriar.

5. Cortar el bizcocho horizontalmente y rellenarlo con la mermelada de albaricoque, tapar y cubrir la parte superior con la yema, pintar con el glaseado de albaricoque y decorar con unas rosas de mantequilla o de mazapán, con unas gotitas de colorante, según se quiera. Se pueden hacer dibujos con yema y acabar la decoración con ayuda de una manga pastelera hecha de papel parafinado y llena de baño de chocolate.

Arroz con leche

Para 4 personas

Tiempo de elaboración: 1 hora y 15 minutos

Dificultad: baja

Ingredientes:

* 2 l de leche
* 100 g de azúcar
* 250 g de arroz
* 1 bastón de vainilla
* 3 huevos
* un poco de sal
* canela

Preparación:

1. Separar las yemas de las claras de huevo. Conservar estas últimas para otro plato.
2. Lavar bien el arroz.

3. En una cazuela con la leche fría, disponer el arroz y añadir la vainilla, un poco de canela en polvo y sal.
4. Disponer la cazuela sobre el fuego, removiendo continuamente hasta que dé el primer hervor. Tapar la cazuela y dejar a fuego lento.
5. Cuando el arroz esté muy hecho, es decir, que haya absorbido casi toda la leche y esté bien hinchado, apartarlo del fuego y agregar las yemas de huevo bien batidas y el azúcar.
6. Mezclar todos los ingredientes con una cuchara de madera.
7. Puede disponerse el arroz en una fuente para postres o en platos individuales.
8. También puede espolvorearse este postre con chocolate rallado o un poco de canela.
9. Dejar enfriar el arroz en un lugar fresco o introducir en el frigorífico una hora antes de servirlo.

Tortilla de manzanas al ron

Para 4 personas

Tiempo de elaboración: 50 minutos

Dificultad: baja

Ingredientes:

* 400 g de manzanas
* 3 huevos
* 1/2 dl de nata líquida
* 40 g de mantequilla
* 1 copa de ron
* canela en polvo
* 80 g de azúcar
* sal

Preparación:

1. Pelar las manzanas y cortarlas como para tortilla.
2. Derretir la mantequilla en una sartén, rehogar las manzanas a fuego lento y tapadas. Sazonar con una pizca de sal y espolvorear con el azúcar.
3. En un bol, batir enérgicamente los huevos junto con la nata líquida, añadir las manzanas rehogadas, seguidamente mezclar y cuajar la tortilla en la misma sartén de rehogar las manzanas. A continuación, dorar por ambos lados.

4. Disponerla en una bandeja redonda, espolvorear con la canela en polvo y un poco de azúcar por encima.
5. En un cazo pequeño, calentar la copa de ron, verterla sobre la tortilla y flambear rápidamente. Cuando se apague, servir enseguida.

Quesada de la reina

Para 6 personas

Tiempo de elaboración:1 h. y 10 min.

Dificultad: baja

Ingredientes:

* 900 g de requesón
* 200 g de azúcar
* 5 huevos
* 40 g de mantequilla
* azúcar glas
* canela en polvo

Preparación:

1. Con un tenedor, trabajar el requesón aplastándolo bien; agregar, poco a poco, el azúcar, mezclándolo bien.
2. Batir los huevos, azucararlos y añadir la canela.
3. Agregar a la masa del requesón y mezclar bien.
4. Untar un molde con mantequilla y colocar en el mismo la masa preparada.
5. Introducir en el horno y dejar cocer durante una hora, aproximadamente.
6. Servir espolvoreado con azúcar glas y canela en polvo.

Flan de manzanas

Para 4 personas

Tiempo de elaboración: 2 horas

Dificultad: media

Ingredientes:

* 8 manzanas reinetas
* 8 huevos
* 180 g de azúcar
* 1 ramita de canela

|* ralladura de limón

|* 40 g de mantequilla

|* canela en polvo

|* 200 g de nata líquida

Preparación:

1. En un cazo, rehogar las manzanas, peladas y cortadas en gajos, con la mantequilla y la ramita de canela.
2. Batir los huevos en un bol y añadir la raspadura de limón y 150 g de azúcar. Añadir las manzanas rehogadas y mezclar.
3. Con azúcar, caramelizar un molde de flan grande.
4. Verter la mezcla de huevos y manzanas, sin la canela, en el molde caramelizado, y ponerlo al baño María en el horno precalentado a 170 °C. Mantenerlo durante 1 hora y 30 minutos aproximadamente.
5. Para comprobar si está en su punto, se pincha con la punta de un cuchillo; si sale limpia, es que ya está listo.
6. Dejar enfriar un poco, desmoldar y espolvorear con canela en polvo.
7. Montar la nata y adornar alrededor con la ayuda de la manga pastelera.
8. Guardar en la parte baja de la nevera justo hasta el momento de servir.

Quesada aragonesa

Para 4 personas

Tiempo de elaboración: 1 hora y 15 min.

Dificultad: baja

Ingredientes:

|* 1/2 kg de requesón

|* 1 limón

|* 7 cucharadas de azúcar fino

|* 7 huevos

Preparación:

1. En un recipiente hondo, mezclar el requesón, el azúcar y la ralladura de 1 limón, aplastando con un tenedor.
2. Cuando esté todo bien mezclado agregar los huevos batidos. Seguir mezclando.
3. Poner la quesada en un molde redondo y cocer en horno suave, al baño María, durante 1 hora aproximadamente.
4. Servir fríos.

Pudín de piña a la manera cántabra

Para 4 personas

Tiempo de elaboración: 1 hora

Dificultad: media

Ingredientes:

* 1 bote de piña de 1 kg
* 200 g de bizcochos de soletilla
* 100 g de almendras tostadas
* 3 huevos
* 110 g de azúcar
* 30 cl de coñac

Preparación:

1. Trabajar con la espátula de madera las yemas de los huevos con 60 g de azúcar hasta que estén espumosas.
2. Triturar con la batidora las rodajas de piña, sin jugo. Mezclar con la crema de huevos y azúcar. Añadir los bizcochos desmenuzados, las almendras molidas y el coñac; trabajar bien.
3. Montar las claras de los huevos a punto de nieve e incorporarlas a la mezcla anterior. A continuación, verter toda la crema preparada en una flanera previamente caramelizada.
4. Precalentar el horno e introducir la flanera al baño María. Dejar cocer durante unos 30 minutos a fuego moderado, unos 180 °C.
5. Desmoldar cuando esté completamente frío.

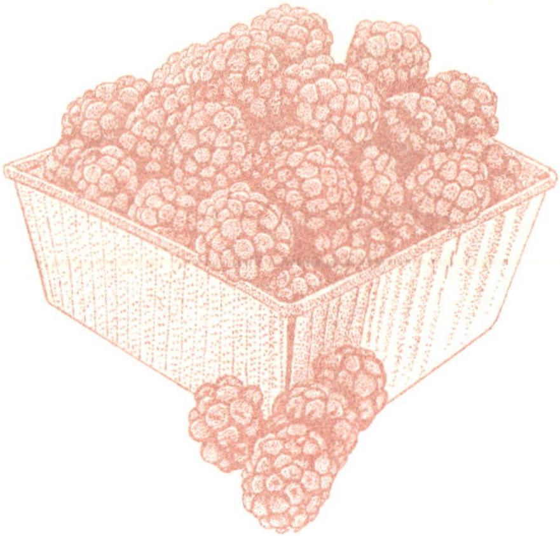

Flan de frutas cántabro

Para 4 personas

Tiempo de elaboración: 1 hora

Dificultad: media

Ingredientes:

* 4 huevos
* 5 dl de leche
* 1/2 kg de peras
* ralladura de limón
* 2 dl de agua
* 200 g de azúcar

Preparación:

1. Caramelizar un molde de flan con 60 g de azúcar. Dejar enfriar.

2. Pelar las peras y cortarlas en trocitos pequeños. Cocerlos con los 2 dl de agua y 3 cucharadas de azúcar. Cuando estén cocidas, colar y repartir los trocitos de pera sobre el caramelo.
3. En un bol, batir los huevos, añadir 100 g de azúcar y la ralladura de limón, verter la leche templada y batir bien para mezclarlo todo. Rociar por encima de las peras.
4. Precalentar el horno a temperatura media. Introducir el flan en el horno a baño María y dejar cocer unos 40 minutos aproximadamente. Comprobar el punto de cocción.
5. Demoldar cuando ya esté frío.

Flan de moras

Para 6 personas

Tiempo de elaboración: 1 hora

Dificultad: media

Ingredientes:

* 1 kg de moras bien maduras
* 4 huevos
* 250 g de azúcar
* 100 g de nata montada

Preparación:

1. Limpiar las moras y reservar unas cuantas para el adorno.
2. Triturar el resto de moras hasta que queden bien finas.
3. Batir los huevos y mezclar con la nata y el azúcar.
4. Agregar el puré de moras y mezclar bien.
5. Verter en una flanera y poner a cocer al baño María hasta que cuaje (aproximadamente, treinta minutos).
6. Volcar con cuidado sobre una fuente redonda y decorar con las moras reservadas.
7. Servir una vez frío.

Quesada pasiega

Para 8 personas

Tiempo de elaboración: 45 minutos

Dificultad: baja

Ingredientes:

* 1/2 kg de harina
* 2 huevos
* 1/2 l de leche fresca
* 30 g de mantequilla
* 4 cucharadas soperas de cuajada
* 100 g de azúcar
* ralladura de limón
* 1 cucharadita de levadura
* sal

Preparación:

1. En un bol, batir los huevos y el azúcar e ir añadiendo los demás ingredientes, trabajando muy bien, con cuidado de que no queden grumos, ni que la mezcla resulte demasiado empalagosa.
2. Untar un molde con un poco de mantequilla y extender la pasta sobre él.
3. Precalentar el horno, introducir la quesada y dejar cocer durante unos 30 minutos, hasta que esté dorada. Comprobar el punto de cocción pinchando con una aguja.
4. Cuando esté en su punto, sacar del horno y dejar enfriar el tiempo necesario.

Arroz con leche del Baztán

Para 4 personas

Tiempo de elaboración: 50 minutos

Dificultad: baja

Ingredientes:

- 1 l de leche
- 400 g de arroz
- 1 palito de canela
- canela en polvo
- 2 yemas de huevo y azúcar

Preparación:

1. En un cazo con leche hirviendo, cocer el arroz, removiendo continuamente para que no se pegue al fondo.
2. Añadir un palo de canela y dejar a fuego lento durante unos 45 minutos.
3. A media cocción, añadir azúcar, al gusto de cada uno, removiendo continuamente durante unos 5 minutos.
4. Retirar el cazo del fuego, apartar la canela, verter el arroz con leche en una fuente honda y añadir rápidamente las 2 yemas de huevo, previamente batidas.
5. Remover constantemente y espolvorear con canela en polvo.
6. Dejar enfriar y servir.

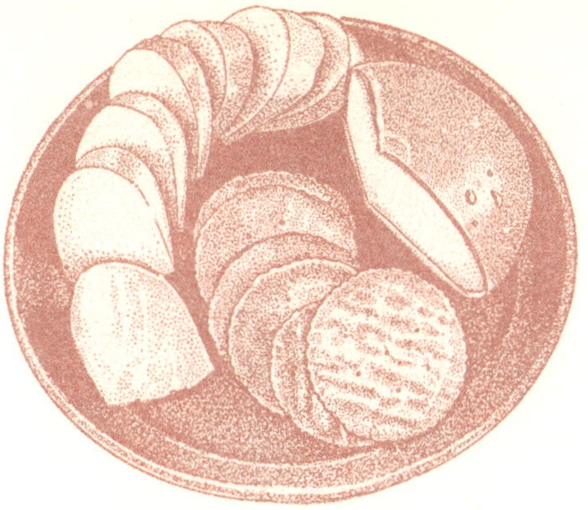

Sopas dulces

Para 4 personas

Tiempo de elaboración:

1 hora

Dificultad: baja

Ingredientes:

* pan del día anterior
* 1 l de leche
* 200 g de almendras molidas
* 1 rama de canela
* 100 g de azúcar

Preparación:

1. Cortar el pan en rebanadas finas y disponer una capa de ellas en una cazuela de barro refractaria.
2. Espolvorear con azúcar mezclado con almendra molida. Repetir la operación hasta formar 3 capas.
3. En un cazo aparte, calentar la leche con la rama de canela. Colarla y dejarla enfriar. Cuando la leche esté templada, verterla en la cazuela con el pan hasta cubrir la superficie.
4. Introducir la cazuela en horno fuerte y dejarla unos 20 minutos, hasta que la superficie de las sopas de pan esté dorada.

Manjar de monjas

Para 4 personas

Tiempo de elaboración: 35 minutos

Dificultad: baja

Ingredientes:

* 1 l de leche
* 200 g de harina de arroz
* 200 g de azúcar
* 1 rama de canela

Preparación:

1. En un recipiente al baño María, disolver el azúcar y la harina en un poco de leche, removiendo para que no se formen grumos.
2. Añadir el resto de la leche con canela en rama.
3. Poner la mezcla en un cazo sobre fuego normal, e ir dando vueltas constantemente con una cuchara de madera hasta que dé el primer hervor.
4. Dejar sobre el fuego durante unos minu-

tos más y, cuando la pasta esté en su punto, verterla en una fuente plana y ancha. Dejarla enfriar, cortarla a trozos y servirla.

Crema de chocolate II

Para 4 personas

Tiempo de elaboración: 30 minutos

Dificultad: baja

Ingredientes:

|* 5 cucharadas de chocolate en polvo

|* 1/4 l de leche

|* 3 huevos

|* 100 g de mantequilla

|* 2 cucharadas de maizena

|* 8 cucharadas de azúcar fino

Preparación:

1. Separar las yemas de las claras de los huevos, y disolver el chocolate en la leche.
2. En un cazo, poner el azúcar, las yemas de huevo y la maizena, y verter la leche con el chocolate.
3. Llevar el cazo al fuego y remover continuamente.
4. Pasados 5 minutos desde el primer hervor, añadir la mantequilla.
5. Seguir mezclando la crema unos minutos más, y retirar del fuego. Dejar enfriar y disponer la crema en una fuente redonda para servir.

Fariñes

Para 6 personas

Tiempo de elaboración: 1 hora

Dificultad: media

Ingredientes:

|* 200 g de harina de maíz

|* 6 tazones de agua

|* sal

|* miel

Preparación:

1. En un cuenco hondo, disponer la harina de maíz y mezclar con agua, revolviendo continuamente con una espátula de madera hasta que quede lisa y sin grumos.
2. Ponerla en una olla al fuego, espolvorearla con un poco de sal y seguir mezclando hasta que comience a hervir.
3. Las «fariñes» tienen que cocer para hacerse bien durante bastante rato; remover hasta que la harina quede completamente cocida.
4. Servir las gachas en platos individuales y recubrirlas con un poco de miel.

Postre de tortilla dulce

Para 4 personas

Tiempo de elaboración: 22 minutos

Dificultad: media

Ingredientes:

- 4 huevos
- 200 g de miga de pan
- 1 tazón de leche azucarada
- azúcar en polvo
- aceite

Preparación:

1. Poner en remojo la miga de pan en la leche azucarada. Escurrirla.
2. Batir los huevos en una fuente y añadir la miga de pan remojada.
3. En una sartén con aceite caliente, formar la tortilla. Dorarla, disponerla en una fuente para servir y espolvorearla con bastante azúcar.
4. Servir caliente.

Crema de manzana

Para 4 personas

Tiempo de elaboración: 30 minutos

Dificultad: media

Ingredientes:

- 1 kg de manzanas ácidas
- 125 g de azúcar molido
- ralladura de una cáscara de limón

Preparación:

1. Retirar el corazón de las manzanas, pelarlas y cortarlas en pedazos.
2. En una cazuela con agua fría, poner las manzanas y dejarlas a fuego normal hasta que queden bien tiernas.
3. Espolvorear con azúcar y dejar la cazuela a fuego lento durante unos minutos más.
4. Un minuto antes de retirar las manzanas del fuego, añadir la ralladura de limón.
5. Puede consumirse fría o tibia.

Tocinillo de cielo a la crema de frambuesas

Para 5 personas

Tiempo de elaboración: 50 minutos, más la maceración

Dificultad: media

Ingredientes:

|* 6 huevos grandes

|* 270 g de azúcar

|* 2 dl de agua

|* glucosa para untar los moldes

Crema

|* 200 g de frambuesas

|* 100 g de azúcar

Guarnición

|* 2 dl de crema de leche

Preparación:

1. Preparar un almíbar con el azúcar y el agua, hasta el punto de hebra (unos 10 minutos). Dejar enfriar un poco.
2. Después untar ligeramente los moldes con un poco de glucosa previamente diluida en un poco de agua templada.
3. A continuación, separar las claras de las yemas. Conservar las claras para futuras recetas y pasar las yemas por un colador. Ir añadiéndolas al almíbar, poco a poco.
4. Rellenar los moldes untados, procurando que no quede espuma en la superficie.
5. Calentar agua abundante en una cazuela, colocar encima una rejilla con los moldes. Tapar y dejar cocer unos doce minutos.
6. Retirar, dejar enfriar y desmoldar.
7. Dejar en maceración las frambuesas con el azúcar durante unas 2 horas aproximadamente, removiendo a menudo.
8. Triturar y pasar por el chino las frambuesas hasta que quede una pasta homogénea.
9. Cubrir el fondo de un plato con las frambuesas, desmoldar un tocinillo en el centro.
10. Montar la nata con la batidora, y adornar alrededor del plato con la manga pastelera con boquilla rizada. Servir fresco.

Tostadas de crema

Para 6 personas

Tiempo de elaboración: 1 hora

Dificultad: baja

Ingredientes:

|* 1 l de leche fresca

|* 150 g de harina de arroz

|* 150 g de azúcar

|* 200 g de manteca de cerdo

|* 4 yemas de huevo

|* 1 palito de canela

|* 50 g de azúcar glas

|* 1 corteza de limón

|* 2 huevos enteros para rebozar

|* 100 g de harina

|* canela en polvo

Preparación:

1. En un cazo, poner a hervir la leche (reservando un poco para utilizarla más tarde), mezclar el azúcar, añadir la corteza de limón y la canela en rama y apartarlas después.
2. Desleír la harina de arroz con la leche reservada en frío e incorporar al cazo que tenemos en el fuego. Remover continuamente con un batidor para que no se formen grumos, hasta que se espese.
3. Retirar del fuego y añadir una a una las yemas de huevo, batiendo hasta que se mezclen; volver a poner al fuego para que arranque el hervor, retirar enseguida del fuego.
4. Verter esta pasta en una fuente grande y dejar enfriar, debe quedar de un espesor de un centímetro.
5. Cuando este fría, cortar en trozos rectangulares, rebozar con harina y huevo batido.
6. Derretir la manteca de cerdo en una sartén y, cuando esté bien caliente, dorar los rectángulos por ambos lados..
7. Espolvorear con el azúcar glas y servir caliente, con un poco de canela en polvo por encima.

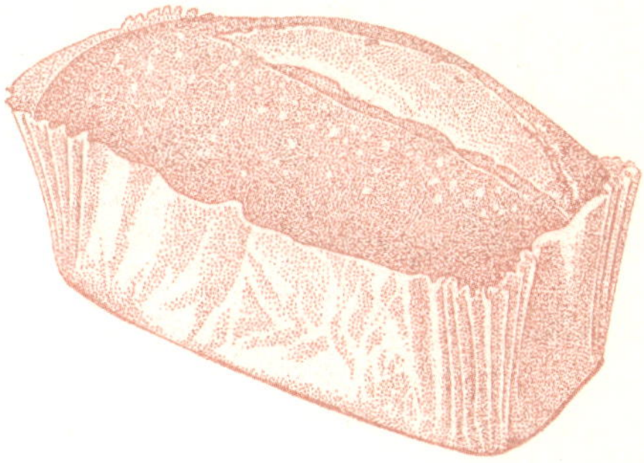

Crema frita con salsa de frambuesa

Para 4 personas

Tiempo de elaboración: 45 minutos

Dificultad: media

Ingredientes:

|* 1/2 l de leche

|* 3 huevos

|* 40 g de maizena

|* 125 g de azúcar

Para freír

|* 2 dl de aceite

|* 1 huevo

|* 100 g de harina

|* 100 g de azúcar

Salsa

|* 100 g de frambuesa

|* 100 g de azúcar

|* 100 g de nata líquida

|* 0,4 dl de kirsh

Preparación:

1. Trabajar el azúcar con las yemas de los huevos, hasta que se forme una pasta blanquecina, añadir la maizena y mezclar bien.
2. Añadir la leche tibia, remover bien con las varillas y llevar a ebullición sin dejar de remover. Retirar. Continuar batiendo unos minutos hasta que se enfríe un poco.
3. Untar una bandeja con aceite y poner la crema en porciones en forma de tortitas de unos cuatro centímetros de diámetro. Dejar enfriar bien.
4. Cuando las tortitas estén sólidas, pasarlas por harina, huevo batido y freírlas en aceite caliente. Sacar, escurrir, pasarlas por azúcar y poner en una fuente.
5. Preparar la salsa, mezclando todos los ingredientes indicados en la batidora.
6. Cubrir las tortitas de crema con la salsa de frambuesas.

Crema de limón

Para 4 personas

Tiempo de elaboración: 25 minutos

Dificultad: baja

Ingredientes:

|* 2 huevos

|* 80 g de maizena

|* 2 vasos de agua

|* la ralladura de 2 limones

|* 150 g de azúcar

|* el zumo de 1 limón

Preparación:

1. En un recipiente se ponen los huevos, el azúcar, la ralladura de los limones, el zumo de un limón y la maizena; se bate todo junto y se reserva.
2. En otro recipiente aparte se echan los dos vasos de agua y se coloca en el fuego; cuan-

do está hirviendo se le echa la mezcla anterior sin dejar de remover con la cuchara de madera, se deja hervir un minuto, se retira y se deja enfriar.

3. A esta crema se pueden añadir, si se desea, pasas de corinto que se habrán puesto a remojar el día anterior en coñac.

Crema pastelera II

Para 4 personas

Tiempo de elaboración: 15 minutos

Dificultad: baja

Ingredientes:

* 1 l de leche
* 4 huevos
* 160 g de harina o maizena
* 200 g de azúcar
* la ralladura de 1 limón

Preparación:

1. Poner la leche a hervir, reservando una taza.
2. Echar en un bol los huevos, el azúcar, la leche reservada y la harina, y batir todo junto.
3. Cuando la leche esté hirviendo, añadir la mezcla; dejar hervir dos o tres minutos y retirar.
4. Se sirve frío.

Crema angelical

Para 4 personas

Tiempo de elaboración: 25 minutos

Dificultad: baja

Ingredientes:

* 6 huevos
* 150 g de azúcar
* 2 copas de coñac
* 1/2 l de zumo de pera

Preparación:

1. Poner en un bol las yemas con tres claras y 75 g de azúcar, y batir hasta que quede una crema espesa y se reserva.
2. Poner al fuego el zumo de pera en un cazo y cuando esté hirviendo, agregar la mezcla anterior.
3. Disolver la maizena en el coñac y añadir al zumo sin dejar de remover.
4. Se deja hervir dos minutos para que espese, retirar y dejar enfriar.
5. Batir las tres claras que quedan a punto de nieve y añadirlas a la crema fría. Reservar en la nevera.

Crema de café

Para 4 personas

Tiempo de elaboración: 20 minutos

Dificultad: baja

Ingredientes:

- 4 yemas de huevo
- 1/2 l de leche
- 40 g de maizena
- 24 g de mantequilla
- 150 g de azúcar
- 30 g de café instantáneo

Preparación:

1. Echar en un bol las yemas, el azúcar, la maizena, un chorrito de leche, y batir todo bien.
2. Poner en un cazo al fuego el resto de la leche con el café instantáneo, cuando hierva, agrega el batido, dejar un minuto más y dejar enfriar.
3. Es una crema muy fina para adornar.

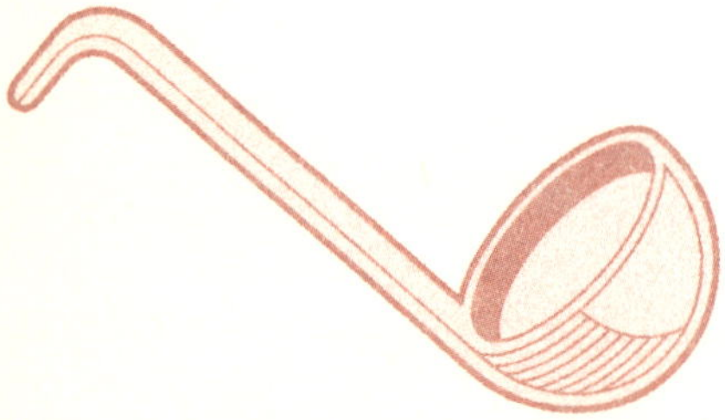

Crema de Santorini

Para 4 personas

Tiempo de elaboración: 25 minutos

Dificultad: baja

Ingredientes:

- 1 l de leche
- 5 huevos
- 200 g de azúcar
- 50 g de maizena
- 75 g de fresas y 1/2 limón

Preparación

1. Poner a hervir la leche con la cáscara de limón, reservando una taza.
2. Echar en un bol las yemas, 125 g de azúcar, la maizena y la taza de leche fría que se ha reservado.
3. Batir bien hasta que quede espumoso y, cuando hierva la leche que está en el fuego, añadir esta mezcla, dejándolo hervir cinco minutos sin dejar de removerlo con la cuchara de madera.
4. Apartar del fuego y verter en una fuente.
5. Batir las claras a punto de nieve con los 75 g de azúcar y echarlo todo en una manga pastelera con boquilla rizada.
6. Adornar con fresas laminadas.

Crema Frangilone a la almendra

Para 4 personas

Tiempo de elaboración: 30 minutos

Dificultad: baja

Ingredientes:

* 100 g de almendras peladas y tostadas
* 1 copa de licor de naranja
* 200 g de azúcar
* 3 huevos
* 1 l de leche
* 160 g de maizena

Preparación:

1. Hervir la leche, reservando una taza.
2. Poner en un bol los huevos, la maizena y la leche restante, y batir bien; cuando ya está la leche hirviendo, incorporar el batido y remover con la cuchara de madera; retirar del fuego cuando espese.
3. Mezclar luego las almendras tostadas y molidas con el licor de naranja, y añadir a la crema todavía caliente; remover enérgicamente y meter en la nevera.

Crema de moka

Para 4 personas

Tiempo de elaboración: 35 minutos

Dificultad: baja

Ingredientes:

* 30 g de café instantáneo
* 250 g de mantequilla
* 200 g de azúcar
* 3 cucharadas de agua

Preparación:

1. En un recipiente pequeño, poner una cucharada de azúcar al fuego y dejar que se dore.
2. Añadir el agua y dejar hasta que rompa a hervir; incorporar en este momento el café y dejarlo hervir de nuevo durante un minuto.
3. Echar en un recipiente la mantequilla y el azúcar, batiéndolo hasta que quede una crema fina, agregar después, sin dejar de batir, el café (antes lo habremos dejado enfriar),

hasta que queden bien ligadas las dos partes.

4. Dejar enfriar en el frigorífico.

Crema italiana

Para 4 personas

Tiempo de elaboración: 20 minutos

Dificultad: baja

Ingredientes:

- 75 g de azúcar
- 12 yemas de huevo
- 1/4 de vino dulce
- 1 pellizco de canela

Preparación:

1. Echar en un cazo las yemas, el vino, el azúcar y la canela.
2. Batir con las varillas hasta que queda muy espumoso, y poner la mezcla a fuego fuerte sin dejar de remover hasta que espese.
3. Servir caliente.

Marquesa de chocolate I

Para 6 personas

Tiempo de elaboración: 35 minutos

Cocción: 10 minutos

Dificultad: alta

Ingredientes:

- 60 g de cobertura de chocolate o chocolate amargo de calidad
- 60 g de cacao amargo
- 100 g de mantequilla
- 20 cl de nata montada

Para el relleno:

- 3 yemas de huevo
- 150 g de azúcar
- 3 cl de agua

Preparación:

1. Derretir el chocolate y la mantequilla al baño María a 40 °C. Añadir el cacao y mezclar con unas varillas. Dejar enfriar y montar la nata.
2. Preparar el relleno: hacer un almíbar con el azúcar y el agua a punto de bola, verterlo sobre las yemas y mezclar con las varillas hasta que se enfríe por completo.
3. Poner los tres componentes en un recipientes y mezclarlos con fuerza.
4. Poner la mousse formada en un molde de tarta sobre un disco de bizcocho.

Mousse de frambuesa

Para 6 personas

Tiempo de elaboración: 40 minutos

Cocción 10 minutos

Dificultad: media

Ingredientes:

- 50 g de bizcochos de soletilla
- 2 discos de bizcocho
- 2 cl de licor de frambuesa

Gelatina de fruta para cubrir el fondo del molde:

- 50 g de jalea de frambuesa
- 50 g de agua
- 1 hoja de gelatina

Para la mousse de frambuesa:

- 1/4 de litro de zumo de frambuesa
- 100 g de azúcar
- 3 hojas y media de gelatina
- 1 cucharada de zumo de limón
- 1/4 l de nata montada

Preparación:

Preparación de la gelatina de fruta

1. Derretir la jalea con el agua en un cacito. Añadir la gelatina previamente remojada en agua fría y escurrida, y mezclar hasta que se disuelva. Verter en el fondo de un molde y meter al frigorífico.

Preparación de la mousse

2. Calentar la mitad del zumo de frambuesa a 65 °C, retirar del fuego e incorporar la gelatina. Añadir el azúcar, el zumo de frambuesa restante y el zumo de limón. Meter al frigorífico hasta que espese. Añadir la nata montada y mezclar suavemente.

Montaje de la mousse

3. Poner una capa de mousse de 1 cm sobre la gelatina de fruta cuajada. Disponer los bizcochos, empapados en almíbar y cortados por la mitad, en todo el contorno. Añadir un disco de bizcocho empapado en el licor de frambuesa. Incorporar la mousse restante y terminar con otro disco de bizcocho o bizcochos empapados en licor (con la parte humedecida hacia dentro). Meter al frigorífico 2 horas como mínimo. Para ganar tiempo, se puede meter al congelador 1 hora. También se puede preparar la víspera.

Mousse de queso blanco

Para 6 personas

Tiempo de elaboración: 20 minutos

Cocción: 10 minutos

Dificultad: media

Ingredientes:

- 300 g de queso blanco con 20% de materia grasa
- 50 g de nata líquida
- 2 hojas de gelatina

Para el merengue italiano:

- 3 claras de huevo
- 125 g de azúcar

Para el coulis de fruta:

- 300 g de fruta de la pasión, fresas o frambuesas

Para decorar:

- Hojas de menta, racimos de grosellas rojas, frambuesas, grosellas negras o fresas, según la temporada

Preparación:

1. Batir el queso junto con la nata.
2. Hacer un merengue italiano e incorporar, en caliente, la gelatina remojada en agua y escurrida.
3. Una vez frío el merengue, mezclarlo con el queso y la nata.
4. Poner la mezcla en un molde de bizcocho con el fondo cubierto con un disco de papel parafinado, para facilitar el desmoldado, o en moldes individuales preparados de la misma manera. Meter al frigorífico durante 3 horas como mínimo.
5. Para desmoldar, pasar la hoja de un cuchillo alrededor de la mousse y poner una fuente o plato encima. Dar la vuelta y sacudir ligeramente.
6. Cortar en porciones y decorar al gusto, rodeando con un poco de coulis de fruta.

Mousse de chocolate II

Para 8 personas

Tiempo de elaboración: 20 minutos

Dificultad: media

Ingredientes:

Para la crema de chocolate:

* 125 g de nata
* 180 g de chocolate amargo

Para el merengue italiano:

* 2 claras de huevo
* 75 g de azúcar

Para el almíbar:

* 30 g de azúcar
* 50 cl de agua
* 2 cl de Cointreau

Para el relleno:

* Plancha de bizcocho o bizcochos de soletilla
* 1/4 l de nata montada

Preparación:

1. Preparar la crema de chocolate, el merengue y montar la nata.
2. Una vez fríos estos componentes, mezclarlos para formar una mousse.
3. Cubrir el fondo de un molde de bizcocho con papel parafinado.
4. Poner una capa de mousse de chocolate de 2 cm en el molde y cubrir con un disco de bizcocho o una capa de bizcochos de soletilla de 1 cm y de un diámetro 1/2 cm menor que el del molde. Emborrachar el bizcocho con el almíbar aromatizado con Cointreau. Añadir la mousse restante, cubriendo completamente el fondo de bizcocho. Terminar con otro disco de bizcocho del tamaño del molde empapado con almíbar por el lado que irá en contacto con la mousse. Apretar ligeramente para que se adhiera y meter al frigorífico durante 3 horas como mínimo.
5. Para desmoldar, pasar la hoja de una puntilla alrededor de la mousse y poner una fuente redonda encima. Dar la vuelta al conjunto y sacudir para que caiga el pastel (también se puede desmoldar sobre un cartón de pastelería).
6. Retirar el papel parafinado y alisar la superficie, si fuera necesario, con una espátula metálica.
7. Espolvorear con cacao amargo.
8. Se puede acompañar con crema inglesa aromatizada con menta, servida en salsera aparte.
9. **Opcional**: si el tiempo de enfriamiento es

lo suficientemente corto, se puede añadir una hoja de gelatina a la crema de chocolate caliente o al merengue italiano caliente.

Mousse de chocolate blanco

Para 8 personas

Tiempo de elaboración: 15 minutos

Cocción: 5 minutos

Dificultad: media

Ingredientes:

* 320 g de chocolate blanco
* 5 dl de nata montada (no muy dura)

Preparación:

1. Derretir el chocolate al baño María a 40 ºC.
2. Retirar del baño María, añadir 1/5 de la nata y batir con fuerza. Poner nuevamente al baño María durante unos segundos para que la mezcla quede lisa y añadir otra quinta parte de la nata. Batir con fuerza, alisar la superficie y poner de nuevo al baño María, si fuera necesario.
3. Añadir la nata restante y mezclar suavemente.
4. Meter al frigorífico. Servir en un cuenco amplio o en copas individuales.

Mousse de fruta I

Para 6 personas

Tiempo de elaboración: 20 minutos

Dificultad: baja

Ingredientes:

* 2,5 dl de puré de fruta (toda clase de fruta)
* 100 g de azúcar
* 1 hoja de gelatina
* 2,5 dl de nata montada

Preparación:

1. Calentar la mitad del puré de fruta hasta que esté templado. añadir la gelatina remojada en agua fría y escurrida, y mezclar hasta que se disuelva. Agregar el azúcar y dejar enfriar.
2. Mezclar con la nata montada y poner en copas o en un cuenco amplio.

Mousse de fruta II

Para 6 personas

Tiempo de elaboración: 20 minutos

Dificultad: baja

Ingredientes:

Para la crema chantilly:

* 3 dl de nata
* 40 g de azúcar
* Vainilla

|* Macedonia de frutas frescas o 1 lata y media de macedonia de frutas en almíbar

Preparación:

1. Poner en moldes individuales alternando capas de chantilly y de fruta escurrida. Decorar con manga pastelera con boquilla grande rizada.
2. Decorar al gusto, según la temporada.

Mousse de albaricoque

Para 8 personas

Tiempo de elaboración: 30 minutos

Cocción: 10 minutos

Dificultad: alta

Ingredientes:

|* 1 plancha de bizcocho

Para la mousse:

|* 200 g de albaricoques en almíbar (con su almíbar)

|* 3 hojas de gelatina

|* 2 dl de nata

Para el merengue italiano:

|* 2 claras de huevo

|* 100 g de azúcar

Para el almíbar:

1 dl de almíbar espeso

2 cl de kirsch

Preparación:

1. Triturar los albaricoques junto con su almíbar y pasar por el chino para retener las fibras. Calentar la mitad del puré obtenido a 65 °C, añadir la gelatina remojada en agua fría y escurrida y mezclar hasta que se disuelva. Agregar el puré restante y dejar enfriar. Incorporar la nata montada y el merengue italiano. Moldear como la mayoría de las mousses, con discos de bizcocho y rodeando con bizcocho de almendras emborrachado con el almíbar. Meter al frigorífico hasta que cuaje.
2. Decorar con láminas finas de albaricoque o poner éstas al principio en un fondo de gelatina de albaricoque. En este caso, cubrir el fondo del molde con papel parafinado para facilitar el desmoldado.

Mousse de plátano

Para 6 personas

Tiempo de elaboración: 15 minutos

Dificultad: alta

Ingredientes:

- 400 g de plátanos
- El zumo de 1 limón
- 60 g de azúcar
- 2,5 dl de nata montada

Preparación:

1. Triturar los plátanos con el zumo de limón y el azúcar. Añadir la nata montada y mezclar.
2. Servir en moldes individuales o en copas.
3. Se puede decorar, en el último momento, con rodajas de plátano y con frutas rojas. Abrillantar con almíbar hirviendo.

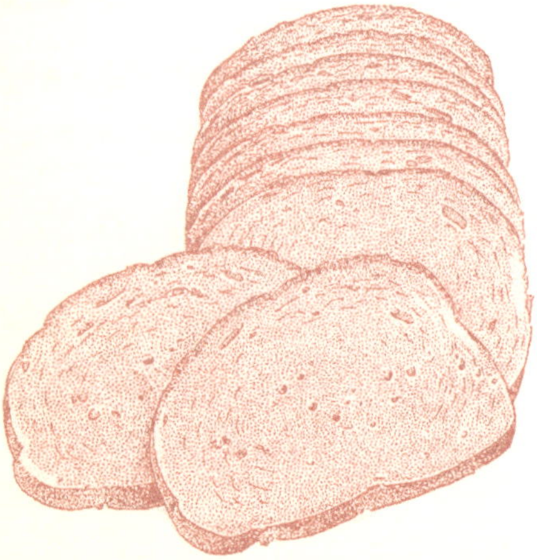

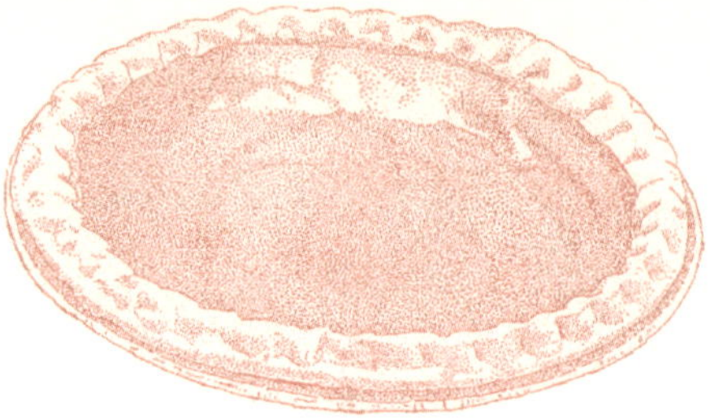

Mousse de limón y fresa o de grosella negra y mandarina

Para 6 personas

Tiempo de elaboración: 20 minutos

Cocción: 10 minutos

Dificultad: media

Ingredientes:

Para el bavarois:

- 2,5 dl de leche
- 4 yemas de huevo
- 75 g de azúcar
- 3 hojas de gelatina (6 g)
- 250 g de nata montada
- Aromatizante al gusto (limón, fresa, etc.)

Preparación:

1. La preparación de esta mousse es idéntica a la del bavarois (pág. 63). Dividir la crema en dos partes y aromatizar cada una al gusto.

2. Puede servirse en copas o en moldes individuales. Asimismo, se puede presentar en forma de pastel (véase la mousse de albaricoque).

Mousse de naranja

Para 8 personas

Tiempo de elaboración: 30 minutos

Dificultad: alta

Ingredientes:

- 2 discos de plancha de bizcocho o de bizcocho de chocolate

Para el bavarois:

- 12,5 cl de leche
- 2 yemas de huevo
- 100 g de azúcar
- 4 hojas de gelatina (8 g)
- 3 dl de nata
- 165 g de zumo de naranja

Para el glaseado:

- 50 g de mermelada de albaricoque
- 50 cl de agua
- 1 hoja de gelatina (2 g)
- Para el almíbar:
- 1 dl de almíbar espeso
- 8 cl de zumo de naranja
- 1 cl de Cointreau

Preparación:

1. Proceder de la misma manera que para hacer la mousse de limón (pág. 183), sustituyendo el zumo de limón por el de naranja.
2. Se puede decorar con gajos de naranja y piel de naranja confitada cortada en juliana.

Mousse de manzana

Para 6 personas

Tiempo de elaboración: 20 minutos

Cocción: 15 minutos

Dificultad: media

Ingredientes:

- 600 g de manzanas
- El zumo de medio limón
- 100 g de azúcar
- 2 cl de agua
- Calvados
- 2,5 dl de nata montada

Preparación:

1. Cortar las manzanas en daditos y cocerlas, tapadas, con el azúcar y el zumo de limón.
2. Hacer una compota y añadir, en caliente, la gelatina remojada en agua fría. Dejar enfriar, añadir el calvados y la nata montada. Poner en cuencos individuales. Meter al frigorífico.

3. Decorar con cuartos de manzana salteados en mantequilla y caramelizados.
4. Esta mousse también se puede hacer con peras.

Mousse de melocotón

Para 8 personas

Tiempo de elaboración: 20 minutos

Cocción: 10 minutos

Dificultad: media

Ingredientes:

|* 1 bizcocho o bizcochos de soletilla

|* 250 g de melocotón en almíbar

|* 2 yemas de huevo

|* 60 g de azúcar más 20 g de maizena

|* 2 hojas y media de gelatina (5 g)

|* 2,5 dl de nata montada

Para el almíbar:

|* 1,5 dl de almíbar espeso

|* 1 cl de kirsch

Preparación:

1. Cortar los melocotones en dados pequeños y ponerlos a calentar junto con el almíbar de la lata. Mezclar las yemas con el azúcar y la maizena, y añadir los melocotones calientes. Continuar como para hacer una crema pastelera.
2. Una vez hecha la crema, incorporar la gelatina remojada en agua fría y escurrida, y dejar enfriar. Agregar la nata montada y mezclar.
3. Poner en un molde igual que las otras mousses, con discos de bizcocho emborrachado en almíbar. Meter al frigorífico durante 2 horas hasta que cuaje.
4. Desmoldar y decorar con láminas de fruta.
5. Esta mousse también se puede hacer con peras y servirse con un coulis de fruta.

Crema al caramelo

Para 6 personas

Tiempo de elaboración: 20 minutos

Cocción: 40 minutos

Dificultad: media

Ingredientes:

Para el caramelo:

|* 100 g de azúcar

|* 2,5 cl más 2,5 cl de agua

Para la crema:

|* 1/2 litro de leche

|* 3 huevos

|* 100 g de azúcar

|* 1/2 vaina de vainilla o 1 cucharadita de extracto de vainilla

Preparación:

Preparación del caramelo

1. En un cazo pequeño, calentar a fuego medio el azúcar y 2,5 cl de agua. Mezclar con una espátula hasta que rompa a hervir y cocer hasta conseguir un caramelo. Si fuera necesario, utilizar un pedacito de papel para controlar el color. Interrumpir la cocción añadiendo 2,5 cl de agua. Debe tomarse la precaución de hacer esta operación sobre el fregadero y, si fuera necesario, introducir el cazo en agua fría para interrumpir la cocción del caramelo. Mezclar con una espátula de madera, poniendo al fuego para facilitar la mezcla. Caramelizar los moldes.

Preparación de la crema

2. Poner la leche a hervir junto con la vainilla (si se utiliza la vaina, cortarla por la mitad en sentido longitudinal antes de añadirla a la leche).

3. Poner los huevos en un cuenco amplio con el azúcar y mezclarlos con un batidor de varillas para romperlos. Añadir la leche hirviendo poco a poco, mientras se remueve con al batidor. Pasar por el chino y quitar la espuma con una espumadera.

4. Llenar unos moldes caramelizados que se habrán colocado en una fuente honda que permita la cocción al baño María (el agua debe llegar a media altura de los moldes). Poner al fuego. Cubrir los moldes con una placa, sin que quede cerrado herméticamente. El agua no debe hervir en ningún momento.

5. Seguir cociendo en el horno. Para verificar el punto de cocción, remover la crema suavemente (se notará que la crema está en su punto) o pasar la punta de una puntilla por las paredes del molde (si la crema ha cuajado, el caramelo subirá a la superficie).

6. Poner a enfriar, sustituyendo el agua caliente del baño María por agua fría.

Flan al caramelo

Para 6 personas

Tiempo de elaboración: 20 minutos

Cocción: 30 a 50 minutos

Dificultad: media

Ingredientes:

Para el caramelo:

|* 100 g de azúcar

|* 2,5 cl más 2,5 cl de agua

Para el flan:

|* 6 dl de leche

|* 4 huevos

|* 100 g de azúcar

|* 1 cucharadita de extracto de vainilla

Preparación:

1. Preparar el caramelo de la misma manera que en la preparación anterior. Caramelizar unos moldes individuales y dejar enfriar ligeramente.
2. Para preparar el flan, poner la leche a calentar a fuego medio con la vainilla en un cazo humedecido para evitar que la caseína de la leche se agarre al cazo. Batir la leche una o dos veces mientras se calienta.
3. Batir ligeramente los huevos con el azúcar sin que formen espuma. En cuanto la leche rompa a hervir, añadir un tercio a los huevos para calentarlos y seguidamente la leche restante, poco a poco. Pasar por el chino o por un colador fino para eliminar las galladuras y las impurezas.
4. Llenar los moldes y ponerlos en una placa o molde hondo con el fondo cubierto con papel parafinado, para evitar que el agua hierva durante la cocción y entre en los moldes. Añadir agua caliente hasta media altura de los moldes y meter al horno, cubriendo los moldes ligeramente (no herméticamente) con una placa o una tapa. El agua no debe hervir en ningún momento. Verificar la cocción de los flanes pasando la hoja de un cuchillo por las paredes de los moldes.
5. Meter al frigorífico durante 2 horas como mínimo. Se puede acelerar el proceso de enfriamiento poniendo los moldes en un baño María de agua con cubitos de hielo. Para desmoldar, pasar suavemente la hoja de cuchillo por las paredes de los moldes, darles la vuelta sobre un plato y sacudir ligeramente. Los flanes se desprenderán en cuanto se produzca la entrada de aire en los moldes.
6. Este poste puede hacerse de víspera y decorarse con chantilly.

Flan de extracto de café

Para 6 personas

Tiempo de elaboración: 20 minutos

Cocción: 30 minutos

Dificultad: media

Ingredientes:

Para el caramelo:

|* 100 g de azúcar

|* 2,5 cl más 2,5 cl de agua

Para el flan:

|* 6 dl de leche, 4 huevos

|* 100 g de azúcar

|* 1 cucharadita de café soluble

Preparación:

1. La preparación es la misma que la del flan al caramelo, con la excepción de que la crema se aromatiza con café.

Crema vienesa

Para 6 personas

Tiempo de elaboración: 20 minutos

Cocción: 30 minutos

Dificultad: baja

Ingredientes:

Para el caramelo:

|* 150 g de azúcar

|* 3,7 cl más 3,7 cl de agua

Para el flan:

|* 6 dl de leche

|* 4 huevos

|* 50 g de azúcar

Preparación:

1. Hacer el caramelo de la misma manera que para hacer el flan al caramelo.
2. Caramelizar unos moldes individuales con la mitad del caramelo. Calentar la leche con el caramelo restante en el mismo cazo y llevar a ebullición hasta que el caramelo se disuelva. Dejar enfriar durante unos minutos para no calentar los huevos en exceso (la preparación de leche y azúcar tiene una temperatura más elevada). Terminar de hacer igual que el flan al caramelo.

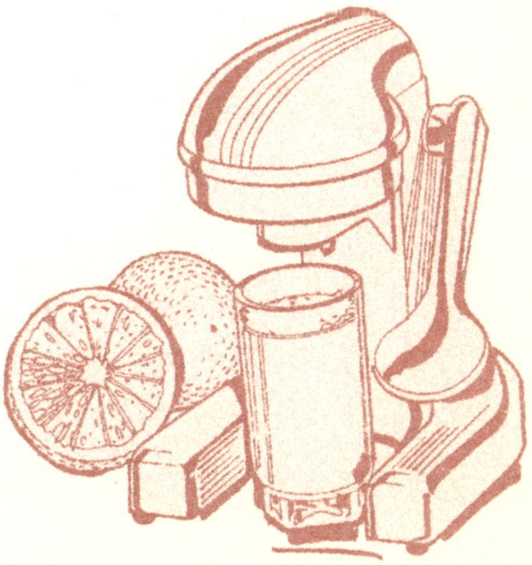

Crema Beau-Rivage

Para 6 personas

Tiempo de elaboración: 55 minutos

Cocción: 25 minutos a 180 °C

Dificultad: media

Ingredientes:

Para el caramelo:

|* 150 g de azúcar

|* 3,7 cl + 3,7 cl de agua

Para el flan:

|* 6 dl de leche

|* 4 huevos

|* 50 g de azúcar

Preparación:

1. Ésta es una crema vienesa (ver receta anterior) que se cuece en un molde de corona caramelizado, untado con mantequilla y espolvoreado con azúcar.
2. Una vez fría y desmoldada la crema, decorar el centro con crema chantilly.

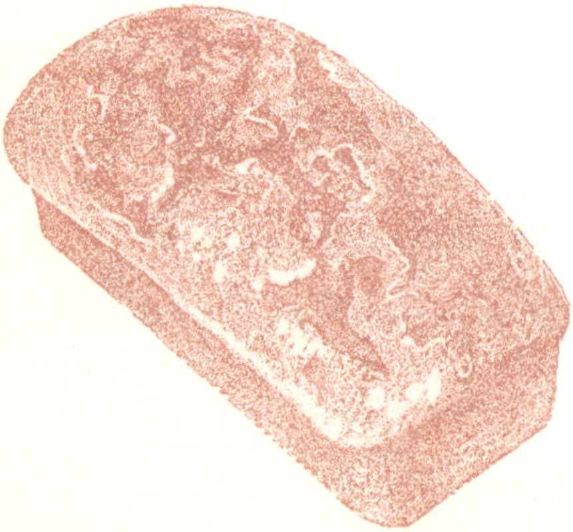

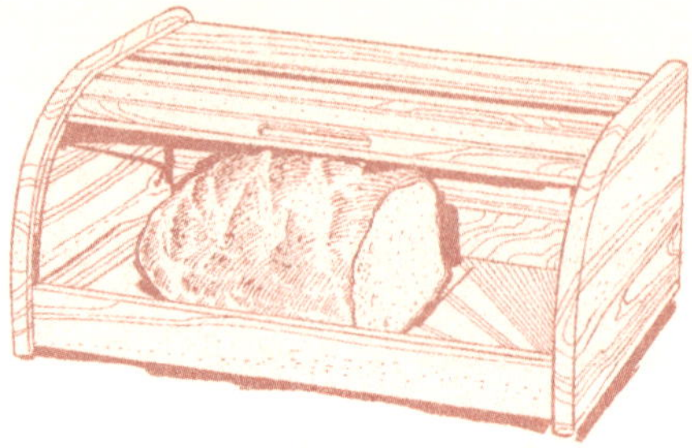

Flanes variados

Para 6 personas

Tiempo de elaboración: 10 minutos

Cocción: 30 minutos a 170 °C

Dificultad: media

Ingredientes:

|* 6 dl de leche

|* 1 huevo más 3 yemas

|* 100 g de azúcar

|* Extracto de vainilla, de café o cacao amargo

Preparación:

1. La preparación es la misma que la del flan, aromatizando la crema con vainilla, café o cacao.
2. No se pone caramelo en el fondo de los moldes porque no se desmoldan. Asimismo, la crema queda algo menos sólida.
3. Servir los flanes en los mismos moldes, decorados, si se desea, con crema chantilly.

Crema Bastilla

Para 6 personas

Tiempo de elaboración: 20 minutos

Cocción: 25 minutos a 170 °C

Dificultad: media

Ingredientes:

Para el caramelo:

|* 100 g de azúcar

|* 2,5 cl más 2,5 cl de agua

Para el flan:

|* 6 dl de leche

|* 4 huevos

|* 100 g de azúcar

|* 1 cucharadita de extracto de vainilla

Para el relleno:

|* 200 g de crema chantilly

|* 200 g de fresas

Preparación:

1. Caramelizar el fondo de un molde de corona, untar las paredes con mantequilla y espolvorearlas con azúcar.
2. Mezclar todos los ingredientes del flan como en el flan sencillo, llenar el molde y cocer al baño María. Una vez frío y desmoldado el flan, llenar el centro con chantilly. Decorar el contorno con las fresas.

Leche frita (Buñuelos de Divonne)

Para 8 personas

Tiempo de elaboración: 20 minutos

Dificultad: media

Ingredientes:

Para la crema pastelera:

|* 3 dl de leche

|* 3 huevos

|* 125 g de azúcar

|* 80 g de crema de arroz

|* Pasta de freír (pág. 55)

Para el acabado:

|* 20 g de azúcar glas

Preparación:

1. Preparar la crema pastelera y extenderla sobre una placa o fuente untada con mantequilla y espolvoreada con harina, debiendo tener 2 cm de grosor. Dejar enfriar.
2. Cortar la crema en cuadrados de 5 x 5 cm, sumergirlos en la pasta de freír y freírlos en abundante aceite caliente a 180 °C hasta que estén dorados por ambos lados. Escurrir, espolvorear con azúcar glas y meter al horno con el grill encendido hasta que se caramelicen.
3. Servir templado.

Leche frita I

Para 8 personas

Tiempo de elaboración: 30 minutos

Dificultad: media

Ingredientes:

Para la crema pastelera:

|* 1/2 litro de leche

|* 2 huevos y 6 yemas

|* 60 g de azúcar

|* 125 g de harina

|* 25 g de mantequilla

Preparación:

1. La preparación es la misma que la de la receta anterior, con la diferencia de que una vez fría la crema, se pasa por huevo batido con 1 cl de aceite y 2 cl de agua, y por pan rallado.
2. Freír inmediatamente.

Isla flotante I

Para 6 personas

Tiempo de elaboración: 1 hora

Cocción: 30 minutos

Dificultad: media

Ingredientes:

Para la saboyana:

|* 3 yemas de huevo

|* 90 g de azúcar

|* 45 g de fécula

|* 45 g de harina

|* 3 claras de huevo, montadas a punto de nieve

|* 100 g de mermelada de albaricoque

|* 30 g de almendras en láminas tostadas

|* 50 g de pasas

|* 10 g de pistachos

|* 100 g de crema chantilly

|* 100 g de almíbar espeso aromatizado con 3 cl de kirsch

Para la crema inglesa:

|* 1/4 de litro de leche

|* 2 yemas de huevo

|* 60 g de azúcar

|* 1/2 vaina de vainilla

Preparación:

1. Hacer el bizcocho.
2. Una vez frío el bizcocho, cortarlo en sentido horizontal en 3 discos.

Manera de montar el pastel

3. Emborrachar uno de los discos con almíbar aromatizado y cubrirlo con la mitad de la mermelada, 1/3 de las almendras y de las pasas. Cubrir con otro disco emborrachado y extender la mermelada restante, 1/3 de

las almendras y de las pasas. Cubrir con el tercer disco, emborrachado por la parte interior.

4. Cubrir todo el pastel con abundante chantilly.
5. Se puede decorar con praliné troceado y virutas de chocolate, sin que quede excesivamente recargado.
6. Poner en una fuente honda y rodear la base con crema inglesa o coulis de frutas rojas.

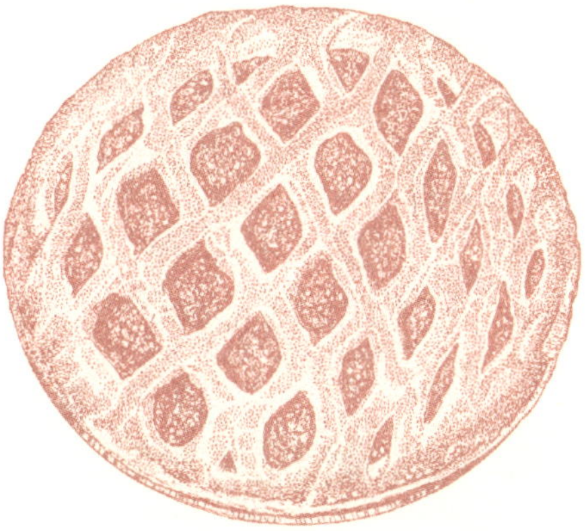

Isla flotante II

Para 6 personas

Tiempo de elaboración: 20 minutos

Cocción: 20 minutos a 180 °C

Dificultad: media

Ingredientes:

|* 4 claras de huevo

|* 250 g de azúcar

|* La ralladura y el zumo de 1/2 limón

|* 130 g de praliné picado

Preparación:

1. Montar las claras a punto de nieve con la mitad del azúcar y unas gotas de zumo de limón.
2. Añadir el azúcar restante, el praliné picado y la ralladura de limón, y seguir batiendo hasta que estén firmes. Poner la mezcla en un molde untado con mantequilla y espolvoreado con azúcar y meter al horno, cubriendo la superficie del merengue si fuera necesario.
3. Desmoldar sobre una fuente honda y rodear la base con crema inglesa muy fría o con coulis de fruta.

Huevos nevados

Para 8 personas

Tiempo de elaboración: 20 minutos

Cocción: 1 minuto.

Dificultad: media

Ingredientes:

Para el merengue:

|* 5 claras de huevo

|* 150 g de azúcar

|* La ralladura de 1/4 de limón

Para la crema inglesa:

- *1/2 litro de leche*
- *5 yemas de huevo*
- *125 g de azúcar*
- *1/2 vaina de vainilla*

Preparación:

1. *Preparar la crema inglesa con la suficiente antelación para que esté muy fría. Montar las claras a punto de nieve con la mitad del azúcar. Añadir el azúcar restante y un poco de ralladura de limón, y seguir batiendo durante unos minutos hasta que estén firmes.*
2. *Formar merengues ovalados con una cuchara sopera y escalfarlos en agua muy caliente, sin que llegue a hervir, con un poco de zumo de limón, durante 15 a 20 segundos. Dar la vuelta con una espumadera pequeña y escalfar durante otros 15 a 20 segundos. Escurrir sobre un paño.*
3. *Los merengues se pueden cubrir con un hilo de caramelo, almendras tostadas, pistachos picados o praliné troceado.*
4. *Poner la crema inglesa muy fría en un cuenco amplio o en cuencos individuales y disponer los merengues escalfados encima.*
5. *También se pueden servir con coulis de frutas rojas.*

Clafouti de cerezas

Para 8 personas

Tiempo de elaboración: 20 minutos

Cocción: 30 minutos a 200 ºC

Dificultad: media

Ingredientes:

- *300 g de masa quebrada (pág. 47)*
- *Para el relleno:*
- *1 lata de cerezas en almíbar o 500 g de cerezas frescas*

Para la crema pastelera:

- *4 dl de leche*
- *2 yemas de huevo*
- *100 g de azúcar*
- *50 g de harina*

Preparación:

1. *Forrar un aro o molde de tarta con la masa quebrada, pinchar el fondo con un tenedor y cubrir con 1/3 de la crema pastelera y las cerezas escurridas. Incorporar la crema restante y meter al horno.*
2. *Si se utilizan cerezas frescas, lavarlas, escurrirlas y quitarles el rabito, sin deshuesarlas. El tiempo de cocción será un poco más largo.*

Clafouti de otoño

Para 6 personas

Tiempo de elaboración: 20 minutos

Cocción: 30 minutos a 200 ºC

Dificultad: baja

Ingredientes:

Para la crema pastelera:

* 7,5 dl de leche
* 6 yemas de huevo
* 180 g de azúcar
* 80 g de harina

Para el relleno:

* 400 g de manzanas
* 100 g de pasas
* 100 g de cerezas en almíbar
* 4 rodajas de piña
* 2 plátanos medianos
* 50 g de mantequilla

Preparación:

1. Preparar la crema pastelera y poner una capa fina en una fuente de horno (o en cazuelitas individuales) untada con mantequilla y espolvoreada con harina.
2. Cubrir con la fruta, preparada de la siguiente manera: las manzanas, cortadas en láminas finas y dispuestas en abanico; las pasas; las cerezas, deshuesadas; la piña, troceada; y los plátanos cortados en rodajas. Cubrir con la crema restante y rociar con la mantequilla derretida.
3. Meter al horno. Servir templado en la misma fuente.

Clafouti de peras

Para 8 personas

Tiempo de elaboración: 20 minutos

Cocción: 15 minutos a 200 ºC

Dificultad: baja

Ingredientes:

Para la crema pastelera:

* 1/2 litro de leche
* 4 yemas de huevo
* 100 g de azúcar
* 1/2 vaina de vainilla
* 1 kg de peras escalfadas
* 30 g de recortes de bizcocho
* 10 g de almendras en láminas
* 10 g de azúcar glas
* 20 g de mantequilla derretida

Preparación:

1. Preparar la crema pastelera.
2. Untar una fuente de horno con mantequilla y cubrir con 1/3 de la crema pastelera. Añadir los trozos de bizcocho y las

peras cortadas por la mitad, y cubrir con la crema restante con ayuda de una cuchara.

3. Espolvorear con azúcar glas, clavar las almendras en las peras y rociar con la mantequilla derretida.
4. Meter al horno hasta que esté ligeramente dorado.
5. Servir templado en la misma fuente.

Charlota caliente de manzana

Para 6 personas

Tiempo de elaboración: 1 hora

Dificultad: media

Ingredientes:

Para forrar el molde:

* 500 g de pan de molde
* 80 g de mantequilla

Para el relleno:

* 1 kg de manzanas Golden
* 20 g de mantequilla
* 50 g de azúcar
* 60 g de miga de pan
* 1 g de canela en polvo

Para el acabado:

* 50 g de almíbar claro

Preparación:

Preparación y cocción de las manzanas

1. Pelar las manzanas, cortarlas por la mitad, quitarles el corazón y cortarlas en láminas de 2 mm de grosor. Ponerlas en una fuente de horno con la mantequilla y meter al horno a 200 °C, removiendo de vez en cuando.

Manera de forrar el molde

2. Quitar los bordes al pan de molde y cortarlo en rebanadas de 7 mm de grosor. Cortar 6 triángulos para cubrir el fondo del molde de charlota y cortar las rebanadas restantes por la mitad ligeramente al bies, recortándolas para que tengan la misma altura que el molde. Reservar el pan sobrante, que se rallará o se pasará por el pasapurés con rejilla gruesa.
3. Sumergir uno de los lados de los triángulos de pan en la mantequilla derretida y ponerlos en el fondo del molde. Seguidamente proceder de la misma manera con las rebanadas restantes y ponerlas en las paredes del molde, debiendo montar unas sobre otras, con la parte de la mantequilla contra las paredes de éste.
4. Una vez cocidas las manzanas, añadir la

miga de pan rallada, la canela y el azúcar. Mezclar y rellenar el molde.

5. Poner una rebanada de pan (o «tapa») sobre las manzanas para protegerlas durante la cocción e igualar los bordes del molde con unas tijeras o un cuchillo, sin desordenarlo. Meter al horno hasta que el pan se dore.
6. Desmoldar de la manera acostumbrada y dejar el molde sobre la charlota durante 10 minutos, para que se asiente y no se deforme. Retirar el molde y abrillantar la superficie de la charlota con el almíbar hirviendo. Acompañar con salsa de albaricoque.

Charlota de pera

Para 6 personas

Preparación: 1 hora

Cocción: 10 minutos

Dificultad: media

Ingredientes:

* 40 bizcochos de soletilla

Para el bavarois:

* 2,4 dl de leche
* 3 yemas de huevo
* 75 g de azúcar
* 4 hojas de gelatina
* 2,5 dl de nata montada
* 2 cl de kirsch

Para el relleno:

* 1 lata de peras en almíbar

Para el almíbar:

* 1,5 dl de zumo de pera
* 1 cl de kirsch

Para decorar:

* 50 g de almíbar claro
* 4 cerezas confitadas
* 10 pedazos de angélica confitada

Preparación:

1. Preparar el bavarois (pág. 63).
2. Empapar los bizcochos de soletilla en el almíbar.
3. Cubrir el fondo del molde con papel parafinado y poner una capa fina de bavarois. Poner los bizcochos en el contorno del molde.
4. Cubrir el bavarois con unos dados de pera y añadir más bavarois. Seguir con una capa de bizcochos, otra de bavarois, otra de peras, más bavarois y terminar con una capa de bizcochos. Meter al frigorífico durante 2 horas hasta que cuaje.
5. Una vez fría la charlota, desmoldarla, retirar el papel, cubrir con láminas de pera y abrillantar con el almíbar. Decorar con la fruta confitada.

Charlota real

Para 6 personas

Preparación: 1 hora

Cocción: 12 minutos

Dificultad: alta

Ingredientes:

- 1 plancha de bizcocho
- 100 g de jalea de grosella

Para el bavarois:

- 2,5 dl de leche
- 3 yemas de huevo
- 75 g de azúcar
- 4 hojas de gelatina
- 2,5 dl de nata montada
- 2 cl de kirsch

Para decorar:

- 50 g de almíbar claro
- 4 cerezas confitadas
- 10 g de angélica confitada

Preparación:

1. Preparar el bavarois (pág. 63).
2. Una vez cocido el bizcocho, retirarlo inmediatamente de la placa y cubrirlo rápidamente con la jalea de grosella. Formar 2 rollos pequeños y cortarlos en rodajas de 0,5 cm de grosor.
3. Poner un disco de papel parafinado en el fondo de un molde de charlota y cubrirlo con rodajas de bizcocho, así como las paredes del molde.
4. Llenar con el bavarois y poner las rodajas de bizcocho encima; éstas se convertirán en el fondo de la charlota una vez desmoldada. Meter al frigorífico durante 2 horas como mínimo.
5. Desmoldar, abrillantar con el almíbar y decorar.

Charlota de castañas

Para 6 personas

Preparación: 1 hora

Cocción: 12 minutos

Dificultad: alta

Ingredientes:

- 1 plancha de bizcocho
- 100 g de crema de castañas

Para el bavarois de castañas:

- 1,5 dl de leche
- 2 yemas de huevo
- 30 g de azúcar

|* 4 hojas de gelatina

|* 200 g de crema de castañas

|* 2,5 dl de nata montada

Para decorar:

|* Marrons glacés troceados

|* 5 cl de chantilly

Preparación:

1. Extender la crema de castañas sobre la plancha de bizcocho y formar dos rollos pequeños.
2. Preparar la bavarois (pág. 63).
3. Añadir la gelatina remojada en agua fría y escurrida y dejar enfriar casi por completo. Incorporar la crema de castañas y la nata montada.
4. Poner en el molde de la misma manera que la charlota real (ver receta anterior).
5. Meter al frigorífico. Desmoldar y decorar con chantilly y marrons glacés troceados.

Bavarois Diplomate

Para 8 personas

Preparación: 40 minutos

Cocción: 10 minutos

Dificultad: media

Ingredientes:

Par la crema de bavarois:

|* 3 dl de leche

|* 3 yemas de huevo

|* 90 g de azúcar

|* 4 hojas de gelatina (8 g)

|* 3 dl de nata montada

|* 2 cl de kirsch

Para el relleno:

|* 100 g de bizcocho

|* 250 g de macedonia de fruta fresca

|* 5 cl de almíbar espeso

|* 1 cl de kirsch

Preparación:

1. Preparar la crema de bavarois (pág. 63). Cubrir el fondo de un molde de 22 cm de diámetro con papel parafinado y poner una capa de bavarois. Seguidamente poner una capa de bizcocho emborrachado con el almíbar y cortado en dados y una capa de fruta troceada. Seguir con una capa de bavarois, una de bizcocho y una de fruta. Terminar

con una capa de bavarois. Meter al frigorífico durante 2 horas.

2. Desmoldar en una fuente. Se puede decorar con chantilly y fruta, y rodear la base con coulis de fruta.

Puding Diplomate

Para 6 personas

Preparación: 30 minutos

Cocción: 1 h a 170 °C

Dificultad: media

Ingredientes:

Para el flan:

- 1/2 litro de leche
- 3 huevos
- 100 g de azúcar
- 1/2 vaina de vainilla

Para el relleno:

- 100 g de bizcocho o brioche
- 40 g de fruta confitada, picada y macerada en 1 cl de kirsch

Para decorar:

- Fruta fresca o escalfada
- Sabayón
- Crema inglesa o coulis de fruta

Preparación:

1. Preparar la mezcla de flan (pág. 180).

2. Cubrir el fondo de un molde de charlota con papel parafinado, poner una capa de fruta confitada y un tercio del bizcocho, y seguidamente 1/3 del flan. Poner al fuego al baño María hasta que esté cuajado.

3. Seguidamente añadir otra capa de fruta, bizcocho y flan, y proceder de la misma manera. Poner una última capa y meter al horno, cubriendo la superficie con papel de aluminio, hasta que el puding esté cuajado. Poner a enfriar en un baño María de agua fría.

4. Una vez frío el puding, desmoldar pasando la hoja de un cuchillo por las paredes del molde y proceder de la misma manera que con el flan.

5. Decorar con fruta fresca o escalfada y rodear la base con sabayón, crema inglesa o coulis de fruta.

Marquesa de chocolate II

Para 6 personas

Preparación: 10 minutos

Cocción: 20 min a 180 ºC

Dificultad: baja

Ingredientes:

|* 250 g de azúcar

|* 250 g de mantequilla

|* 250 g de chocolate

|* 4 huevos, separadas las claras de las yemas

|* 90 g de fécula

|* Crema inglesa (pag. 61)

Preparación:

1. Poner el chocolate, la mantequilla, el azúcar y las yemas al baño María y trabajar hasta que el chocolate se derrita. Retirar del baño María y añadir la fécula y las claras montadas a punto de nieve.
2. Poner la mezcla en un molde de charlota untado con mantequilla y espolvoreado con harina y meter al horno al baño María a temperatura media.
3. Dejar enfriar, desmoldar y rodear con crema inglesa.

Flan de fruta

Para 6 personas

Preparación: 15 minutos

Dificultad: baja

Ingredientes:

Para el flan:

|* 1/2 de leche

|* 3 huevos

|* 100 g de azúcar

|* 1/2 vaina de vainilla

Para el relleno:

|* 1 lata de peras en almíbar de 1/4 kg

|* 1 lata de melocotón o albaricoques en almíbar de 1/4 kg

|* 1 lata de cerezas en almíbar de 1/4 kg

|* 1/2 plátano

Preparación:

1. Escurrir la fruta. Untar una fuente de horno con mantequilla y disponer las peras, el melocotón y el plátano cortados en láminas y las cerezas, debiendo formar una capa de 3 cm de grosor aproximadamente. Cubrir con la mezcla de flan preparada de la misma manera que el flan al caramelo (pág. 212) y cocer al baño María hasta que la crema esté cuajada.
2. Servir en la misma fuente.

Pudín de pan y mantequilla

Para 6 personas

Preparación: 15 minutos

Cocción: 40 min a 180 °C

Dificultad: baja

Ingredientes:

Para el flan:

|* 1/2 litro de leche

|* 3 huevos

|* 100 g de azúcar

|* 1/2 vaina de vainilla

Para el relleno:

|* 50 g de mantequilla

|* 50 g de pasas remojadas en té

|* 6 rebanadas de pan de molde

Preparación:

1. Preparar la mezcla de flan (pág. 180).
2. Untar una fuente de horno, preferentemente rectangular, con mantequilla y cubrir con la mitad de las pasas. Quitar los bordes a las rebanadas de pan y cortarlas por la mitad. Sumergir uno de los lados de las rebanadas en la mantequilla derretida y disponerlas en la fuente, haciendo que monten unas sobre otras y con la parte de la mantequilla hacia arriba.
3. Con ayuda de un cacillo, verter la mezcla de flan sobre las rebanadas de pan, lo que hará que éstas suban a la superficie. Añadir las pasas restantes y meter al horno al baño María a temperatura media hasta que la crema esté cuajada y el pan ligeramente dorado. Si fuera necesario, cubrir la superficie del pudín con papel de aluminio.
4. Servir frío en la misma fuente.

Pudín de sémola al caramelo

Para 8 personas

Preparación: 30 minutos

Cocción: 40 min a 180 °C

Dificultad: media

Ingredientes:

Para la caramelo:

|* 100 g de azúcar

|* 2,5 cl + 2,5 cl de agua

Para la salsa de caramelo:

|* 100 g de azúcar

|* 2,5 cl + 10 cl de agua

Para la base:

|* 1 litro de leche

|* 80 g de sémola

|* 100 g de azúcar

|* Vainilla (1/2 vaina o 1 cucharadita de extracto)

Para la ligazón:

|* 3 huevos

Para el relleno:

|* 50 g de pasas

Preparación:

1. Preparar un caramelo.
2. Caramelizar unos moldes individuales, un molde de charlota o un molde de cake, y dejar enfriar.
3. Para preparar la salsa de caramelo, proceder como para hacer el caramelo; la salsa quedará más líquida. Reservar.
4. Cocer la sémola igual que para el pastel de sémola con pasas (pág. 234).
5. Calentar los huevos en un cuenco amplio con un poco de sémola caliente y seguidamente añadir la sémola restante, poco a poco. Añadir las pasas y mezclar. Poner en los moldes caramelizados y cocer al baño María de la misma manera que el flan.
6. Dejar enfriar y desmoldar. Rodear la base del pudín con la salsa de caramelo.

Pudín suflé

Para 6 personas

Preparación: 20 minutos

Cocción: 20 min a 180 °C

Dificultad: media

Ingredientes:

Para el suflé:

|* 75 g de mantequilla

|* 75 g de harina

|* 2,5 dl de leche

|* 75 g de azúcar

|* 4 yemas de huevo

|* 6 claras de huevo, montadas a punto de nieve

|* 1/2 vaina de vainilla

|* La ralladura de 1 limón

Para la crema de limón:

|* 1/2 litro de leche

|* 2 yemas de huevo

|* 100 g de azúcar

|* 15 g de maizena

|* 1 tira de piel de limón

Preparación:

1. Poner a hervir la leche con la mantequilla,

el azúcar y la vainilla cortada en dos a lo largo. Apartar del fuego y retirar la vainilla. Añadir la harina de una sola vez y batir como para pasta choux (pág. 53).

2. Poner nuevamente al fuego hasta que la pasta se seque ligeramente y dejar enfriar unos minutos. Añadir las yemas de huevo, una a una, mezclando con una espátula antes de incorporar la siguiente, la ralladura de limón y las claras montadas a punto de nieve.

3. Untar unos moldes individuales con mantequilla y espolvorearlos con azúcar. Llenarlos con la mezcla hasta 2/3 de su capacidad y cocer al baño María a fuego medio 10 minutos (el agua debe hervir constantemente). Meter al horno a temperatura media de 7 a 8 minutos, hasta que el pudín doble de volumen. Desmoldar sobre una fuente o plato templado y cubrir con la crema de limón.

Preparación de la crema de limón

4. Poner la leche a hervir con la piel de limón, que se habrá retirado con un pelapatatas. Dejar en infusión unos minutos. Batir la yemas con el azúcar y la maizena hasta que queden blanquecinas. Retirar la piel de limón y verter la leche sobre la mezcla de yemas. Mezclar y poner nuevamente al fuego, removiendo con un batidor de varillas hasta que rompa a hervir. Mantener la crema templada al baño María hasta el momento de cubrir el pudín.

Suflé caliente al Grand Marnier

Para 6 personas

Preparación: 20 minutos

Cocción: 25 min a 190 °C

Dificultad: alta

Ingredientes:

Para la crema pastelera:

* 3 dl de leche
* 2 yemas de huevo
* 90 g de azúcar
* 50 g de harina
* 1 cl de Grand Marnier
* 3 yemas y 6 claras de huevo

Para el relleno:

* 40 g de bizcocho, en dados
* 1 cl de Grand Marnier

1. Untar con mantequilla uno o dos moldes de suflé y espolvorearlos con azúcar. Preparar la crema pastelera y dejar templar. Aña-

dir las yemas de huevo y el licor, y remover con una batidor de varillas. Incorporar las claras montadas a punto de nieve y mezclar suavemente.

2. Llenarlos moldes hasta 3/4 de su capacidad, alternando capas de suflé y dados de bizcocho emborrachados con el licor.

3. Meter al horno. Según el tamaño de los moldes, el tiempo de cocción será diferente. Bajar la temperatura al final de la cocción y cubrir la superficie del suflé con papel parafinado para evitar que se dore en exceso.

Suflé caliente de fruta

Para 6 personas

Preparación: 20 minutos

Cocción: 20 min a 180 °C

Dificultad: alta

Ingredientes:

* 200 g de pulpa o zumo de fruta
* 200 g de azúcar
* 5 claras de huevo, montadas a punto de nieve

Preparación:

1. Preparar la pulpa de fruta (fresas, frambuesas, grosellas o manzanas, pasadas por el chino). Añadir 250 g de azúcar y cocer hasta punto de bola 117 °C.

2. Seguidamente proceder como para hacer un merengue italiano (pág. 56), vertiendo el almíbar al hilo sobre las claras montadas a punto de nieve y batiendo con fuerza. Se puede enriquecer la mezcla con unas gotas de extracto de fruta o de licor.

3. Untar un molde de suflé con mantequilla, espolvorearlo con azúcar y llenarlo con la mezcla hasta 2/3 de su capacidad. Meter al horno. El tiempo de cocción dependerá del tamaño del molde.

4. Servir con coulis templado de la misma fruta mezclado con un poco de azúcar

5. Se puede cocer el azúcar hasta que alcance el punto de lámina fuerte (pág. 70), cocerlo con la pulpa de fruta y reducirlo a punto de bola (117 °C). Seguidamente, hacer el merengue (pág. 238).

Strudel de manzana

Para 8 personas

Preparación: 1 hora

Cocción: 40 min a 180 ºC

Dificultad: alta

Ingredientes:

Para la masa:

- 250 g de harina
- 2 huevos
- 80 g de mantequilla
- 1,5 dl de agua templada

Para el relleno:

- 500 g de manzanas
- 80 g de pasas
- 50 g de almendras en láminas
- 150 g de azúcar
- 30 g de mantequilla
- 50 g de pan rallado, salteado en mantequilla
- 2 cucharadas de mermelada de albaricoque
- 1 cl de ron
- 2 g de canela en polvo

Preparación:

1. Preparar la masa, procediendo como para hacer masa de hojaldre en su primera fase, hasta que adquiera elasticidad. Dejar reposar durante 30 minutos en el frigorífico, debajo de un cuenco amplio invertido o en una bolsa de plástico.
2. Empezar a estirar la masa con un rodillo, espolvoreando con harina cuanto sea necesario, hasta que tenga 2 mm de grosor. Poner la masa sobre un paño de 80 x 80 cm espolvoreado con un poco de harina y estirarla con las manos, pasándolas por debajo de la masa y tirando hacia uno mismo, hasta que quede muy fina. Repetir la operación en los cuatro lados de la masa.
3. Rellenar con las manzanas picadas muy finas. Espolvorear con azúcar y distribuir las pasas, previamente sumergidas en agua templada y escurridas, las almendras, el pan rallado salteado en mantequilla, la mermelada y la canela y rociar con el ron.
4. Enrollar la masa sobre sí misma, ayudándose del paño, hasta formar un rollo grande. Ponerlo sobre una placa de horno untada con un poco de mantequilla y pintar la parte superior con huevo batido o con mantequilla derretida. Meter al horno a temperatura media durante 40 minutos aproximadamente. Durante la cocción, untar una o dos veces con mantequilla para evitar que se seque.

5. Servir templado, acompañado de crema inglesa o de nata montada.

Bizcocho de manzana II

Para 6 personas

Preparación: 30 minutos

Cocción: 50 min a 180 °C

Dificultad: alta

Ingredientes:

Para el bizcocho:

* 3 yemas de huevo
* 90 g de azúcar
* 90 g de harina
* 3 claras de huevo

Para el relleno:

* 400 g de manzanas Golden

Para el acabado:

* 200 g de manzanas
* 30 g de mantequilla
* 50 g de azúcar

Preparación:

1. Preparar una masa de bizcocho (pág. 58). Untar una fuente de horno de 22 cm de diámetro con mantequilla y espolvorearla con harina. Cubrir con una capa de masa de bizcocho (1/3), seguidamente poner una capa de manzanas cortadas en láminas finas y añadir otra capa de masa de bizcocho seguida de otra capa de manzanas y terminar con una capa de masa de bizcocho.
2. Una vez cocido el bizcocho, decorar con láminas de manzana salteadas en mantequilla y ligeramente caramelizadas.
4. Servir en la misma fuente.

Croquetas de sémola

Para 6 personas

Preparación: 20 minutos

Cocción: 30 minutos

Dificultad: media

Ingredientes:

* 6 dl de leche
* 120 g de sémola
* 75 g de azúcar
* 1/2 vaina de vainilla
* 2 huevos
* 250 g de macedonia de fruta fresca

Preparación:

1. La preparación es como la del pastel de sémola (pág. 234). Una vez cocida la sémola, añadir la fruta en daditos y 2 huevos.
2. Extender la mezcla de 2 cm de grosor sobre una placa untada con mantequilla.
3. Cortar la masa en rectángulos de 4 x 6 cm y pasarlos por huevo batido (mezclado con aceite y agua) y por pan rallado. Freír en abundante aceite caliente a 170 °C.
4. Acompañar de coulis de fruta.

Croquetas de arroz y fruta

Para 6 personas

Preparación: 25 minutos

Cocción: 30 minutos

Dificultad: media

Ingredientes:

Para la base:

* 100 g de arroz de grano redondo
* 1/2 litro de leche
* 1/2 vaina de vainilla
* 1 pizca de sal

Para la ligazón:

* 2 yemas de huevo
* 75 g de azúcar

Para el relleno:

* 50 g de fruta confitada, picada muy fina

Preparación:

1. La preparación del arroz es la misma que la de la Fruta a la Condé (receta siguiente).
2. Añadir la fruta confitada. Poner la mezcla en una fuente hasta que se enfríe, debiendo tener 3 cm de grosor.
3. Cortar en tiras de 5 cm de ancho y seguidamente en tiritas de 3 cm. Ayudándose de un poco de harina, formar rollos cilíndricos se asemejen a croquetas.
4. Pasarlos por huevo batido (mezclado con aceite y agua) y por pan rallado, y freírlos en abundante aceite caliente a 180 °C.

Fruta a la Condé

Para 6 personas

Preparación: 25 minutos

Cocción: 30 minutos

Dificultad: media

Ingredientes:

Para la base:

* 100 g de arroz de grano redondo
* 1/2 litro de leche
* 1/4 de vaina de vainilla
* 1 pizca de sal

Para la ligazón:

|* 2 yemas de huevo

|* 75 g de azúcar

Para el relleno:

|* 6 mitades de peras escalfadas
o 6 mitades de melocotón escalfadas

|* 12 mitades de albaricoques en almíbar

Para el acabado:

|* 150 g de almíbar claro

|* 1 cl de kirsch

Para decorar:

|* 3 cerezas confitadas

|* 10 g de angélica o 1 kiwi

Preparación:

1. Poner el arroz en un cazo con 3/4 de litro de agua. Llevar a ebullición y cocer durante 3 minutos. Pasar por agua caliente y escurrir. Ponerlo en una fuente de horno honda junto con la leche, la vainilla (o azúcar vainillado) y una pizca de sal.
2. Llevar a ebullición, tapar y meter al horno durante 15 a 20 minutos, no debiendo quedar herméticamente cerrado (se puede poner una cuchara de madera en la bisagra). Al cabo de 15 minutos, verificar la cocción del arroz, debiendo quedar muy poca leche. Sacar del horno.
3. Mezclar las yemas y el azúcar en un cuenco y añadir el arroz hirviendo, poco a poco, para evitar que las yemas se cuajen. Poner la mezcla nuevamente en la fuente y cocer a fuego lento, removiendo como para hacer una crema inglesa, hasta que las yemas estén cocidas. El tiempo de cocción es variable. El arroz debe quedar blando, pero no debe hundirse al poner la fruta encima. A veces es preciso añadir un poco de leche.
4. Poner la mezcla en un molde de bizcocho humedecido o en moldes individuales y dejar enfriar.
5. Desmoldar sobre una fuente o plato y cubrir con la fruta. Abrillantar con parte del almíbar hirviendo.
6. Desleír el almíbar restante con el líquido de cocción de la fruta y el kirsch para conseguir un coulis y rodear con éste la base de los moldes.

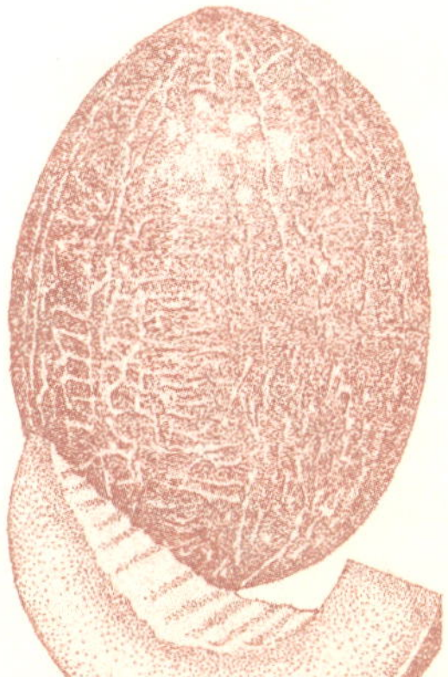

Pastel de sémola con pasas y fruta

Para 6 personas

Preparación: 20 minutos

Cocción: 3 a 4 minutos

Dificultad: media

Ingredientes:

Para la base:

|* 6 dl de leche

|* 90 g de sémola

|* 75 g de azúcar

|* 1/2 vaina de vainilla

|* 1 1/2 huevo

|* 40 g de pasas

Para decorar:

|* 1 pera escalfada

|* 1 plátano

|* 1 mango

|* 6 cerezas confitadas

|* 100 g de almíbar claro o de coulis

Preparación:

1. Poner la leche a hervir. Mezclar la sémola con el azúcar y verterla sobre la leche hirviendo en forma de lluvia, removiendo a la vez con un batidor de varillas. Cocer a fuego medio durante 2 minutos. Verificar la cocción de la sémola. Mezclar los huevos con un poco de sémola en un cuenco y añadir la sémola restante poco a poco, para evitar que los huevos se cuajen.
2. Poner nuevamente en el cazo y cocer durante 1 minuto, removiendo. Añadir las pasas, mezclar y poner en un molde de bizcocho o en una fuente de horno untada con aceite o mantequilla. Dejar enfriar.
3. Desmoldar sobre una fuente y cubrir con la fruta cortada en rodajas finas o en cuartos. Abrillantar con el almíbar hirviendo. Aligerar un poco de almíbar con líquido de cocción de la fruta y rodear con éste la base del pastel.

Arroz emperatriz

Para 6 personas

Preparación: 60 minutos

Dificultad: media

Ingredientes:

Para la base:

|* 100 g de arroz

|* 25 cl de leche

|* 1 pizca de sal

Para la gelatina de fruta:

|* 50 g de jalea de grosella

|* 50 g de agua

|* 1 hoja de gelatina (2 g)

Para el bavarois:

|* 2 dl de leche

|* 2 yemas de huevo

|* 50 g de azúcar

|* 4 g de gelatina

|* 10 cl de nata

Para el relleno:

|* 30 g de fruta confitada, picada

|* 2 cl de kirsch

|* Coulis de fruta o crema inglesa

Preparación:

1. Preparar el arroz de la misma manera que para hacer Fruta a la Condé (pág. 232). Dejar enfriar.
2. Preparar la gelatina de fruta calentando la jalea de grosella con el agua y mezclándola con la gelatina remojada en agua fría y escurrida. Ponerla en el molde y meter al frigorífico.
3. Preparar el bavarois (pág. 63).
4. Rociar la fruta confitada con el kirsch.
5. Una vez frío el arroz y cuando el bavarois empiece a cuajar, mezclar todos los elementos, así como la fruta confitada.
6. Poner la mezcla en el molde y meter de nuevo al frigorífico 3 horas como mínimo.
7. Para desmoldar, sumergir el molde en agua a 50 °C durante unos segundos.
8. Pasar la hoja de un cuchillo por las paredes del molde, poner una fuente encima y darle la vuelta.
9. Sacudir ligeramente para que el pastel se desprenda.
10. Se puede rodear la base con crema inglesa o con coulis de fruta.

Frutos de Sartén y Pequeños Dulces

Merengues

Para 4 personas

Tiempo de elaboración: 30 minutos

Dificultad: baja

Ingredientes:

- claras de huevo
- azúcar en polvo
- una pizca de sal

Preparación:

1. Se calculan 50 g de azúcar por cada clara de huevo. Colocar las claras de huevo en un bol, echar la pizca de sal y mezclar con un tenedor. El bol se inclina hacia el lado contrario a uno mismo y se trabaja con un batidor de varillas.
2. Cuando se llega al punto en que las claras aparezcan espumosas, acelerar el batido hasta que la mezcla adquiera una tonalidad blanca. Hay que levantar las claras al batir, para que absorban la mayor cantidad de aire posible.
3. Antes de añadir el azúcar, se ha de comprobar si está al punto; esto se sabe si al levantar el batidor las claras forman 3 picos espesos. En este instante, añadir la mitad del azúcar y batir suavemente durante 3 minutos.
4. Mezclar el resto del azúcar en dos veces, removiendo con una cuchara de metal y haciendo movimientos envolventes.

Petits fours

Para 4 personas

Tiempo de elaboración: 55 minutos

Dificultad: media

Ingredientes:

- 4 huevos
- 110 g de azúcar
- 110 g de harina
- 50 g de mantequilla
- 2 cucharaditas de levadura en polvo
- un poco de corteza de limón rallada

Para la decoración

- crema de mantequilla
- crema de chocolate
- almendras fileteadas
- trufa
- guindas
- yema
- colorantes

Preparación:

1. Trabajar los huevos junto con el azúcar y la corteza de limón hasta obtener una crema blanca y espesa.

2. Agregar la mantequilla, previamente ablandada, la harina y la levadura en polvo. Mezclar bien y verter en un molde grande rectangular, untado con mantequilla.
3. Cocer en el horno a temperatura moderada, por espacio de 20 a 30 minutos.
4. Desmoldar, dejar enfriar y cortar en trozos regulares de distintas formas: redondos, cuadrados u ovalados.
5. Preparar diferentes cremas y adornos, y colocar en cestillos de papel rizado.

Yemas

Para 4 personas

Tiempo de elaboración: 35 minutos

Dificultad: media

Ingredientes:

* 12 yemas de huevo
* 200 g de azúcar
* 100 ml de agua
* 1 rama de canela
* la corteza de un limón

Preparación:

1. Poner el agua, el azúcar, la rama de canela y la corteza de limón en un cazo al fuego, hasta obtener un almíbar a punto de bola. Retirar del cazo la canela y la corteza de limón.
2. Batir las yemas ligeramente y añadir poco a poco el almíbar, removiendo sin parar para que no se formen grumos. Cocer esta mezcla a fuego muy lento, sin dejar de remover hasta que la pasta cuaje. Estará en su punto cuando se desprenda de las paredes del cazo.
3. Vaciar la pasta obtenida sobre un mármol, extendiéndola bien. Dejar enfriar.
4. Formar un rollo con la pasta, espolvoreándolo con azúcar. Cortarlo en trozos y formar bolitas, que se pondrán en moldes de papel.

Cocos con leche condensada

Para 4 personas

Tiempo de elaboración: 50 minutos

Dificultad: baja

Ingredientes:

* 125 g de coco rallado
* 3 cucharadas soperas de leche condensada

Preparación:

1. Mezclar la leche condensada con 100 g de coco rallado y dejar reposar por espacio de 30 minutos.
2. Formar bolitas y rebozar con el resto del coco rallado. Colocar en moldes de papel rizado y dejar en el refrigerador hasta el momento de servir.

Trufas I

Para 4 personas

Tiempo de elaboración: 25 minutos

Dificultad: baja

Ingredientes:

* 180 g de chocolate oscuro de tableta
* 50 g de nata montada
* 225 g de azúcar glas
* 25 g de mantequilla
* 2 yemas de huevo
* 1 cucharada de ron oscuro
* 100 g de fideos de chocolate

Preparación:

1. Poner en un cuenco el chocolate partido en trozos pequeños y derretir al baño María. Cuando esté a punto, retirar del fuego.
2. Colocar la nata en un cazo y añadirle el chocolate; batir e ir incorporando, sin dejar de remover, las yemas y la mantequilla, previamente ablandada; seguir mezclando hasta que se funda toda la mantequilla, y añadir el ron.
3. Tamizar el azúcar glas e incorporarlo poco a poco a la mezcla, batiendo continuamente. Dejar enfriar para que la masa se ponga dura.
4. Espolvorear las manos con azúcar glas y formar bolitas con la mezcla anterior.
5. Disponer los fideos de chocolate sobre un papel antigrasa y hacer rodar las trufas sobre ellos, para que queden cubiertas por todas partes. Colocar las trufas sobre moldes de papel e introducirlas en el frigorífico para que terminen de cuajar.

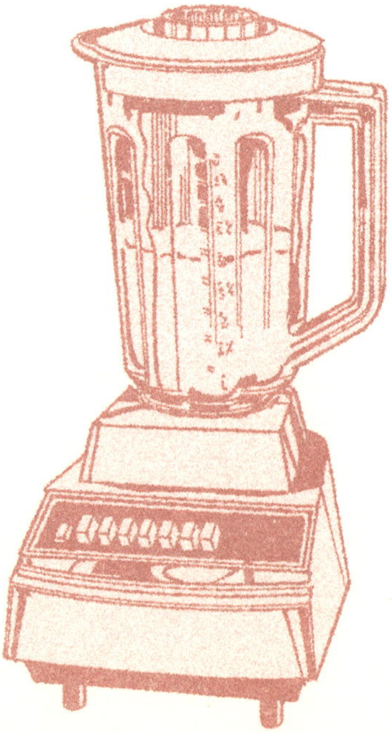

Bolitas de coco

Para 4 personas

Tiempo de elaboración: 45 minutos

Dificultad: baja

Ingredientes:

* 400 g de coco rallado
* 400 g de azúcar
* 100 g de glucosa
* coco rallado para rebozar

Preparación:

1. Con un poco de agua y el azúcar, hacer un almíbar a punto de bola fuerte.
2. Mezclar con el coco rallado y la glucosa, y dejar reposar hasta que se enfríe.
3. Formar pequeñas bolas con las manos y rebozar con el coco rallado reservado.
4. Colocarlas en pequeños moldes de papel rizado y, si se desea, añadir una pizca de yema en la parte superior.

Tocino de cielo

Para 4 personas

Tiempo de elaboración: 1 hora y 15 min.

Dificultad: media

Ingredientes:

* 4 huevos enteros
* 4 yemas
* 300 g de azúcar
* 1/4 l de agua
* una corteza de limón
* una vaina de vainilla
* 50 g de azúcar para el caramelo

Preparación:

1. Preparar el caramelo con los 50 g de azúcar y una cucharada sopera de agua fría, y ponerlo al fuego hasta obtener un caramelo dorado. Verterlo en las flaneras y luego reservar.
2. En un cazo, poner al fuego el azúcar, el agua, la corteza de limón y la vainilla, y dejar cocer 20 minutos a fuego medio, hasta obtener un almíbar de perla fina (pág. 70). Retirar la corteza de limón y la vaina de vainilla.
3. Depositar en un cuenco los huevos, las yemas y una cucharada de agua fría, y batir enérgicamente hasta obtener una crema. Añadirle el almíbar, poco a poco, y removiendo hasta su total incorporación.
4. Verter la mezcla obtenida en las flaneras (o en un molde rectangular). Tapar con un papel de estraza y encima una tapadera.
5. Colocar los moldes al baño María e introducir en el horno, previamente calentado a

190 °C. Una vez cocidos, sacar del horno y dejar enfriar en el frigorífico.

6. Si se hace en un molde rectangular, dejar enfriar y partir después en cuadritos.

Frutas escarchadas

Para 4 personas

Tiempo de elaboración: 50 minutos

Dificultad: baja

Ingredientes:

- * pulpa de frutas (se obtiene de preparar jalea)
- * igual peso de azúcar
- * azúcar cristalizado

Preparación:

1. Pasar la pulpa de frutas por el molinillo, pesarla y mezclarla con la misma cantidad de azúcar. Cocerla, removiendo con una cucharada de madera hasta que se desprenda de la cazuela.
2. Verter la mezcla en una fuente untada de aceite, dándole unos 3 o 4 cm de espesor. Dejar secar al aire durante unos 3 o 4 días.
3. Cuando esté bien evaporada, volcarla sobre la superficie donde se tenga que trabajar. Cortarla en tiras que, a su vez, se volverán a cortar en rectángulos o discos pequeños.
4. Pasar por abundante azúcar cristalizado y colocar sobre una reja para completar su secado. Mantenerlos destapados y al aire durante un par de días.
5. Colocarlos en moldes de papel y conservar estos deliciosos dulces en una caja de metal bien cerrada.

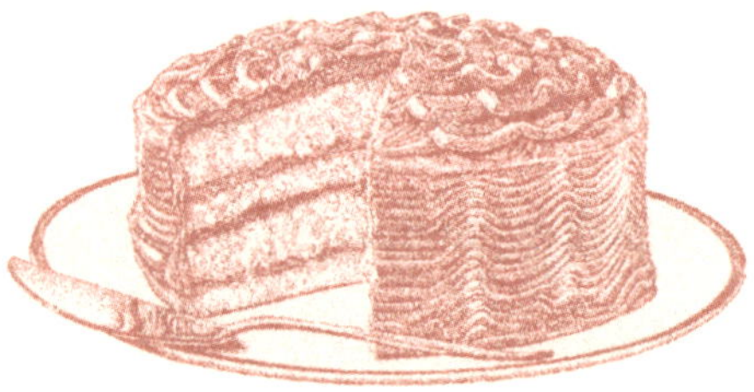

Turrón de yema

Para 4 personas

Tiempo de elaboración: 2 horas y 20 min.

Dificultad: media

Ingredientes:

- * 800 g de almendras crudas peladas
- * 1 kg de azúcar
- * 8 yemas de huevo
- * 1 limón
- * 25 g de almendras amargas
- * 1/4 l de agua
- * un poco de aceite de almendras amargas

Preparación:

1. Pasar las almendras, incluidas también las amargas, por una máquina de moler, hasta obtener una harina fina.
2. Añadir un poco de agua mientras se van moliendo las almendras, para no obtener una mezcla aceitosa.
3. Colocar en un cazo grande 900 g de azúcar y 1/4 l de agua. Cocer hasta obtener un almíbar a punto de bola, tal como se indica en la página 70. Agregar las almendras molidas y mezclar bien con una espátula de madera.
4. Poner al fuego y, sin dejar de remover, cocer hasta que la masa empiece a despegarse del fondo del cazo. Apartar del fuego durante 5 minutos, incorporar las yemas de huevo.
5. Mezclarlo todo muy bien y colocar otra vez al fuego. Seguir removiendo hasta que la masa se vuelva consistente.
6. Untar el molde de aceite de almendras y forrar con papel de barba. Depositar la pasta y esperar que esté bien fría para desmoldar.
7. Espolvorear con el azúcar restante y quemar con una pala candente.

Turrón de Jijona

Para 4 personas

Tiempo de elaboración: 2 horas y 20 min.

Dificultad: media

Ingredientes:

* 250 g de azúcar
* 250 g de miel blanca
* 250 g de almendras
* 250 g de avellanas
* 5 claras de huevo
* canela

Preparación:

1. Escaldar las almendras, quitarles la piel y tostarlas en el horno. Tostar las avellanas en una cacerola y quitar la piel; colocarlas en una servilleta y restregarlas.
2. Tostados ambos frutos, molerlos y machacarlos muy finamente en un mortero. Batir las claras a punto de nieve y mezclar con la molienda de almendras y avellanas.
3. En un cazo, poner la miel y el azúcar, dejar que rompa a hervir y añadir el preparado de claras, almendras y avellanas, moviendo sin cesar durante 10 minutos. Retirar del fuego y echarlo en moldes forrados con obleas. Dejar enfriar y espolvorear con canela.

Buñuelos de viento I

Para 4 personas

Tiempo de elaboración: 45 minutos

Dificultad: baja

Ingredientes:

* 100 g de mantequilla
* 200 g de harina
* 100 ml de leche
* 100 ml de agua
* 5 huevos
* aceite para freír
* la corteza de un limón
* azúcar glas

Para el relleno

* 2 huevos
* 25 g de mantequilla
* 75 g de harina
* 75 g de azúcar
* 1/2 l de leche
* medio palito de canela

Preparación:

1. Calentar la leche con el agua, la mantequilla y la corteza de limón. En cuanto rompa a hervir, retirar la corteza de limón y añadir la harina de golpe. Removerlo todo hasta formar una bola que se despegue de las paredes. Retirar del fuego y dejar enfriar.
2. Cuando la masa de los buñuelos esté templada, añadir los huevos de uno en uno e ir mezclándolo todo bien.
3. Calentar el aceite y freír los buñuelos por tandas, tomando las porciones con una cuchara. Sacarlos cuando se hinchen y estén dorados. Dejar enfriar. Abrir los buñuelos por la mitad y reservarlos.

Para el relleno:

1. Calentar la leche junto con el palito de canela, y reservar 3 cucharadas de leche fría. Batir los huevos junto con el azúcar. Añadir la harina y la leche fría, y mezclar para que no se formen grumos. Verterlo sobre la leche caliente.
2. Hervir 5 minutos, removiendo continuamente. Retirar del fuego y agregar a la mezcla la mantequilla. Dejar enfriar.
3. Tomar los buñuelos y rellenarlos con la crema preparada. Servirlos espolvoreados con azúcar.

Pestiños I

Para 4 personas

Tiempo de elaboración: 45 minutos

Dificultad: baja

Ingredientes:

* 250 g de harina
* 100 ml de aceite
* 3/4 l de aceite para freír
* 100 ml de vino blanco
* 1 copita de anís
* 250 g de miel
* la corteza de medio limón
* una pizca de sal

Preparación:

1. Freír la corteza de limón en una sartén con los 100 ml de aceite hasta que se vuelva marrón. Dejar enfriar y retirar.
2. Mezclar el aceite de freír con el vino blanco en un cuenco, y añadir el anís, la sal y la harina tamizada. Trabajar la masa con una cuchara, extender sobre una superficie enharinada y seguir amasando hasta lograr una pasta lisa. Hacer una bola, espolvorear con harina y dejar reposar 30 minutos.
3. Extender la masa con el rodillo y dejar un espesor de 1,5 cm. Cortar unos rectángulos de 10 x 6 cm, enrollar a lo largo y freír, dejando que se doren por ambos lados. Escurrir.
4. Colocar la miel en un cazo con cuatro cucharadas de agua; cocer durante 2 minutos y retirar. Sumergir los pestiños en la miel, escurrir sobre una rejilla y colocarlos en una bandeja, sin amontonar.

Turrón de mazapán

Para 4 personas

Tiempo de elaboración: 2 horas y 20 minutos

Dificultad: media

Ingredientes:

* 1 kg de almendras crudas peladas
* 1 kg de azúcar
* 1 limón
* 1/4 l de agua
* frutas confitadas: melón, cerezas, naranja

Preparación:

1. Moler las almendras peladas hasta obtener una harina fina. Preparar un almíbar a punto de bola fuerte (pág. 70), con el agua y el azúcar.
2. Seguidamente, añadir al almíbar la pasta de almendras y un poco de corteza de limón

rallada. Mezclar bien y dejar cocer hasta que la pasta empiece a desprenderse del cazo.

3. Untar el molde con aceite de almendras y forrar con papel de barba. Colocar las frutas separadas entre sí y añadir el mazapán.
4. Una vez frío, desmoldar. Este turrón se conserva muy bien durante días.

Mazapán de Toledo

Para 4 personas

Tiempo de elaboración: 2 horas y 20 minutos

Dificultad: media

Ingredientes:

* 1 kg de azúcar en polvo
* 1 kg de almendras
* 1 clara de huevo batido
* agua
* azúcar lustre

Preparación:

1. Escaldar las almendras en agua hirviendo y quitarles la piel. Una vez peladas, molerlas. Volverlas a moler junto con el azúcar y repetir la operación hasta conseguir una pasta maleable.
2. Agregar a la pasta obtenida un poco de agua y trabajarla sobre el mármol o mesa de trabajo.
3. Una vez esté bien trabajada, moldear en forma de rosca o de figuritas, pintar con huevo batido e introducirlas en el horno durante unos 15-20 minutos.
4. Una vez fuera del horno, decorar con azúcar lustre y servir.

Churros

Para 4 personas

Tiempo de elaboración: 45 minutos

Dificultad: baja

Ingredientes:

* 300 ml de agua
* 250 g de harina
* 150 ml de aceite
* sal
* aceite
* azúcar

Preparación:

1. Poner en un cazo el agua, el aceite y la sal, y llevar a ebullición. Cuando hierva, añadir la harina y remover con una cuchara de madera.
2. Retirar del fuego y seguir removiendo hasta formar una bola, que tiene que quedarse

enganchada a la cuchara. La masa se coloca en una churrera.

3. *Los churros, tras cortarlos con un dedo mojado en aceite, se dejan caer en el aceite hirviendo. Freírlos dándoles la vuelta para que se doren por igual. Sacarlos y escurrirlos sobre papel absorbente. Servirlos espolvoreados con azúcar.*

Buñuelos rellenos I

Para 4 personas

Tiempo de elaboración: 45 minutos

Dificultad: baja

Ingredientes:

Para la pasta «choux»

- *125 g de harina*
- *3-4 huevos*
- *1 cucharada de azúcar*
- *1 cucharadita de sal*
- *1/4 l de leche*
- *2 cucharadas de crema pastelera (pág. 65)*

Además

- *200 g de nata montada*
- *azúcar lustre*
- *aceite para freír*

Preparación:

1. *Preparar la pasta «choux» (pág. 53). Añadir la crema pastelera, trabajarla un poco y dejar reposar unos 15 minutos.*
2. *Calentar el aceite para freír y verter en él bolas de la pasta preparada, ayudándose con una cuchara. Primero deben freírse con el aceite poco caliente, pero cuando empiezan a dorarse y a dar la vuelta solas, se deberá aumentar la intensidad del fuego.*
3. *Cuando los buñuelos estén dorados, se retiran de la sartén y se escurren sobre un papel absorbente. Dejar enfriar.*
4. *Partir por la mitad los buñuelos y rellenarlos de nata. Servirlos espolvoreados de azúcar lustre.*

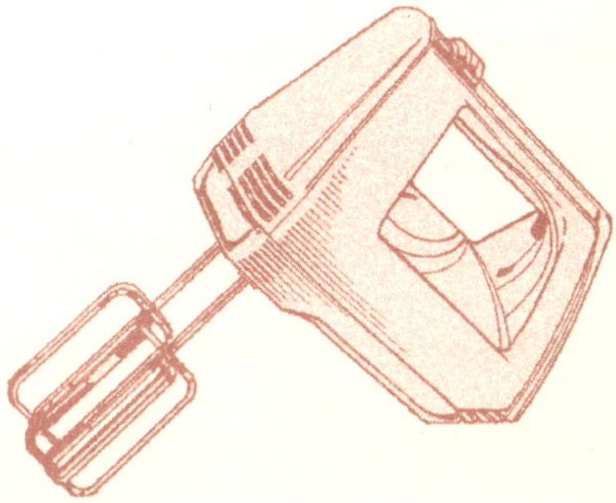

Leche frita II

Para 4 personas

Tiempo de elaboración: 1 hora y 10 min.

Dificultad: baja

Ingredientes:

* 1 l de leche
* 250 g de azúcar
* 80 g de maizena
* 8 yemas de huevo
* 50 g de mantequilla
* 1 palito de canela

Preparación:

1. Poner medio litro de leche a cocer junto con la canela y el azúcar.
2. En otro cazo, echar la maizena con el medio litro de leche restante y remover cuidadosamente para que no aparezcan grumos.
3. Añadir las yemas ya batidas. Mezclar bien. Este preparado se añade a la leche ya cocida, sin parar de remover para que no se pegue. Hervir durante 5 minutos y retirar del fuego.
4. Agregar la mantequilla y extender la mezcla sobre una superficie previamente engrasada. Dejar enfriar.
5. Cuando la crema esté fría, cortar a trozos y rebozar con harina y huevo.
6. Freír en aceite muy caliente, escurrir sobre papel absorbente y servir.

Crepes Suzette

Para 4 personas

Tiempo de elaboración: 40 minutos

Dificultad: baja

Ingredientes:

* 3 huevos
* 150 g de harina
* 30 g de azúcar
* 10 terrones de azúcar
* 1/2 l de leche
* 120 g de mantequilla
* 1 naranja
* 100 ml de brandy
* 100 ml de Gran Marnier
* margarina y sal

Preparación:

1. Mezclar en un bol la harina tamizada con los huevos, una pizca de sal y el azúcar. Añadir 60 g de mantequilla y diluir muy despacio con la leche. Batir con las varillas.
2. Poner una sartén pequeña y de fondo grueso en el fuego y untarla con margarina. Cuando esté caliente, verter en ella una cucharada de la pasta preparada y ex-

tenderla por el fondo haciendo girar la sartén. Dorar la crepe y darle la vuelta para que se haga por el otro lado.

3. Repetir la operación hasta que se termine la pasta; untar cada vez la sartén con margarina.
4. Frotar suavemente los terrones de azúcar sobre la naranja para que se perfumen y colocarlos en una cazuelita. Acercar al fuego y añadir el resto de la mantequilla, el zumo de naranja, la mitad del brandy y el Gran Marnier, fundir el azúcar moviendo constantemente.
5. Untar cada crepe con un poco de la salsa preparada, doblar en cuatro y colocar en una bandeja resistente al calor. Bañar con el resto del brandy y el Gran Marnier calientes, prender fuego y servir.

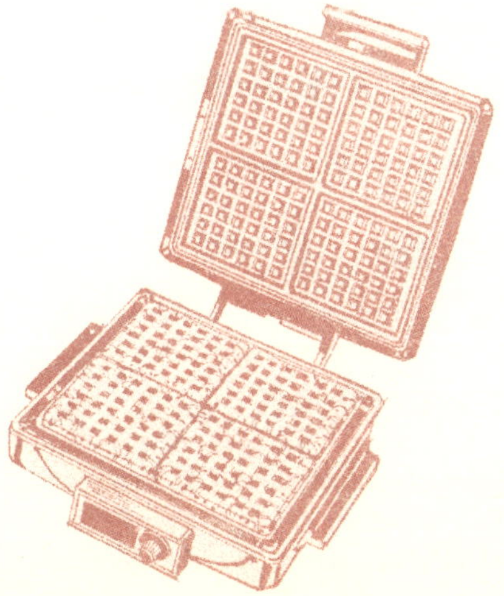

Rosquillas

Para 4 personas

Tiempo de elaboración: 45 minutos

Dificultad: baja

Ingredientes:

- * 2 huevos
- * 250 g de azúcar
- * 50 g de mantequilla
- * 200 ml de leche
- * 10 g de levadura
- * 5 g de bicarbonato
- * canela
- * nuez moscada y sal

Preparación:

1. Tomar la mitad de la harina y mezclarla con media cucharadita de sal, de canela y de nuez moscada; juntar con el resto de los ingredientes. Trabajarlo todo bien hasta que aparezca una masa homogénea, y entonces, añadir el resto de la harina y unir bien.
2. Extender la masa sobre una superficie enharinada, dividir en trozos pequeños y formar rosquillas, moldeándolas con las manos.
3. Freír en aceite muy caliente durante dos o tres minutos. Escurrir bien y espolvorear con azúcar antes de servir.

Donuts

Para 4 personas

Tiempo de elaboración: 1 h. y 10 min.

Dificultad: baja

Ingredientes:

- 375 g de harina
- 20 g de levadura de cerveza
- 1 vasito de leche
- 40 g de azúcar
- 1 huevo
- 60 g de mantequilla
- una pizca de sal
- raspaduras de limón
- aceite
- azúcar lustre

Preparación:

1. Tamizar la harina previamente y colocarla en un bol grande, formando un agujero en el centro.
2. Colocar en él la levadura, la leche y un poquito de azúcar. Trabajar bien hasta formar una masa homogenea.
3. Seguidamente añadir a la masa el azúcar restante, la sal, la mantequilla, la raspadura de limón y el huevo. Seguir amasando y esperar hasta que la pasta haya duplicado su volumen, debido al efecto de la levadura.
4. Después de que la masa aumente de volumen, añadir el resto de la leche y mover con batidora eléctrica.
5. Cubrir la masa y dejarla reposar unos 30 minutos, aproximadamente, en un lugar caliente. Transcurrido el tiempo, extender sobre una superficie enharinada con un rodillo.
6. Recortar los donuts con la ayuda de dos vasos de distintos tamaño. Tapar y dejar reposar.
7. Freír en aceite muy caliente, con el lado que haya aumentado más, hacia abajo. Cuando estén dorados, sacarlos y dejar escurrir; espolvorear con azúcar lustre y servir.

Crepes de naranja

Para 4 personas

Tiempo de elaboración: 35 minutos

Dificultad: baja

Ingredientes:

- masa para crepes (pág. 248)
- 1 dl de zumo de naranja
- 120 g de azúcar
- 1 copa de brandy
- 2 naranjas cortadas en rodajas finas
- la piel de media naranja rallada

Preparación:

1. En un cazo, mezclar la mantequilla, el azúcar, la ralladura de naranja y el licor. Añadir el zumo de naranja y poner a fuego muy lento hasta que la mezcla resulte condensada como una crema.
2. Hacer las crepes, extender una cucharada de crema sobre cada una. Envolver y colocar sobre una fuente.
3. Cubrir con la crema sobrante y adornar con las rodajas de naranja.

Crepes de pasas

Para 4 personas

Tiempo de elaboración: 35 minutos

Dificultad: baja

Ingredientes:

* masa para crepes (pág. 248)
* 150 g de pasas de Corinto
* 120 g de azúcar
* 50 g de mantequilla
* 1 copa de licor de uva

Preparación:

1. Preparar la masa para crepes y reservar.
2. Colocar las pasas en remojo con la copa de licor (el licor de uva puede sustituirse por cualquier licor dulce).
3. En un cazo, derretir la mantequilla junto con el azúcar, removiendo constantemente. Añadir las pasas y seguir mezclando.
4. Cuando se haya evaporado el licor, apartar del fuego. Extender una cucharada de esta mezcla sobre cada crepe. Envolver y, si sobra preparado, disponerlo encima de cada crepe.

Xuxos

Para 4 personas

Tiempo de elaboración: 35 minutos

Dificultad: media

Ingredientes:

* 300 g de harina
* 100 g de mantequilla
* 2 huevos
* 1/2 tacita de leche
* 20 g de levadura prensada
* 30 g de azúcar
* raspadura de limón
* aceite para freír y sal

Para la crema

* un poco de vainilla
* 1/4 l de leche
* 2 yemas de huevo
* 75 g de azúcar
* 30 g de maizena

Preparación:

1. Desleír la levadura en la leche templada, mezclar con 100 g de harina, y dejar reposar en un lugar templado hasta que duplique su volumen.
2. Formar en la mesa de trabajo una corona de harina y en el centro poner los huevos, la mantequilla derretida, la raspadura de limón, la pizca de sal y la masa preparada anteriormente. Añadir el azúcar y amasar hasta formar una masa fina.
3. Para preparar la crema, mezclar todos los ingredientes y procurar obtener una crema espesa.
4. Estirar la masa con un rodillo y cortarla a tiras. Sobre cada tira, colocar una cucharada de crema y enrollar.
5. Dejar reposar unos minutos antes de freír en aceite bien caliente. Escurrir y espolvorear con azúcar.

Krapfen

Para 4 personas

Tiempo de elaboración: 45 minutos

Dificultad: media

Ingredientes:

Para la masa

- 2 huevos
- 60 ml de aceite
- 50 ml de zumo de naranja
- una pizca de raspaduras de naranja
- 50 g de azúcar
- 300 g de harina
- una cucharada de levadura en polvo
- aceite para freír

Para el almíbar

- 1/4 l de agua y azúcar
- el zumo de medio limón
- 1/2 taza de miel
- una pizca de raspaduras de naranja

Preparación:

1. Colocar en un bol los huevos, el aceite, el zumo de naranja, la raspadura y el azúcar. Remover con la batidora eléctrica e ir agregando poco a poco la harina y la levadura en polvo, hasta conseguir una masa fina. Cubrir con una servilleta y dejar reposar 30 minutos.

2. Preparar un almíbar poniendo a cocer el zumo de limón, el agua y el azúcar, removiendo hasta que se disuelva el azúcar. Dejar al fuego de 5 a 10 minutos; bajar el fuego e ir añadiendo la miel y las raspaduras de naranja, y cocer unos 10 minutos más.
3. Con la masa preparada anteriormente, formar unas bolitas. Aplastarlas un poco y marcar un hueco en el centro. Freírlas en aceite bien caliente, procurando que se doren por ambos lados.
4. Escurrir bien y rociar con el almíbar preparado.

Buñuelos de calabaza

Para 4 personas

Tiempo de elaboración: 1 hora y 10 min.

Dificultad: media

Ingredientes:

* 300 g de calabaza amarilla
* 2 cucharadas soperas de harina
* 2 yemas de huevo
* 3 cucharadas de mantequilla
* 1 limón
* 2 cucharadas de azúcar más aceite
* un poco de canela en polvo

Preparación:

1. Trocear la calabaza.
2. Rallar la corteza del limón.
3. En un recipiente con agua hirviendo, cocer la calabaza hasta que quede tierna.
4. En un recipiente hondo, disponer los trozos de calabaza bien escurridos y amasarlos. Retirarla del recipiente y disponerla sobre el mármol de la cocina.
5. Añadirle, en un hueco formado en el centro de la mezcla, la mantequilla, la canela, la ralladura del limón, el azúcar, la harina y las yemas de huevo.
6. Trabajar la mezcla durante un buen rato, mezclando todos los ingredientes.
7. En una sartén, con no demasiado aceite caliente, freír unos pellizcos de la masa de buñuelos y dorarlos por ambos lados.
8. Ir añadiendo aceite en la sartén a medida que se consuma.
9. Dejar escurrir el aceite en un papel secante y servir.

Palos de nata

Para 4 personas

Tiempo de elaboración: 40 minutos

Dificultad: media

Ingredientes:

Para la pasta «choux»

|* 125 g de harina

|* 1/4 l de agua

|* 3-4 huevos

|* 1 yema de huevo

|* 1 cucharada de azúcar y 1 pizca de sal

Para el relleno

|* 250 g de nata montada, azucarada

Preparación:

1. Preparar la pasta «choux» (pág. 53), e introducirla en una manga pastelera con boquilla estrellada.
2. Untar con mantequilla una placa de horno e ir colocando sobre ésta tiras de pasta de unos 5 cm de largo por 2 de ancho.
3. Pintar la superficie con la yema de huevo y cocer a 200 °C durante 25 minutos.
4. Una vez cocidos, se retiran del horno y se dejan enfriar. Partirlos por la mitad, y rellenar con la nata montada.

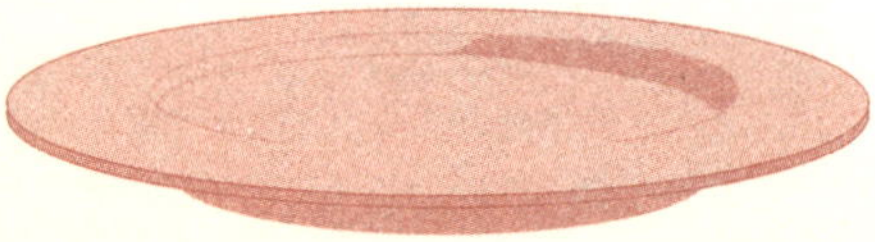

Palos de trufa

Para 4 personas

Tiempo de elaboración: 40 minutos

Dificultad: media

Ingredientes:

Para la masa

|* 125 g de harina

|* 1/4 l de agua

|* 3-4 huevos

|* 1 yema

|* 1 cucharada de azúcar

|* 1 pizca de sal

Para la trufa

|* 250 g de nata montada, azucarada

|* 120 g de chocolate de cobertura

|* 30 g de azúcar lustre

Preparación:

1. Preparar los palos tal como se indica en la receta anterior, «Palos de nata»
2. Derretir el chocolate en dos cucharadas de agua al baño María, dejar enfriar y, cuando ya esté templado, agregar la nata montada. Espolvorear con el azúcar lustre.

Profiteroles I

Para 4 personas

Tiempo de elaboración: 45 minutos

Dificultad: baja

Ingredientes:

|* 15-20 lionesas

|* 200 g de nata azucarada

Para la salsa

|* 150 g de chocolate fondant

|* 1 taza de agua caliente

Preparación:

1. Abrir las lionesas por la mitad y rellenarlas con la nata. Formar en ellas una pirámide, empezando por un círculo exterior, otro interior y otro en el centro. Sobre esta base, ir montando hasta terminar con una pieza.
2. Para preparar la salsa, fundir el chocolate en el agua caliente, procurando que quede muy liso y muy poco espeso.
3. Cuando la salsa esté a punto, verterla sobre las lionesas, procurando que cubrirlas todas. Si se desea, puede adornarse con nata montada.

Hojuelas

Para 4 personas

Tiempo de elaboración: 1 horas y 5 min.

Dificultad: baja

Ingredientes:

|* 300 g de harina

|* 2 huevos

|* 100 g de azúcar

|* 1 copita de anís

|* una cucharadita de levadura en polvo

|* ralladura de la piel de 1 limón

|* sal

|* aceite

Preparación:

1. En un recipiente hondo y amplio, disponer la harina. Formar un hueco en el centro y en él poner los huevos, la levadura disuelta en un poco de agua tibia, una pizca de sal, el anís, la raspadura de limón y, si fuera necesario, un poco de leche.
2. Mezclar todos los ingredientes y amasarlos durante un buen rato, hasta obtener una masa espesa que pueda estirarse con el rodillo.
3. Formar una bola con la masa, espolvorearla de harina y dejarla reposar una media hora.

4. Estirar la masa con el rodillo hasta dejarla muy fina y formar unos triangulitos con un cortapastas.
5. En una sartén amplia con aceite hirviendo, freír las hojuelas por ambos lados y escurrirles el aceite con un papel absorbente.
6. Disponerlas en una fuente plana, espolvorearlos con azúcar, o con miel, y servirlas.

Moñitas extremeñas

Para 4 personas

Tiempo de elaboración: 55 minutos

Dificultad: baja

Ingredientes:

- harina
- levadura en polvo
- 1 taza de azúcar
- 2 huevos
- 2 copitas de anís
- leche
- aceite y miel

Preparación:

1. En un recipiente hondo, poner los 2 huevos, el anís, el azúcar, 1 taza de aceite y leche y amasar continuamente.
2. Añadir la levadura y harina en cantidad suficiente para lograr una masa fluida.
3. Aplanar la masa con un rodillo y a continuación cortarla en tiras de aproximadamente 8 cm de largo por 2 de ancho.
4. En una sartén con aceite abundante y bien caliente, freír las moñitas, escurrirlas y rebozarlas generosamente con miel. Servir frías.

Flores extremeñas

Para 4 personas

Tiempo de elaboración: 1 hora

Dificultad: media

Ingredientes:

- 1/4 kg de harina
- 6 huevos
- 2 cucharadas de azúcar
- aceite

Preparación:

1. En un recipiente hondo, batir los huevos; añadir 2 cucharadas de aceite y 8 de agua, mezclar y agregar la harina, batiendo continuamente. Cuando esté todo bien mezclado y sin grumos, dejar la masa en reposo durante un rato.
2. Calentar bastante el aceite en una sartén y, cuando empiece a hervir, poner el molde especial que se utiliza para la preparación de las flores.

3. Cuando el molde esté bien caliente, retirarlo del fuego, introducirlo en la masa y volver a ponerlo en el aceite hirviendo; repetir esta operación varias veces y, cuando las flores estén doradas, sacarlas del aceite, escurrirlas bien y disponerlas en una fuente, espolvoreadas con azúcar.

Frutas de sartén

Para 4 personas

Tiempo de elaboración: 50 minutos

Dificultad: media

Ingredientes:

- 1/4 kg de harina
- 4 cucharadas de azúcar
- 2 huevos
- 3 cucharadas de aguardiente
- sal y aceite

Preparación:

1. En un recipiente hondo, disponer los huevos batidos, el azúcar y el aguardiente. Batir estos elementos.
2. Agregar, seguidamente, 2 cucharadas de aceite, la harina y la sal. Seguir mezclando y amasando.
3. Formar una bola de masa, taparla con un lienzo y dejarla reposar 2 o 3 horas.
4. Extender la masa con un rodillo hasta dejarla bien delgada. A continuación, cortarla formando pequeñas figuras, ya sean triángulos, rectángulos, círculos, etc.
5. Poner al fuego una sartén honda con mucho aceite y, cuando comience a hervir, freír las figuras hasta que queden doradas.
6. Por último, espolvorearlas con azúcar.

Turrón de Alicante

Para 8 personas

Tiempo de elaboración: 1 hora y 20 min.

Dificultad: media

Ingredientes:

Para el turrón de Alicante

- 350 g de miel
- 200 g de azúcar
- 2 claras de huevo
- 650 g de almendras secas peladas
- 3 cucharadas de agua
- ralladura de 1 limón

Para el turrón de Jijona

|* 250 g de azúcar

|* 250 g de miel blanca

|* 250 g de almendras

|* 250 g de avellanas

|* 5 claras de huevo

|* canela en polvo

Preparación:

Turrón de Alicante

1. En un cazo, poner la miel, el agua y dejar a fuego lento hasta que se evapore. Añadir el azúcar, trabajando con una espátula de madera.
2. Montar las claras a punto de nieve e incorporar a la mezcla anterior, removiendo hasta que tome punto de caramelo. Añadir la ralladura de limón.
3. Picar las almendras en trozos grandes y añadir al cazo. Mezclar.
4. Verter la masa en moldes (pueden ser cajitas de cartón) forradas con obleas y primero con papel de barba. Cubrir con otra oblea y poner una tablilla o cartón con un peso encima.

Turrón de Jijona

5. Escaldar las almendras, pelar y tostar al horno. Tostar también las avellanas y pelar. Moler y machacar en el mortero los dos frutos.
6. Montar las claras a punto de nieve y mezclar con los dos frutos.
7. Poner un cazo al fuego con la miel y el azúcar, llevar a ebullición y añadir el preparado anterior. Remover unos diez minutos con la espátula de madera. Retirar y verter la pasta en moldes forrados con obleas. Dejar enfriar y espolvorear con canela.

Picardías de Lorca

Para 6 personas

Tiempo de elaboración: 20 minutos

Dificultad: baja

Ingredientes:

|* 1/2 kg de avellanas tostadas

|* 1/2 kg de azúcar

|* 1/2 dl de agua

Preparación:

1. En un cazo, derretir el azúcar mezclado

con el agua, hasta el punto de caramelo.

2. Untar un mármol con un poco de aceite; cuando el caramelo esté en su punto, echarlo sobre el mármol. Rápidamente, echar las avellanas mezclándolas con el azúcar.

3. Antes de que se enfríe del todo, cortar en dados. Dejar enfriar y ya están las picardías.

Tortells de Mallorca

Para 4 personas

Tiempo de elaboración: 1 hora y 10 minutos, más el tiempo de descanso

Dificultad: alta

Ingredientes:

- 1/2 kg de harina
- 150 g de azúcar
- 150 g de masa de pan o de ensaimada
- 1/4 l de agua
- 2 dl de aceite
- 3 huevos
- 200 g de mazapán
- 50 g de manteca de cerdo
- sal

Preparación:

1. Desleír la masa de pan en un recipiente, añadiendo poco a poco el agua templada.
2. Añadir los huevos de uno en uno. Cuando esté todo completamente ligado, añadir la harina, el azúcar y la sal, hasta formar una masa.
3. Trabajarla bien hasta que quede elástica, dejarla reposar en un bol, untada con aceite y tapada con un lienzo.
4. Cuando la masa haya esponjado lo suficiente (unas cuatro horas), extenderla sobre el mármol untado de aceite, trabajar un poco más, fuerte, y dar golpes sobre el mármol.
5. Trocear, según el tamaño que queramos que tengan los tortells.
6. Estirar los trozos con el rodillo y luego agregarles la manteca de cerdo con las manos.
7. Extendida la masa una al lado de otra, en un lado poner el mazapán, formando un cilindro que ocupe todo el largo de la masa y cuyo grueso esté en proporción con el tamaño del «tortell».
8. Sobre este mazapán, enrollar la masa.
9. Después, formar una rosca uniendo los dos extremos y poner en una fuente para horno; practicar unos tres cortes, separados por igual, para que se vea el mazapán.
10. Dejar esponjar un poco más, tapados y que no les dé el aire.
11. Precalentar el horno, a unos 160 °C, y dejar cocer unos cuarenta minutos.

Yemas de San Leandro

Para 6 personas

Tiempo de elaboración: 1 hora y 10 min.

Dificultad: alta

Ingredientes:

|* 20 huevos

|* 1 kg de azúcar

|* 1/2 l de agua

|* 1 limón

Preparación:

1. Cascar los huevos y utilizar sólo las yemas, pasándolas por un colador chino.
2. Preparar el almíbar. Verter el azúcar en un recipiente con medio litro de agua; dejarlo cocer y, cuando alcance una temperatura de 33 °C aproximadamente, agregar las yemas con la ayuda de un embudo con cinco pitorritos, colocándolo encima del almíbar y dejando caer los hilos de las yemas que deben seguir hirviendo lentamente.
3. Las yemas se solidificarán y quedarán en la superficie. Recoger con una espumadera las yemas y dejarlas escurrir en un enrejado. Deben quedar algo húmedas.
4. Coger pequeñas porciones de yema con las manos y darles forma cónica.
5. Dejar enfriar.
6. Colar el almíbar sobrante de cocer las yemas y agregar unas gotas de limón.
7. Dejar cocer el almíbar a fuego lento hasta que alcanceel punto de almíbar espeso, retirar del fuego y remover cuidadosamente con la espátula de madera.
8. Verter el almíbar sobre el mármol y seguir batiendo hasta que quede blanco y consistente.
9. Amasar el almíbar con las manos mojadas en agua fría hasta conseguir una pasta muy fina.
10. En un recipiente de porcelana al baño María, agregar la pasta blanca y aclarar con dos cucharaditas de agua caliente.
11. Cuando la pasta esté fluida, bañar las yemas una a una y distribuirlas sobre el mármol para que se sequen.
12. Una vez secas, envolverlas con papel.

Rosco de San Antonio

Para 4 personas

Tiempo de elaboración: 1 hora

Dificultad: alta

Ingredientes:

- 250 g de harina
- 1 huevo
- 1 cucharadita de levadura
- 50 g de azúcar
- 5 cucharadas de leche
- 1 cucharada de agua
- 3 cucharadas de aceite
- canela en polvo
- azúcar lustre

Preparación:

1. Mezclar la harina con la levadura y formar un volcán; añadir el huevo, el azúcar, el aceite y la leche.
2. Empezar trabajando primero con la ayuda de un tenedor y terminar amasándolo todo junto con las manos, dándole forma de rosco.
3. En una cazuela con agua al fuego, agregar el rosco y, cuando éste suba a la superficie, ya estará cocido.
4. Dejar escurrir, darle algunos cortes a su alrededor y freírlo con abundante aceite no muy caliente.
5. Una vez dorado el rosco, retirarlo de la sartén y escurrirlo.
6. Espolvorear con azúcar lustre y canela en polvo.

Piñonate

Para 6 personas

Tiempo de elaboración: 1 hora y 25 min.

Dificultad: alta

Ingredientes:

- 3 docenas de huevos
- 1 bote de miel
- 4 granos de anís
- harina
- 1/2 l de aceite
- 1 vaso de vino blanco dulce
- 200 g de piñones
- 500 g de almendras peladas y fritas
- canela en polvo

Preparación:

1. Batir los huevos y agregar la harina necesaria hasta formar una masa; añadir una cucharadita de aceite.
2. Amasar bien hasta obtener una pasta homogénea. Dejar reposar.

3. Coger porciones de masa del tamaño de una nuez y formar unas tortitas.
4. En una sartén con abundante aceite caliente, freír las tortitas.
5. Ponerlas en un cazo junto con los piñones, las almendras, la canela, los granos de anís ligeramente tostados y dos cucharadas de harina.
6. En una cazuelita al fuego, dejar hervir la miel hasta que, al echar un poquito de miel en un plato con agua fría, se forme una bola blanda. Entonces, la miel estará en su punto.
7. Mezclar bien los ingredientes del cazo con la miel, revolviendo el conjunto con la ayuda de dos espátulas.
8. Con las manos remojadas en vino, coger porciones de la masa y darles forma de piña. Envolver el piñonate en papel de seda.

Torrijas

Para 4 personas

Tiempo de elaboración: 35 minutos

Dificultad: baja

Ingredientes:

* 1 barra de pan del día anterior
* 3 dl de leche fresca
* 3 huevos frescos
* 1 rama de canela
* ralladura de limón
* 3 dl de aceite
* 100 g de azúcar
* azúcar glas

Preparación:

1. Cortar el pan en rebanadas un poco gruesas.
2. En un cazo, calentar la leche con canela, el azúcar y la raspadura de limón. Dejar hervir unos minutos, retirar y dejar enfriar.
3. Batir los huevos como para tortilla, pasar las rebanadas de pan por la leche azucarada, escurrirlas y pasarlas luego por los huevos batidos.
4. Tener preparada en el fuego una sartén con aceite caliente. Freír las torrijas, dejándolas doradas por los dos lados. Escurrir bien.

5. Pasarlas por un plato que contenga azúcar glas. Servir.

Crema frita

Para 6 personas

Tiempo de elaboración: 40 minutos

Dificultad: baja

Ingredientes:

- 4 huevos
- 5 dl de leche fresca
- 50 g de harina
- 80 g de maizena
- ralladura de limón
- canela en polvo
- canela en rama
- 30 cl de Cointreau
- mantequilla
- aceite
- 100 g de azúcar
- sal

Preparación:

1. En un cazo de porcelana, verter la leche (reservar un poco para disolver la maizena), añadir el azúcar, la canela en rama, la ralladura de limón y una pizca de sal; remover para mezclarlo todo, poner sobre el fuego y dejar hervir 5 minutos.
2. Mezclar la leche reservada con la maizena, añadir 3 yemas de huevo, batir con las varillas y mezclar con la leche del cazo, sin dejar de remover; cocer unos minutos más hasta que espese.
3. Verter en una fuente plana, untada con un poco de mantequilla y dejar enfriar.
4. Cuando la crema esté fría, cortarla en cuadros regulares, pasarla por harina y a continuación por el huevo restante batido.
5. Calentar aceite en una sartén y freír los cuadros con crema. Colocarlos en una fuente de servir, rociarlos con el Cointreau y espolvorearlos con la canela en polvo. Servir calientes.

Rosquillas de Santander

Para 6 personas

Tiempo de elaboración: 1 hora

Dificultad: baja

Ingredientes:

- 1/2 kg de harina
- 200 g de azúcar
- 1/2 dl de aguardiente
- 2 huevos
- aceite de oliva
- 2 cucharaditas de levadura en polvo
- ralladura de limón
- azúcar glas

Preparación:

1. Trabajar los huevos con el azúcar hasta que estén espumosos; añadir, entonces, la raspadura de limón, el aguardiente y el aceite, y mezclar bien.
2. Aparte, juntar bien la harina con la levadura en polvo, y añadir lentamente a la mezcla los huevos y azúcar, hasta formar una masa ligera, suave.
3. A continuación, es preciso untarse las manos con aceite para formar unas bolas con la masa: después, con los dedos, hay que hacer un agujero en el centro y echarlas en una sartén con aceite no muy caliente, para que queden cocidas por dentro.
4. Cuando estén doradas, se retiran, se escurren y, una vez frías, se espolvorean con azúcar glas.

Merengue con arroz

Para 6 personas

Tiempo de elaboración: 1 hora y 10 min.

Dificultad: media

Ingredientes:

- 200 g de arroz
- 1 l de leche fresca
- 150 g de azúcar
- 2 huevos
- 4 manzanas
- 60 g de mantequilla
- sal
- 1 vaina de vainilla
- 1/2 cucharadita de canela en polvo

Preparación:

1. Lavar el arroz, ponerlo en una cacerola al fuego cubierto de agua y dejar hervir aproximadamente 5 minutos a fuego lento.
2. En otra cacerola, poner a hervir la leche con la vaina de vainilla abierta.
3. Escurrir cuidadosamente el arroz, echarlo

en la leche hirviendo, añadir unos 20 g de mantequilla y, con la cacerola tapada, dejar cocer durante 25 minutos muy lentamente, procurando no remover.

4. Mientras, pelar las manzanas, sacarles el corazón y las pepitas y trocearlas. Derretir unos 30 g de mantequilla en un cazo y dorar las manzanas en él.
5. Separar las claras de las yemas de los huevos. Cuando el arroz esté cocido, escurrirlo y mezclar con unos 80 g de azúcar, las 2 yemas de huevo y un poco de canela.
6. Con el resto de la mantequilla, untar una fuente que pueda ir al horno.
7. Colocar el arroz en el fondo de la fuente, disponer los trozos de manzana sobre él y espolvorear con azúcar.
8. Montar las claras a punto de nieve, añadirles el resto de azúcar, y extender sobre las manzanas.
9. Introducir en el horno precalentado a 220 °C. Mantener durante unos minutos, hasta que cuaje.

Filloas con crema

Para 6 personas

Tiempo de elaboración: 1 hora y 10 min.

Dificultad: alta

Ingredientes:

Para la masa

* 6 huevos
* 75 g de harina
* 1/2 l de leche
* azúcar lustre, mantequilla, sal

Para la crema

* 1/2 l de leche
* 100 g de azúcar
* 6 yemas de huevo
* 50 g de harina
* canela molida, 1 limón, aceite

Preparación:

1. En un recipiente, batir la leche junto con la harina y los huevos. Fundir la mantequilla y añadirla, junto con la sal, y volver a batir. Pasar la masa obtenida por el chino.
2. En una sartén, verter tres cucharadas de masa y extenderla. Cuando la filloa haya cuajado por un lado, darle la vuelta.
3. Para la crema, poner a hervir la leche con la ramita de canela y dejar enfriar.
4. En un cazo, batir las yemas y el azúcar.

5. Cuando empiece a estar fino, añadir la harina desleída en un poco de leche fría y mezclar con la leche hervida y ya templada junto con la corteza de limón.
6. Poner a cocer a fuego muy suave hasta que se espese, pero cuidando de que no arranque el hervor.
7. Verter en un recipiente de porcelana o cristal y seguir trabajando hasta que se haya enfriado. Sacar la corteza de limón.
8. Rellenar las filloas con la crema y freír en abundante aceite.
9. Escurrir y espolvorear con azúcar y canela molida.

Frixuelos

Para 4 personas

Tiempo de elaboración: 35 minutos

Dificultad: baja

Ingredientes:

|* 1 l de leche

|* 4 huevos

|* 2 manzanas hervidas

|* harina

|* aceite

|* azúcar glas

|* miel

|* sal

Preparación

1. En un cazo, batir muy bien los huevos y echar la leche y una pizca de sal. Remover y agregar la harina poco a poco, hasta conseguir una crema homogénea y de consistencia media.
2. Poner bastante aceite en una sartén al fuego y, cuando esté bien caliente, echar un cacito de la pasta que hemos hecho antes, dándole forma de rosca, moviendo la sartén para que la pasta recubra, de forma uniforme todo su fondo.
3. Cuando la pasta esté dorada por un lado, darle la vuelta para que se dore igualmente por el otro. Seguir friendo la pasta hasta terminarla.
4. Cuando esté caliente todavía, espolvorear con el azúcar glas y rociar con un poco de miel.

5 Se sirve caliente, adornado con trozos de manzana hervidos y azucarados.

Emparedados de membrillo y queso

Para 4 personas

Tiempo de elaboración: 25 minutos

Dificultad: baja

Ingredientes:

* 700 g de queso del país, fresco
* 350 g de membrillo
* 100 g de azúcar
* 3 huevos
* 100 g de harina
* pan rallado
* canela en polvo
* aceite para freír

Preparación

1. Cortar el queso en lonchas muy finas.
2. Cortar también en lonchas el membrillo.
3. Disponer cada loncha de membrillo entre dos de las de queso.
4. Rebozar con harina, huevo batido y, finalmente, con pan rallado cada uno de los emparedados de membrillo y queso.
5. Poner abundante aceite en una sartén; cuando esté muy caliente, freír en ella los emparedados de membrillo y queso.
6. Una vez fritos, escurrir bien y espolvorear con azúcar y canela en polvo.

Marron glacé

Para 6 personas

Tiempo de elaboración: 3 horas

4 días de reposo

Dificultad: alta

Ingredientes:

* 3 kg de castañas
* 3 kg de azúcar
* 1,5 l de vino tinto
* 3 ramitas de vainilla
* 3 g de crémor tártaro
* 2 a 3 metros de tela transparente o gasa clara

Preparación

1. Una vez mondadas las castañas, darles un hervor y quitarles la segunda piel.
2. Colocar cada castaña dentro de un trocito de tela y sujetar las puntas con un hilo blanco.
3. Poner los paquetitos en remojo en agua durante 2 horas. A continuación, escurrir y poner en una cacerola grande para que no queden demasiado amontonados.
4. Añadir el vino y un litro de agua y cocer a fuego lento hasta que las castañas queden blandas.
5. Escurrir y volver a colocar en la misma ca-

cerola. Añadir, a continuación, 3 litros de agua, el azúcar, la vainilla y el crémor tártaro. Cocer a fuego lento por espacio de 10 minutos. Apartar la cacerola del fuego y dejar descansar durante 24 horas.

6. Transcurrido este tiempo, colocar de nuevo al fuego y hervir 5 minutos, dejándolo descansar otras 24 horas y repitiendo esta última operación durante 4 días, al cabo de los cuales el almíbar se habrá vuelto espeso.
7. Cuando estén frías, escurrir, sacarlas de la gasa y colocar, cuidadosamente, sobre un tamiz o rejilla.
8. Pasar el almíbar por un colador y poner al fuego, dejándolo reducir. Cuando empiece a acaramelarse, echar sobre las castañas con ayuda de una cuchara. Una vez frías, envolver con papel de aluminio.

Tortas de Chanchigorri

Para 4 personas

Tiempo de elaboración: 1 hora y 5 min.

Dificultad: media

Ingredientes:

* 200 g de chicharrones
* 2 huevos
* 1 limón
* 350 g de harina
* 100 g de azúcar
* 1 cucharada de mantequilla

Preparación

1. Raspar la corteza del limón y picar finamente los chicharrones.
2. En un recipiente hondo, disponer la harina, formando un hueco en el centro. Añadir en él todos los ingredientes.
3. Mezclar y amasar hasta obtener una masa fina. Tapar y dejar reposar.
4. Formar unas tortas pequeñas y delgadas, espolvorearlas con un poco de azúcar y cocerlas en el horno hasta que estén doradas.

Baltazares de nueces

Para 4 personas

Tiempo de elaboración: 1 hora y 10 min.

Dificultad: media

Ingredientes:

- * 4 huevos y 2 yemas
- * nueces trituradas (igual peso que el de los 4 huevos más las 2 yemas)
- * azúcar (el mismo peso que las nueces)
- * harina (la mitad del peso del azúcar)
- * mantequilla derretida (el mismo peso que la harina)
- * 1 limón
- * 2 copitas de ron, o de brandy
- * azúcar lustre

Preparación

1. En un recipiente hondo, poner los 4 huevos y las 2 yemas, las nueces, el azúcar, la harina, la mantequilla derretida, la ralladura de 1/2 limón y el licor.
2. Mezclar bien y batir durante un buen rato.
3. Cuando la masa esté en su punto, formar a continuación unas pequeñas tortillas.
4. En una sartén pequeña con un poco de mantequilla, saltear las tortillas, dándoles la vuelta.
5. Cuando las piezas se hayan dorado bien por los dos lados, enrollarlas rápidamente.
6. Disponerlas en una fuente una al lado de la otra y espolvorearlas con azúcar lustre.

Teresitas asturianas

Para 4 personas

Tiempo de elaboración: 1 hora

Dificultad: alta

Ingredientes:

- * 1/4 kg de harina
- * 3 cucharadas de manteca
- * 1/2 vasito de vino blanco de Cangas
- * 1 vasito de agua
- * 1/2 cucharada de levadura
- * sal
- * aceite
- * mantequilla
- * azúcar en polvo
- * crema pastelera

Preparación

1. Derretir un poco la manteca.
2. En un recipiente pequeño, poner el agua, el vino y la manteca. Cocer a fuego normal y retirar cuando dé el primer hervor. Dejar enfriar.
3. En un recipiente hondo, disponer la media cucharada de levadura, la harina y la sal;

formar un hueco en el centro y rellenarlo con el líquido preparado.

4. Mezclar hasta convertir los ingredientes en una masa.

5. Ponerla sobre la mesa de la cocina, aplastarla con el rodillo y añadir la mantequilla en pequeños trozos, como para la preparación de una masa para hojaldre.

6. Doblar la pasta en dos y repetir la operación unas cuantas veces.

7. Aplanarla de nuevo con el rodillo y dejarla muy fina.

9. Cortar la masa en cuadraditos de unos ocho centímetros, rellenarlos con crema pastelera, recoger las puntas apretando con los dedos y freír las teresitas en una sartén con abundante aceite muy caliente.

10. Retirarlas del fuego y disponerlas en una fuente de cristal.

11. Espolvorearlas por encima con azúcar.

Carbayón

Para 4 personas

Tiempo de elaboración: 1 hora

Dificultad: alta

Ingredientes:

|* 1/2 kg de harina

|* 1/2 kg de azúcar

|* 200 g de almendras tostadas

|* 8 huevos

|* 1 copa de licor y mantequilla

Pasta de hojaldre

|* 1/2 kg de harina

|* 1 cucharada de sal

|* 1/2 kg de mantequilla

|* 1 tacita de agua

Preparación

1. Preparar la masa de hojaldre, como se indica al final de la receta.

2. Pelar las almendras y machacarlas en un mortero hasta que queden muy molidas.

3. Separar las yemas de las claras de huevo.

4. En un recipiente, batir las yemas y, antes de terminar, añadir 6 cucharadas de azúcar. Seguir batiendo hasta que quede una mezcla espesa.

5. Aparte, proceder de igual forma con la claras.

6. Juntar las dos mezclas y agregar la almendra,

10 cucharadas de harina, 100 gramos de mantequilla derretida al calor y el licor.

7. Mezclar todos los ingredientes durante unos tres minutos aproximadamente.

8. Estirar con el rodillo la masa de hojaldre, rellenar con la masa unos moldes especiales para este dulce, de forma alargada, y disponer dentro el preparado anterior.

9. Colocar los moldes en una placa de horno para pasteles.

10. Llevar la placa a horno moderado y retirar cuando el hojaldre esté en su punto.

11. Dejar enfriar los carbayones, sacarlos del molde y disponerlos en otro de papel rizado. Bañarlos con cobertura de pastelería.

Pasta de hojaldre:

1. Sobre la mesa de cocina, poner la harina, formar un hueco en el centro y espolvorear con sal. Rociar con agua y amasar.

3. Aplanar la masa con el rodillo, extender en el centro pedacitos de mantequilla y unir los bordes hasta recubrir la mantequilla.

4. Aplastar de nuevo con el rodillo hasta formar un rectángulo; doblarlo en forma de cuadrado. Repetir la operación unas cuantas veces, cuidando que la mantequilla no se salga de la masa.

5. Dejar reposar la pasta y repetir la operación unas seis veces más.

Torrijas con paletada de miel

Para 4 personas

Tiempo de elaboración: 50 minutos

Dificultad: baja

Ingredientes:

* 2 huevos
* pan del día anterior
* leche
* miel
* 1 rama de canela
* aceite
* azúcar

Preparación

1. Cortar el pan del día anterior en rodajas finas.

2. Hervir la leche en un cazo junto con la rama de canela. Colarla y dejarla enfriar.

3. Poner unas cucharadas de azúcar en la leche ya fría y remojar en ella las rebanadas de pan.
4. Dejarlas así durante 1 hora.
5. Escurrir el pan apretándolo para que suelte el líquido, rebozarlo con los huevos batidos y freír las rebanadas en abundante aceite caliente, hasta que estén doradas.
6. Retirarlas de la sartén con pinzas de cocina, disponerlas en una fuente para servir y recubrirlas con miel templada.
7. Servir antes de que se enfríen.

Torrijas a la navarra

Para 4 personas

Tiempo de elaboración: 1 hora y 45 min.

Dificultad: baja

Ingredientes:

* 8 rebanadas finas de pan de dos o tres días antes
* leche
* azúcar
* 2 huevos
* aceite
* canela en polvo
* miel

Preparación

1. Poner leche fría con azúcar en un recipiente y disponer en ellas las rebanadas de pan.
2. Pasada 1 hora, retirar el pan y escurrirlo apretando con la mano para exprimir la leche.
3. Batir los huevos en un plato hondo.
4. Rebozar el pan con huevos batidos y freír las rebanadas en una sartén con aceite hirviendo.
5. Retirar las rebanadas, espolvorearlas con azúcar y con canela en polvo.
6. Las rebanadas pueden untarse con miel, al gusto, y espolvorearlas de nuevo con canela.

Casadielles

Para 4 personas

Tiempo de elaboración: 1 hora y 10 min.

Dificultad: alta

Ingredientes:

* 1/2 kg de masa de hojaldre (pág. 49)
* 1/2 copita de anís
* 150 g de nueces peladas
* 8 cucharadas de azúcar
* mantequilla

Preparación

1. Machacar las nueces en un mortero.

2. En un recipiente hondo, mezclar las nueces peladas, el azúcar, la media copita de anís y 100 gramos de mantequilla.
3. Aplastar con un rodillo la masa de hojaldre y cortar unos triángulos. Disponer en cada uno de ellos una cucharada del relleno anterior, doblarlos y unir los bordes con ayuda de un tenedor.
4. Disponer los dulces en una placa de pastelería, llevarlos a horno moderado y retirarlos cuando estén dorados.
5. Espolvorearlos por encima con azúcar.

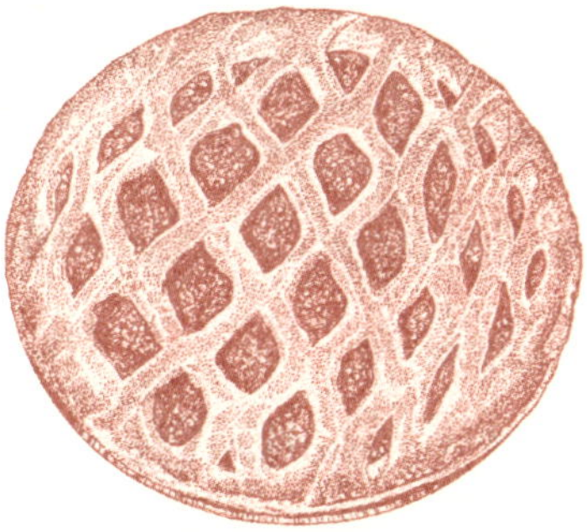

Crepes de pera

Para 4 personas

Tiempo de elaboración: 45 minutos

Dificultad: alta

Ingredientes:

- 2 huevos
- 50 g de harina
- 2,5 dl de leche
- 20 g de mantequilla
- 4 o 5 peras
- 1,5 dl de licor de pera
- 200 g de azúcar para almíbar

Preparación

1. En un bol, mezclar la harina con los huevos batidos. Añadir la leche.
2. Derretir la mantequilla y agregar a la preparación anterior, trabajar bien con las varillas. Cuando esté bien mezclado, y sin grumos, dejar descansar una hora.
3. Con un pincel, untar una sartén grande con mantequilla.
4. Cuando esté caliente, verter un cucharón pequeño de esta masa, de modo que cubra todo el fondo, quedando como una tortilla muy fina. Cuando esté dorada por un lado, inmediatamente se dará la vuelta para dorarla por el otro.
5. Repetir la operación tantas veces como sea necesario, mientras tengamos masa. Ya tenemos preparadas las crepes.
6. Preparar un almíbar en un cazo con un poco de agua y los 200 gramos de azúcar, hasta formar un almíbar ligero; debe hervir unos diez minutos. Conservar caliente.
7. Pelar las peras, partirlas por la mitad, qui-

tarles el corazón y cortarlas en lonchas finas conservando su forma.

8. Ponerlas en una bandejita al horno precalentado a180 °C con unas bolitas de mantequilla; dejarlas asar unos quince minutos.
9. Colocar las «crepes» en una bandeja; en medio de cada una poner unas cuantas lonchas de pera, envolver con la propia «crepe» como si hiciéramos canelones y rociar con el almíbar.
10. Ponerlas uno momento al horno caliente, rociarlas con el licor de pera, flambear y servir enseguida.

Buñuelos de fresas de Aranjuez

Para 4 personas

Tiempo de elaboración: 40 minutos

Dificultad: baja

Ingredientes:

- 500 g de fresas de Aranjuez
- 200 g de harina
- 200 g de azúcar
- aceite
- 2 huevos
- 1 cucharada de aguardiente

Preparación

1. Limpiar las fresas y ponerlas a macerar en una fuente honda con el azúcar.
2. En otra fuente, mezclar la harina tamizada, los 2 huevos crudos, 2 cucharadas de aceite y 1 de aguardiente.
3. Mezclar la pasta con un batidor.
4. Rebozar las fresas azucaradas con la masa anterior y freírlas en una sartén con aceite hirviendo.

Buñuelos de manzana al ron

Para 4 personas

Tiempo de elaboración: 30 minutos

Dificultad: media

Ingredientes:

- 1/2 kg de manzanas
- 1/4 kg de harina
- 2 huevos
- 3 cucharadas de azúcar
- 1 copita de ron
- levadura en polvo
- aceite
- sal

Preparación

1. Retirar el corazón de las manzanas, pe-

larlas y cortarlas en rodajas de 1/2 dedo de grosor.

2. Poner el ron y el azúcar en un plato, mezclar y añadir las rodajas de manzana, dándoles la vuelta de vez en cuando durante 15 minutos.

3. Mientras, poner en un recipiente hondo la harina mezclada con la levadura y tamizada, un poco de sal, un vasito de agua y dos yemas de huevo.

4. Batir las dos claras a punto de nieve.

5. Mezclar los ingredientes del recipiente y añadir enseguida las claras batidas a punto de nieve.

6. Calentar aceite en una sartén honda. Cuando esté hirviendo, freír las rodajas de manzana rebozadas en la mezcla anterior.

7. Cuando los buñuelos estén dorados, escurrirlos, disponerlos en una fuente y espolvorearlos con azúcar.

Bartolillos

Para 4 personas

Tiempo de elaboración: 55 minutos

Dificultad: media

Ingredientes:

* 1/2 kg de harina
* 100 g de mantequilla
* 100 g de azúcar
* 20 g de levadura de panadería (2 cucharadas)
* 15 g de levadura en polvo (1,5 cucharadas)
* 2,5 vasos pequeños de leche
* mermelada de melocotón

Preparación

1. En un recipiente hondo, disponer la harina, la mantequilla derretida al calor, el azúcar, la levadura de panadería disuelta en un poco de agua tibia, la levadura en polvo y la leche fría.

2. Mezclar todos los ingredientes, amasar durante un buen rato hasta que la masa quede flexible, recubrirla con un lienzo y dejarla reposar.

3. Disponer la masa sobre una superficie lisa y aplanarla con el rodillo, dejándola delgada.

4. Con ayuda de una rueda de pastelería, cortar unos rectángulos de 10 centímetros por 5 centímetros, aproximadamente.

5. Espolvorear la mesa con harina y disponer encima los triángulos de masa. Pincelarlos con un poco de leche.

6. Rellenar cada triángulo con un montículo pequeño de mermelada de melocotón (se puede usar también crema pastelera). Doblarlos por la mitad y unir los bordes con el cortapastas.
7. Dejar reposar los bartolillos durante unos veinte minutos y luego freírlos en una sartén con aceite hirviendo.
8. Retirarlos de la sartén, disponerlos en una fuente y espolvorearlos con azúcar.

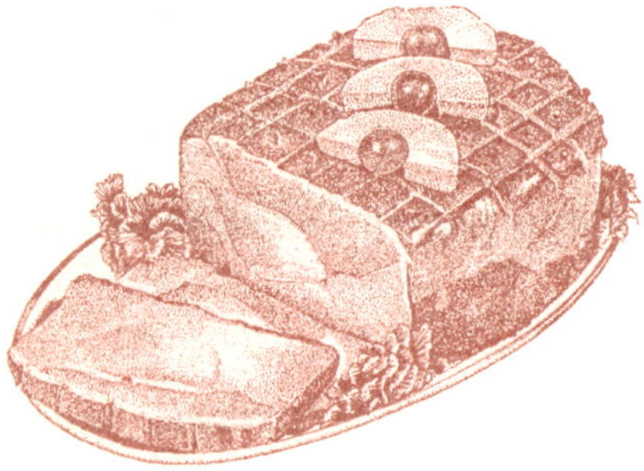

Buñuelos de manzana

Para 4 personas

Tiempo de elaboración: 50 minutos

Dificultad: media

Ingredientes:

|* 125 g de harina
|* 1/2 cucharadita de azúcar
|* 1 cucharada sopera de aceite
|* 1 huevo
|* aceite para freír
|* 1 cucharada de brandy
|* un poco de levadura de panadería o 1 vaso de cerveza
|* 1/2 vaso de agua tibia
|* 1/2 vaso de leche
|* 750 g de manzanas

Preparación

1. En un recipiente hondo, desleír la harina formando un hueco en el centro, con el brandy, el agua y la cerveza. Mezclar y trabajar la masa hasta que se obtenga la consistencia necesaria. Dejarla reposar.
2. Pelar las manzanas, retirándoles el corazón con la ayuda de un cuchillo de cocina de punta afilada. Cortarlas en rodajas gruesas.
3. Disponer las rodajas de manzana en la masa preparada con anterioridad.
4. En una sartén con bastante aceite hirviendo, freír las rodajas de manzana bien revestidas de pasta. Pueden freírse de 6 a 8 buñuelos cada vez.
5. Cuando los buñuelos estén bien esponjosos y dorados por ambos lados, escurrirlos, disponerlos en una fuente y servirlos tibios o fríos.

Merengues dobles

Para 4 personas

Tiempo de elaboración: 40 minutos

Dificultad: media

Ingredientes:

- 6 huevos
- 200 g de azúcar
- 1 limón

Preparación

1. Separar las claras de los huevos y batirlas a punto de nieve con el azúcar y una raspadura de limón.
2. En una fuente para hornear, disponer papel parafinado de pastelería.
3. Cuando las claras estén bien batidas y absorbido el azúcar y la raspadura de limón, disponer con una cuchara unos pequeños montículos sobre el papel blanco. Espolvorearlos con azúcar.
4. Encender el horno y dejarlo flojo.
5. Introducir los merengues en el horno y, cuando estén un poco doraditos, sacarlos y dejarlos enfriar.
6. Retirarlos con mucho cuidado de los papeles para que no se estropeen, disponerlos en una fuente y servirlos fríos.

Torrijas de San Isidro

Para 4 personas

Tiempo de elaboración: 30 minutos

Dificultad: baja

Ingredientes:

- 1/4 l de leche
- 2 vasitos de aceite
- 200 g de miel
- 300 g de pan inglés
- 5 cucharadas de azúcar
- 2 huevos

Preparación

1. Cortar el pan en rebanadas de 1,5 centímetro de espesor.
2. En un recipiente hondo, mezclar la leche y el azúcar.
3. En otro, batir fuertemente los 2 huevos.
4. En una sartén con aceite hirviendo, freír las torrijas previamente pasadas por la leche y azúcar, y el huevo batido, hasta que queden bien doradas por ambos lados.
5. Escurrir las torrijas y disponerlas en una fuente, rociándolas a continuación con miel.

Churros a la madrileña

Para 4 personas

Tiempo de elaboración: 45 minutos

Dificultad: media

Ingredientes:

|* 1 l de leche

|* 4 cucharadas de sal

|* 800 g de harina

|* 4 huevos y azúcar

Preparación

1. En una cazuela de unos dos litros de capacidad poner a hervir la leche y la sal.
2. En el momento del hervor, añadir la harina previamente tamizada, batiendo fuertemente la mezcla con una cuchara de madera.
3. No retirar el recipiente del fuego hasta que al agitar notemos que la masa no se pega a las paredes del mismo.
4. A continuación, añadir los huevos enteros, agitando enérgicamente hasta que quede todo muy bien mezclado.
5. En una sartén honda con aceite abundante y muy caliente, freír la masa con ayuda de una manga de boquilla rizada, o mejor aún con un aparato adecuado, dejando que los churros queden bien dorados.
6. Una vez los churros estén crujientes al tacto, retirarlos de la sartén, ponerlos en una fuente y espolvorearlos con azúcar.

Mazapanes madrileños

Para 4 personas

Tiempo de elaboración: 35 minutos

Dificultad: baja

Ingredientes:

|* 1 kg de azúcar

|* 1 kg de almendras crudas

|* agua

Preparación

1. En una cazuela con agua hirviendo, escaldar las almendras.
2. Escurrirlas y retirarles la piel.
3. Triturar las almendras hasta que queden casi harinosas pero todavía húmedas.
4. Volver a repetir la operación, pero esta vez junto con el azúcar.
5. Volver a triturar las almendras y el azúcar hasta obtener una masa.
6. Añadir un poco de agua fría a la mezcla y dejarla reposar unos instantes.
7. Disponer en una fuente para horno unas cuantas obleas y, sobre ellas, el mazapán

convertido en pequeñas figuras.

8. Introducir las figuras en el horno y dorarlas ligeramente.

9. Las obleas, hojas muy delgadas de masa de harina y agua, pueden disponerse debajo de las figuritas de mazapán antes de colocar estas últimas en la fuente para hornear.

10. Finalmente disponer los mazapanes en una fuente y dejarlos enfriar antes de consumirlos.

Pan de higos con chocolate

Para 4 personas

Tiempo de elaboración: 30 minutos

Dificultad: media

Ingredientes:

* 800 g de higos secos
* 500 g de almendras tostadas
* 400 g de avellanas tostadas
* 5 cucharadas de azúcar
* 3 pastillas de chocolate
* canela en polvo
* 1 limón
* 1 copita de anís

Preparación

1. Pelar las almendras y las avellanas, y triturarlas.

2. Picar seguidamente los higos hasta que formen una pasta.

3. Rallar el chocolate y derretirlo en un recipiente al calor. (Puede hacerse con el chocolate en un plato sobre una olla con agua caliente).

4. En un recipiente hondo, disponer los higos picados, las almendras y las avellanas trituradas, el chocolate deshecho, la canela, la ralladura del limón, el azúcar y la copita de anís.

5. Amasar bien la mezcla hasta formar una masa compacta.

6. Disponer la masa en una lata para galletas y poner encima del pan de higos un peso para prensarlo. (Pero similar al que se usa para la confección de patés).

7. Una vez dispuesto el pan de higos, dejarlo reposar unas cuarenta y ocho horas.

Turrón de guirlache

Para 4 personas

Tiempo de elaboración: 25 minutos

Dificultad: media

Ingredientes:

- 500 g de azúcar
- 100 g de piñones
- 100 g de manteca
- aceite

Preparación

1. En un cazo, disponer la manteca y el azúcar y dejarlo cocer a fuego lento.
2. Cuando la mezcla quede líquida y el azúcar absorbido, agregar los piñones.
3. Revolver continuamente con una espátula de madera hasta que el azúcar adquiera un tostado oscuro.
4. Untar el mármol de la cocina con un poco de aceite y verter encima el guirlache líquido.
5. Aplanar con un rodillo untado con aceite y dejarlo del grosor de un centímetro.
6. Antes de que se enfríe la mezcla, cortar la masa en tiras de unos ocho centímetros de largo por tres de ancho.

Torrijas de Madrid

Para 4 personas

Tiempo de elaboración: 55 minutos

Dificultad: media

Ingredientes:

- 1 pieza de pan de 1/2 kg
- 2 vasos de vino tinto
- 3 huevos
- aceite
- azúcar
- canela en polvo

Preparación

1. Retirar los picos del pan y cortarlo en rebanadas de un centímetro de espesor.
2. Batir los huevos en un plato hondo.
3. En otro plato, verter el vino tinto.
4. En una sartén con aceite abundante e hirviendo, freír las rebanadas de pan empapadas en vino y escurridas, y después en el huevo batido.

5. Retirar las rebanadas de la sartén y volverlas a rebozar en el huevo batido.
6. Dorarlas de nuevo en el aceite hirviendo.
7. En una fuente grande, espolvoreada con azúcar, disponer las torrijas, darles la vuelta y recubrirlas con un poco de canela en polvo.

Una segunda manera de preparar las torrijas.

8. Poner vino de Montilla o jerez en lugar de vino corriente y freír las torrijas como en la primera receta.
9. Tras tenerlas dispuestas en la fuente, recubrirlas con un almíbar claro hecho con agua y azúcar.
10. Espolvorearlas con la canela en polvo.

Hojuelas de canutillo

Para 4 personas

Tiempo de elaboración: 2 horas

Dificultad: media

Ingredientes:

|* 250 g de harina
|* 3 cucharadas de azúcar
|* 1 cucharada de cacao
|* 2 cucharadas de mantequilla
|* 1 cucharadita de café
|* 1 vaso pequeño de vino espumoso
|* 1 huevo

Para el relleno

|* 300 g de requesón
|* 150 g de azúcar lustre
|* 1 copita de licor, a gusto
|* 100 g de fruta confitada picada
|* 2 cucharadas de cacao dulce

Preparación

1. En un recipiente hondo, disponer la harina, el cacao, el café, el vino espumoso, la mantequilla y el huevo. Amasar trabajándolo mucho para que quede bien mezclado y después dejar reposar una hora.
2. Mientras, batir en una fuente el requesón con el azúcar y el licor. Separar la mezcla en dos mitades; en una, poner un poco de fruta y en la otra el cacao dulce.
3. Aplastar la masa con el rodillo dejándola muy fina. Cortarla en cuadros de 8 centímetros, enrollarlos untándolos con clara de huevo para unirlos en forma de canutillos.
4. Freír los canutillos en una sartén con abundante aceite bien caliente y disponerlos en una fuente.
5. Rellenarlos con la mezcla preparada con anterioridad y espolvorearlos con azúcar lustre.

Bollería y Dulces

Magdalenas I

Para 4 personas

Tiempo de elaboración: 1 hora

Dificultad: media

Ingredientes:

* 200 g de harina floja
* 200 g de azúcar
* 200 g de mantequilla
* 4 huevos
* 1 cucharadita de levadura en polvo
* moldes de papel

Preparación

1. En un cazo, colocar los huevos y el azúcar, y batir enérgicamente hasta obtener una mezcla ligera y esponjosa.
2. Derretir la mantequilla, sin que se caliente demasiado, e incorporarla a la masa sin dejar de batir.
3. Mezclar la harina con la levadura en polvo y agregarla a la mezcla, removiendo cuidadosamente hasta que todos los ingredientes estén bien mezclados.
4. Verter esta preparación en los moldes de papel especiales para magdalenas, sin untar, llenándolos sólo hasta la mitad, ya que al cocerlas aumenta mucho su volumen.
3. Introducir en el horno durante 30 o 40 minutos (según el tamaño de los moldes). Transcurrido este tiempo, sacar y dejar enfriar.

Palmeras

Para 4 personas

Tiempo de elaboración: 50 minutos

Dificultad: media

Ingredientes:

* 400 g de masa de hojaldre (pág. 49)
* 300 g de azúcar lustre

Preparación

1. Espolvorear el mármol con el azúcar lustre y estirar la masa de hojaldre con el rodillo. Espolvorear con azúcar, cada vez que se formen los pliegues, para que los pastelitos adquieran el sabor caramelizado característico.
2. Estirar la masa formando un rectángulo alargado y enrollarlo sobre sí mismo por cada lado hasta que los rollos se toquen.

Montar un rollo sobre otro y, con un cuchillo muy fino, cortar rebanadas de 1 cm de grosor.

3. Espolvorear con azúcar ambos lados de cada palmera y disponerlos en una placa de horno humedecida con agua, procurando que no se toquen entre sí, ya que, al cocerse, aumentan de volumen.
4. Cocer en el horno, a temperatura fuerte, durante unos 20 minutos. A media cocción, darles la vuelta. Retirar del horno y dejar enfriar sobre una rejilla.

Lazos

Para 4 personas

Tiempo de elaboración: 40 minutos

Dificultad: media

Ingredientes:

|* 300 g de masa de hojaldre (pág. 49)

|* 300 g de harina

|* 2 yemas de huevo

|* 100 g de azúcar

|* 200 g de mantequilla

|* 1/2 taza de mermelada de albaricoque

Preparación

1. Trabajar la harina, tamizada, con una yema de huevo, el azúcar y la mantequilla, y obtener una masa quebrada. Dejarla reposar en el frigorífico durante 2 horas, tapada con papel de aluminio.
2. Extender la masa de hojaldre sobre la mesa de trabajo enharinada. Con la masa quebrada formar una plancha de 50 x 55 cm. Pintar esta masa con la otra yema de huevo y colocar encima la masa de hojaldre y apretar un poco.
3. Cortar tiras de 1,5 cm de anchura, formar una espiral, enrollando la pasta de forma que la masa de hojaldre quede hacia fuera, y hacer lazos. Apretar las puntas.
4. Colocar los lazos sobre una bandeja de horno y dejar reposar unos 15 minutos.
5. Calentar el horno a 220 °C e introducir los lazos durante 15 minutos a una altura media.
6. Calentar la mermelada y pintar con ella los lazos

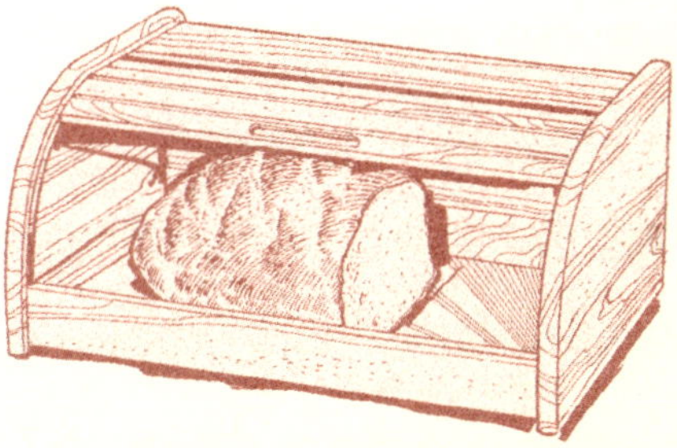

Croissants

Para 4 personas

Tiempo de elaboración: 1 hora y 20 min.

Dificultad: media

Ingredientes:

* 500 g de harina de fuerza
* 1/4 l de leche para utilizar templada
* 70 g de azúcar
* 30 g de mantequilla
* un poco de sal
* 15 g de levadura prensada (de panadero)
* 200 g de manteca
* 1 huevo

Preparación

1. Con la harina, formar una corona sobre una superficie y, en el centro, disponer la levadura, la leche templada, la mantequilla y el azúcar. Trabajar con las manos, amasando el conjunto durante unos 10 minutos hasta obtener una pasta fina. Formar una bola y dejarla reposar durante 30 minutos bien tapada con un trapo.
2. Sobre la superficie enharinada, extender la pasta con un rodillo hasta obtener un rectángulo. Poner la manteca en el centro y taparla formando un paquete. Dejar reposar en el frigorífico durante 10 minutos.
3. Estirar la pasta a lo largo hasta obtener una tira de unos 2 cm de grosor. Doblar en tres, de manera que los pliegues queden en las partes de delante y detrás. Introducir de nuevo en el frigorífico durante 10 minutos. Repetir la operación de los pliegues dos veces más.
4. Una vez la pasta esté en su punto, estirarla y cortar unas tiras rectangulares del tamaño deseado para hacer los croissants. Marcar unos triángulos en las mismas tiras y cortarlos, separándolos cuidadosamente. Estirar cada triángulo y enrollarlo, empezando por la base o parte más ancha (se puede poner un poco de mantequilla en el centro), y sosteniendo un poco la punta para que ésta quede bien fina. Cuando estén enrollados, curvar un poco las puntas.
5. Pintar la superficie con huevo batido y dejar reposar durante una hora o más, hasta que la masa aumente de volumen.
6. Cocer al horno, previamente calentado a unos 220 °C por espacio de 15 a 20 minutos, hasta que estén dorados.

Croissants rellenos de queso

Para 4 personas

Tiempo de elaboración: 1 hora y 20 min.

Dificultad: media

Ingredientes:

- * masa de hojaldre
- * queso en porciones
- * almendras picadas

Preparación

1. Estirar la masa como para hacer croissants, y cortar triángulos del mismo tamaño.
2. Poner en el centro de cada croissant un quesito en porciones. Enrollar, pero sin doblar las puntas.
3. Pintar con huevo batido y espolvorear con almendras picadas. Dejar reposar hasta que crezcan y cocer en el horno.

Ensaimadas

Para 4 personas

Tiempo de elaboración: 55 minutos

Dificultad: media

Ingredientes:

- * 600 g de harina de fuerza
- * 150 g de azúcar
- * 2 huevos
- * 1/4 l de agua
- * 10 g de levadura
- * 50 g de manteca de cerdo
- * aceite para engrasar
- * azúcar lustre

Preparación

1. Disolver la levadura con el agua templada. Sobre la mesa de trabajo, colocar la harina en forma de corona y en el centro poner el azúcar, los huevos y la levadura disuelta en el agua. Trabajar hasta conseguir una masa bastante elástica.
2. Dividir la masa en porciones y colocar éstas en bandejas previamente untadas en aceite. Dejar reposar unos 10 minutos.
3. Una vez que haya pasado ese tiempo, estirar cada porción hasta conseguir una tira larga y delgada, untarla con un poco de manteca y enrollarla sobre sí misma en forma acaracolada.
4. Poner a fermentar las ensaimadas durante 16 horas, como mínimo.
5. Cocer a horno fuerte y, cuando estén cocidas, espolvorear con azúcar lustre.

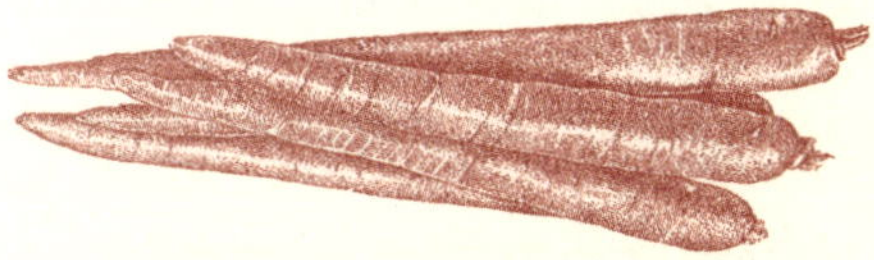

Coca de piñones y chicharrones

Para 6 personas

Tiempo de elaboración: 1 hora

Dificultad: media

Ingredientes:

- 300 g de masa de hojaldre
- 100 g de chicharrones
- 100 g de piñones
- 1 huevo y azúcar

Preparación

1. Estirar la masa de hojaldre suavemente con el rodillo hasta conseguir una superficie rectangular que mida aproximadamente 60 x 20 cm.
2. Esparcir los chicharrones por encima de la masa y doblarla sobre sí misma para que resulte una coca de unos 30 x 20 cm. Con un cortapastas, recortar los lados de la misma para darle una forma rectangular perfecta.
3. A continuación esparcir por encima los piñones, espolvorear con azúcar y cocer en el horno, a temperatura muy fuerte, durante unos 25 minutos aproximadamente.

Brioches II

Para 4 personas

Tiempo de elaboración: 1 hora y 10 min.

Dificultad: media

Ingredientes:

- 50 g de harina
- 30 g de levadura prensada
- 3 cucharadas de leche
- 1 cucharada de azúcar
- 200 g de mantequilla
- 4 huevos
- una pizca de sal
- 1 yema de huevo

Preparación

1. Tamizar la harina sobre una fuente y hacer un hoyo en el centro; colocar en él la levadura, y amasar junto con la leche, el azúcar y un poco de harina. Dejar fermentar 15 minutos, con la masa tapada.
2. A esa masa previa, agregar la mantequilla derretida, los huevos y la sal, y trabajar hasta que la masa haga burbujas. Dejar fermentar 15 minutos.

3. Formar con la masa una tira alargada y cortarla en un número de piezas igual a la cantidad de moldes que se tengan. Cortar la cuarta parte de cada trozo de masa y, con las manos enharinadas, formar una bola grande y otra pequeña.
4. Colocar las bolas grandes en los moldes, previamente engrasados, hacer un hoyo en el centro y pintar con la yema de huevo batida. Colocar las bolas pequeñas encima y pintar todo el brioche con la yema batida. Dejar fermentar 10 minutos.
5. Calentar el horno a 220 °C y cocer en él los brioches, a una altura media, durante 15-20 minutos. Una vez cocidos, desmoldarlos y dejar enfriar sobre una rejilla.

Coca de frutas confitadas y piñones

Para 6 personas

Tiempo de elaboración: 1 hora

Dificultad: media

Ingredientes:

* 300 g de harina de fuerza
* 20 g de levadura prensada
* 1 tacita de leche
* 2 huevos
* 75 g de mantequilla
* 50 g de azúcar
* una pizca de sal
* raspadura de limón
* media copita de anís
* 75 g de piñones
* 150 g de fruta confitada
* 50 g de cerezas confitadas

Preparación

1. Disolver la levadura en la leche y añadir el azúcar y un poco menos de la mitad de la harina. Amasar hasta que se consiga una bola blanda. Tapar con una servilleta y dejar en un lugar caliente, hasta que la masa duplique su volumen (unos 30 minutos).
2. Con el resto de la harina, formar una corona y colocar en el centro los huevos, la mantequilla, la raspadura de limón y el anís. Trabajar para unir todos los ingredientes y, a continuación, añadir la masa fermentada. Seguir amasando hasta obtener una masa fina y compacta.
3. Disponer la masa en una placa de horno, previamente espolvoreada con harina, dándole forma rectangular de 1 cm de grosor. Repartir por encima las frutas confitadas, las cerezas y los piñones. Espolvorear con

azúcar y dejar reposar una hora para que aumente su volumen.

4. Introducir en el horno, precalentado a 230 °C, durante 20 minutos. Sacar del horno y dejar enfriar sobre una rejilla.

Pastelitos de cabello de ángel

Para 4 personas

Tiempo de elaboración: 1 hora y 20 min.

Dificultad: media

Ingredientes:

- 200 g de azúcar
- 1 huevo grande
- 200 ml de aguardiente
- 300 ml de aceite
- 800 g de harina
- confitura de cabello de ángel

Preparación

1. Batir el huevo con el azúcar y trabajar la mezcla con espátula de madera. Agregar el aguardiente, el aceite y la harina en pequeñas dosis. Trabajarlo todo, primero con la espátula y después con las manos, hasta obtener una masa fina.
2. Formar con la pasta unas bolitas, amasándolas hasta que tengan elasticidad.
3. Con la misma pasta, untar dos folios de papel. Disponer encima de uno de ellos una bolita de pasta y taparla con el otro folio. Aplanar con un plato pequeño hasta obtener el diámetro deseado.
4. Rellenar el centro con la configura de cabello de ángel, doblar la pasta y cerrar los lados formando un cordón. Cocer en el horno, a 200 °C, durante 20 minutos.

Empanadillas

Para 4 personas

Tiempo de elaboración: 2 h. y 20 min.

Dificultad: media

Ingredientes:

- 300 g de harina
- 30 g de mantequilla
- 30 g de manteca de cerdo
- 40 ml de agua
- 40 ml de vino blanco
- una pizca de sal

Preparación

1. Colocar en un cazo el agua, el vino, la mantequilla y la manteca, calentar al fuego y retirar antes de que hierva.

Tamizar la harina junto con la sal y agregarlas al cazo. Trabajar rápido con una cuchara de madera hasta ligar todos los ingredientes.

2. Poner la masa obtenida sobre una superficie enharinada y amasar con las manos. Darle la forma de una bola y dejarla reposar, tapada, durante 2 horas.
3. Extender la masa hasta conseguir una lámina fina; cortarla en círculos, presionando con el borde de un vaso.
4. Rellenar al gusto, doblar por la mitad y apretar los bordes con las púas de un tenedor.

Teresicas

Para 4 personas

Tiempo de elaboración: 1 hora y 5 min.

Dificultad: media

Ingredientes:

- 1/4 kg de harina
- 3 cucharadas de manteca de cerdo
- 10 cucharadas de mantequilla
- 1 cucharada de levadura
- 1 cucharada de azúcar
- 1/2 l de vino blanco
- 1 vaso de agua
- azúcar fino
- aceite
- sal
- confitura de frambuesa o de fresa

Preparación

1. En un cazo, poner a calentar el vino, el agua con un poco de sal, 1 cucharada de azúcar y la manteca.
2. Cuando empiece a dar el primer hervor, retirar el cazo del fuego.
3. Con la mezcla aún tibia, agregar la levadura y dejar enfriar.
4. En un plato disponer la harina en forma de montículo con un hueco en el centro y verter en él el líquido anterior; mezclar con cuidado, siempre de fuera hacia dentro, hasta que quede una masa lisa.
5. Poner la masa sobre el mármol y aplanar con el rodillo, incorporando poco a poco la mantequilla, como si fuera un hojaldre.
6. Finalmente, aplanar de nuevo la masa, dejándola muy fina, y cortarla en arandelas con la ayuda de los bordes de un vaso puesto del revés.

7. Poner en el centro de cada teresica un poco de confitura o mermelada, o simplemente crema pastelera. Doblarlas en forma de empanadillas.
8. Freírlas en aceite abundante y muy caliente. Espolvo-rearlas con azúcar.

Sobaos pasiegos

Para 6 personas

Tiempo de elaboración: 35 minutos

Dificultad: baja

Ingredientes:

- 250 g de harina
- 250 g de azúcar
- 250 g de mantequilla
- 3 huevos
- 1 cucharada de ron
- ralladura de limón
- sal
- 2 cucharaditas de levadura en polvo

Preparación

1. En un bol hondo, trabajar la mantequilla reblandecida con el azúcar, la ralladura de limón, una pizca de sal, los huevos batidos y el ron.
2. Aparte, mezclar la harina con la levadura en polvo y añadirlas a la pasta anterior. Trabajar con las manos hasta que todo esté bien ligado.
3. Preparar unos moldes de papel sulfurizado y llenarlos hasta la mitad con la pasta preparada.
4. Precalentar el horno a 180 °C e introducir los moldes. Pasados 15 minutos, aproximadamente, retirarlos del horno cuando se vean dorados, pero sin llegar a resecarse.

Pastelitos para el chocolate

Para 4 personas

Tiempo de elaboración: 50 minutos

Dificultad: media

Ingredientes:

- 5 huevos
- 400 g de harina
- 100 g de mantequilla
- 100 g de azúcar
- sal
- 1 copita de brandy
- 100 g de almendras tostadas
- azúcar gruesa

Preparación

1. Separar las yemas de las claras y conservarlas aparte.

2. En tres recipientes distintos, conservar 2 claras en uno, 4 yemas en otro y, finalmente, en el último 1 sola yema.
3. Pelar las almendras y triturarlas finamente.
4. En un recipiente hondo, disponer la harina en forma de lluvia y pasada por el tamiz, 4 yemas de huevo, las 2 claras ya batidas a punto de nieve, 100 g de azúcar y 100 g de mantequilla derretida al calor, una pizca de sal y brandy.
5. Mezclar primeramente con el batidor durante un buen rato y luego amasar la pasta hasta que quede compacta.
6. Espolvorear con harina la mesa de cocina o el mármol, extender sobre ella la masa y aplanarla con el rodillo hasta obtener 1/2 dedo de espesor. Con un rodillo para cortar la masa, formar primero unas tiras y luego unos cuadros de 4 centímetros de diámetro.
7. Desleír una yema de huevo con un poco de agua.
8. Untar con mantequilla una fuente para horno, disponer en ella los cuadrados de masa embadurnados en la superficie con la yema de huevo batida y espolvoreada con la almendra triturada y azúcar.
9. Introducir los pastelitos en el horno y, cuando estén dorados, retirarlos, disponerlos en un plato de cristal y servir con el chocolate.

Palitos de chocolate

Para unas 50 unidades

Preparación: 15 minutos

Cocción: 15 minutos a 160 ºC

Dificultad: baja

Ingredientes:

- 4 claras de huevo
- 75 g de azúcar
- 75 g de almendras molidas
- 35 g de harina
- 100 g de chocolate de cobertura

Preparación

1. Montar las claras a punto de nieve, añadir la mitad del azúcar y seguir batiendo. Seguidamente incorporar el azúcar restante, las almendras molidas y la harina, y mezclar suavemente con una espátula.
2. Poner esta preparación en una manga pastelera con boquilla mediana y formar palitos sobre una placa de horno untada con mantequilla y espolvoreada con harina. Espolvorear con azúcar glas para que la masa no ensanche al cocer y meter al horno hasta

que estén dorados. Desprender inmediatamente de la placa y dejar enfriar.

3. Cubrir los palitos con el chocolate de cobertura derretido.

Lenguas de gato I

Para unas 40 unidades

Preparación: 10 minutos

Cocción: 7 a 8 min a 180 °C

Dificultad: baja

Ingredientes:

*| 45 g de mantequilla
*| 60 g de azúcar glas
*| 1 3/4 clara de huevo
*| Unas gotas de extracto de vainilla
*| 70 g de harina

Preparación

1. Batir con fuerza la mantequilla con el azúcar y el huevo hasta que alcance el punto de pomada.
2. Añadir la vainilla y seguidamente la harina de una vez. Mezclar y poner en una manga pastelera con boquilla pequeña lisa. Formar tiras delgadas sobre una placa de horno untada con muy poca mantequilla, dejando espacio entre ellas.
3. Golpear la placa ligeramente para aplanar la masa y meter al horno hasta que los bordes tomen color.
4. Desprenderlas inmediatamente de la placa y dejar enfriar por completo.

Cigarrillos

Para unas 30 unidades

Preparación: 10 minutos

Cocción: 7 a 8 min a 180 °C

Dificultad: media

Ingredientes:

*| 45 g de mantequilla
*| 60 g de azúcar glas
*| 1 3/4 clara de huevo
*| Unas gotas de extracto de vainilla
*| 50 g de harina

Preparación

1. Preparar la masa de la misma manera que la de las lenguas de gato.
2. Poner en una manga pastelera con boquilla mediana lisa y disponer sobre placas untadas con un poco de mantequilla, dando forma ovalada y dejando espacio para que ensanche al cocer.
3. Golpear la placa ligeramente para aplanar la masa y meter al horno hasta que los bordes tomen color.

4. Sacarlos uno por uno del horno y enrollarlos en un palito o en el mango de una cuchara de madera, apretando ligeramente para pegarlos.

Tejas

Para unas 30 unidades

Preparación: 10 minutos

Cocción: 7 a 8 min a 180 °C

Dificultad: media

Ingredientes:

*| 60 g de azúcar

*| 60 g de almendras en láminas

*| 25 g de harina

*| 1 huevo

*| 1 1/2 clara de huevo

*| Unas gotas de extracto de vainilla

Preparación

1. Poner todos los ingredientes en un cuenco amplio y mezclarlos con una cuchara, sin batir. Es preferible preparar la masa con cierta antelación.
2. Con ayuda de una cuchara, poner montoncitos de masa sobre una placa de horno untada con mantequilla y espolvoreada con harina.
3. Extender con un tenedor humedecido y meter al horno hasta que las tejas estén doradas. Desprenderlas de la placa con una paleta o espátula y colocarlas sobre un molde de tejas.
4. Se conservan en una lata.

Croquetas de almendras

Para unas 40 unidades

Preparación: 10 min a 180 °C

Dificultad: baja

Ingredientes:

*| La ralladura de 1 naranja

*| 1 cucharadita de extracto de vainilla

*| 75 g de almendras o avellanas

Para la pasta de galleta:

*| 150 g de harina

*| 60 g de mantequilla

*| 75 g de azúcar

*| 1 huevo grande

Preparación

1. Hacer una pasta de galleta (pág. 48) y añadir la ralladura de naranja, la vainilla y las almendras. Mezclar, cortando la masa con un cuchillo para distribuir los ingredientes, y dividir la pasta en dos o tres pedazos.
2. Formar rollos del grosor de un corcho, po-

nerlos sobre una placa de horno y aplanarlos un poco con los dedos. Pintar con huevo batido, hacer unas rayas con un tenedor y meter al horno hasta que se forme una costra dorada.

3. Sacar del horno y cortar en pedazos de 1,5 cm de ancho.

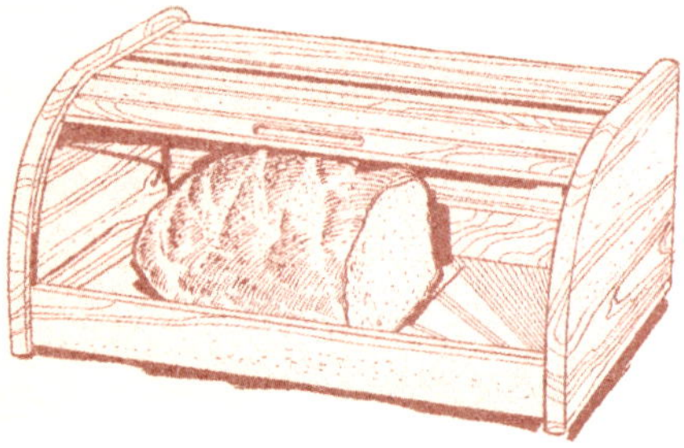

Macarrones de coco

Para unas 40 unidades

Preparación: 10 minutos

Cocción: 20 min a 160 °C

Dificultad: baja

Ingredientes:

- 125 g de azúcar
- 125 g de coco rallado
- 4 claras de huevo

Preparación

1. Poner el azúcar y las claras en un cuenco amplio y calentar ligeramente al baño María, mezclando con unas varillas.
2. Añadir el coco y seguir batiendo hasta que la mezcla quede blanquecina y ligera. Poner esta preparación en una manga pastelera con boquilla grande rizada y disponer los macarrones sobre una placa de horno cubierta con papel parafinado.
3. Hornear hasta que se doren.

Magdalenas II

Para 20-25 unidades

Preparación: 20 minutos

Cocción: 10 min a 180 °C

Dificultad: media

Ingredientes:

- 250 g de azúcar
- 200 g de harina
- 4 huevos
- 125 g de mantequilla
- La ralladura de 1 limón
- 1/2 paquete de levadura química
- Unas gotas de esencia de limón
- Unas gotas de extracto de vainilla

Preparación

1. Trabajar con una espátula la harina, el azúcar, los huevos, la vainilla y la ralladura de limón durante 5 minutos hasta que la mezcla quede blanquecina y ligera. Añadir

la mantequilla derretida y mezclar hasta que quede completamente incorporada. Verter la levadura en forma de lluvia y mezclar.

2. Dejar en el frigorífico de 10 a 12 horas. Pasado este tiempo, poner en moldes untados con mantequilla y espolvoreados con harina, llenándolos hasta 2/3 de su capacidad.
3. Meter al horno a 180 °C y terminar la cocción a 160 °C, para que el centro suba y termine de hacerse.

Margaritas

Para unas 50 unidades

Preparación: 20 minutos

Cocción: 10 min a 180 °C

Dificultad: baja

Ingredientes:

*| 175 g de harina
*| 125 g de mantequilla
*| 60 g de azúcar glas
*| 5 cl de leche
*| La ralladura de 1 limón
*| Unas gotas de extracto de vainilla

Preparación

1. Batir la mantequilla hasta que alcance el punto de pomada. Añadir el azúcar y mezclar con un batidor de varillas hasta que la mezcla quede esponjosa. Incorporar la leche, poco a poco, la vainilla y la ralladura de limón, y mezclar, debiendo quedar la masa bastante blanda. Si fuera necesario, calentarla ligeramente.
2. Añadir la harina de una vez y mezclar con el batidor, sin batir.
3. Poner la mezcla en una manga pastelera con boquilla grande rizada y formar margaritas sobre papel parafinado untado con mantequilla, manteniendo la manga pastelera en vertical con la boquilla contra el papel.
4. Poner un pedacito de cereza confitada en el centro y meter al horno hasta que las margaritas estén doradas.

Pastitas de pasas

Para unas 40 unidades

Preparación: 10 minutos

Cocción: 7 a 8 min a 180 ºC

Dificultad: baja

Ingredientes:

*| 60 g de mantequilla

*| 60 g de azúcar glas

*| 1 huevo pequeño

*| 60 g de pasas

*| Unas gotas de extracto de vainilla

Para el glaseado de ron:

*| 50 g de azúcar glas

*| 2 cl de ron o de zumo de limón

Preparación

1. Batir la mantequilla hasta que alcance el punto de pomada. Añadir el huevo y mezclar a fondo. Seguidamente incorporar la harina de una sola vez y mezclar sin batir.
2. Poner esta preparación en una manga pastelera con boquilla grande lisa y formar pastas del tamaño de profiteroles sobre una placa de horno cubierta con papel parafinado untado con un poco de mantequilla. Meter al horno hasta que estén doradas. Sacar del horno y desprender de la placa.
3. Mientras se cuecen las pastas, preparar el glaseado disolviendo el azúcar en el ron o zumo de limón. Cubrir las pastas con el glaseado con ayuda de un pincel de repostería nada más salir del horno. Dejar enfriar.

Frutas rellenas y bañadas en caramelo

Para unas 40 unidades

Preparación: 20 minutos

Cocción: 10 minutos

Dificultad: media

Ingredientes:

*| 300 g de pasta de almendras (pág. 44)

*| Fruta variada (guindas, ciruelas, higos...)

Para el caramelo:

*| 250 g de azúcar

*| 8 cl de agua

*| Unas gotas de zumo de limón

Preparación

1. Aromatizar y colorear la pasta de almendras (calcular 7 u 8 g por unidad) y rellenar la fruta con ella.
2. Hacer el caramelo con el azúcar, el agua y el zumo de limón.
3. Pinchar la fruta rellena con la punta de una puntilla y bañarla en el caramelo hasta media

altura. Escurrir golpeando la hoja de la puntilla en el borde del cazo para eliminar el caramelo sobrante. Colocar la fruta sobre una placa de horno untada con un poco de aceite. Estas frutas rellenas tienen una duración máxima de 2 días. Deben conservarse en un lugar seco.

Variantes

1. *Poner las frutas rellenas en un colador pequeño y colocar éste sobre un cazo con agua hirviendo. Tapar y mantener durante 30 segundos para que el vapor envuelva las frutas. Seguidamente rebozarlas en azúcar, golpear ligeramente para eliminar el azúcar sobrante y poner en una fuente o plato.*
2. *Si se desea conservarlas durante más tiempo, dejarlas secar al aire libre durante 1 o 2 días y seguidamente guardarlas en una lata hermética. De esta manera se conservan durante más de un mes.*

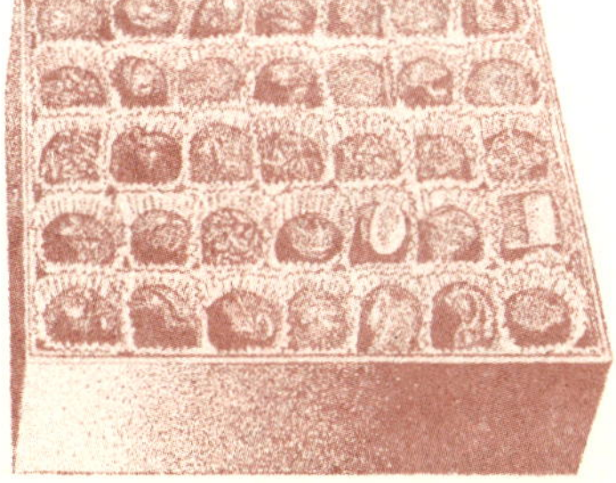

Brochetas de fruta

Para 6 personas

Preparación: 20 minutos

Dificultad: baja

Ingredientes:

20 frutas rellenas

Fruta fresca

Preparación

Ensartar la fruta rellena, bañada en caramelo o no, en brochetas de madera, alternándola con pedazos de fruta fresca, como piña, fresas, uvas, melón o frambuesas, según la temporada.

Se pueden utilizar para acompañar un postre.

Cerezas bañadas en fondant

Para 6 personas

Preparación: 10 minutos

Cocción: 5 minutos

Dificultad: media

Ingredientes:

*| *20 cerezas en aguardiente*

*| *200 g de fondant (pág. 43)*

Preparación

1. *Escurrir las cerezas, sin quitarles el ra-*

billo, durante 1 hora en un lugar caliente (40 °C máximo).

2. Calentar el fondant a fuego lento, removiendo con una espátula hasta que alcance una temperatura de 45 °C. Si fuera necesario, aligerarlo con un poco de kirsch o del aguardiente de las cerezas.
3. Sumergir las cerezas completamente en el fondant, sujetándolas por el rabillo. Sacarlas y eliminar el fondant sobrante en el borde del cazo. Colocar las cerezas sobre una placa o sobre un plato espolvoreado con azúcar glas.

Variantes

1. El fondant puede colorearse de rosa.
2. Asimismo, las cerezas se pueden bañar nuevamente en cobertura de chocolate, sumergiéndolas hasta la mitad.

Bombones de praliné

Para unas 40 unidades

Preparación: 40 minutos

Cocción: 15 minutos

Dificultad: alta

Ingredientes:

Para el relleno:

*| 500 g de praliné (pág. 45)

*| 200 g de chocolate

*| Para bañar:

*| 400 g de chocolate de cobertura

Preparación

1. Derretir el chocolate al baño María, añadir el praliné y trabajar hasta que la mezcla quede homogénea. Dejar enfriar hasta que se solidifique. Si fuera necesario, meter al frigorífico.
2. Fraccionar la masa de chocolate, golpearla con un rodillo y estirarla, espolvoreándola con azúcar glas, hasta que tenga 1 cm de grosor. Cortar los bombones con un cortapastas o con un cuchillo.
3. Derretir el chocolate de cobertura y proceder a bañar los bombones. Para ello, sumergir los bombones en el chocolate, extraerlos con un tenedor, eliminando el chocolate sobrante, y colocarlos sobre una hoja de papel parafinado, dejando que se deslicen o dándoles la vuelta.
4. Hacer inmediatamente unas marcas con un tenedor para bañar (o uno normal).

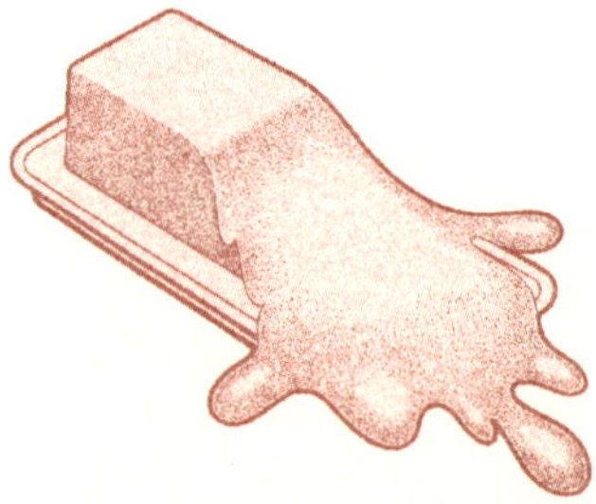

Bombones rellenos de pasta de almendras

Para unas40 unidades

Preparación: 40 minutos

Cocción: 5 minutos

Dificultad: alta

Ingredientes:

*| 500 g de pasta de almendras (pág. 44)

*| 400 g de cobertura de chocolate

Preparación

Aromatizar y colorear la pasta de almendras al gusto. Ésta no deberá quedar muy blanda, si fuera necesario, mezclarla con azúcar glas. Proceder de la misma manera que para hacer los bombones de praliné.

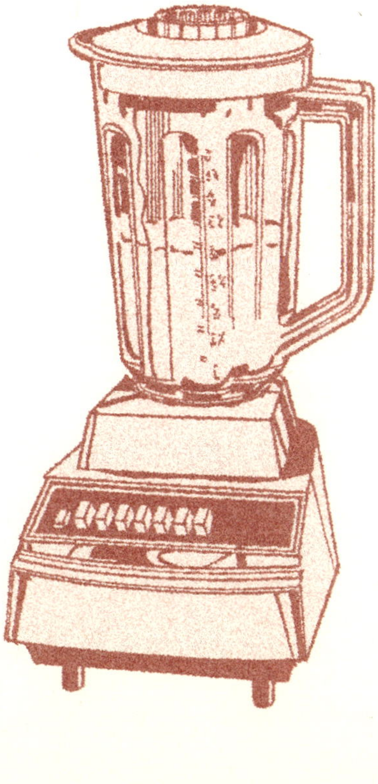

Trufas al Cointreau

Para unas 50 unidades

Preparación: 40 minutos

Cocción: 5 minutos

Dificultad: alta

Ingredientes:

*| 400 g de chocolate de cobertura

Para la crema de chocolate:

*| 150 g de nata líquida

*| 250 g de chocolate

*| 30 g de mantequilla

*| 2 cl de Cointreau

Preparación

1. Preparar la crema de chocolate (pág. 64) y, cuando esté templada, añadir el Cointreau. Mezclar y meter al frigorífico hasta que enfríe por completo.
2. Calentar la crema ligeramente y trabajarla con una espátula. Dividirla en 4 o 5 partes y formar rollos del grosor de un corcho. Cortar los rollos en pedazos de 2 cm, redondearlos rápidamente de dos en dos, para que la crema no se derrita, y ponerlos sobre una placa espolvoreada con un poco de azúcar glas. Reservar en el frigorífico.
3. Derretir el chocolate de cobertura al baño María a 32° C y sumergir las trufas. Sa-

carlas con un aro de bañar o con un tenedor y eliminar el chocolate sobrante. Escurrir ligeramente y colocarlas sobre cacao amargo. Esperar un poco (el tiempo que se tarde en hacer 10 trufas) y seguidamente rebozarlas en el cacao con un tenedor.

4. Dejar enfriar y guardarlas en una lata, en fila, en un lugar seco, pero no en el frigorífico.
5. Se conservan durante 2 a 3 semanas.
6. Pasar el cacao restante por un tamiz o colador para eliminar las gotas de chocolate, que servirán para preparar, por ejemplo, salsas de chocolate.

Rocas

Para unas 50 unidades

Preparación: 40 minutos

Dificultad: media

Ingredientes:

* 150 g de pasas blancas, maceradas en ron
* 20 g de pistachos
* 100 g de piel de naranja confitada, picada
* 300 g de almendras en tiras, tostadas
* 500 g de chocolate de cobertura

Preparación

1. Escurrir las pasas.
2. Calentar todos los ingredientes a 30 °C y mezclarlos, en pequeñas cantidades, con el chocolate de cobertura derretido. Con ayuda de una cuchara, disponer pequeñas rocas de chocolate sobre papel parafinado.
3. Dejar enfriar.

Buñuelos de manzana, pera, albaricoque, plátano, etc.

Para 6 personas

Preparación: 20 minutos

Cocción: 5 minutos

Dificultad: baja

Ingredientes:

* 300 g de masa de buñuelos (pág. 244)
* 800 g de manzanas
* 80 g de azúcar
* 1 cl de calvados

Preparación

1. Preparar la masa de buñuelos.
2. Pelar las manzanas, vaciarlas y cortarlas en rodajas de 8 a 10 mm de grosor. Ponerlas en una fuente, espolvorearlas con el azúcar y rociarlas con el calvados. Sumergir las rodajas en la pasta y freírlas en abundante

aceite caliente (170 °C) hasta que estén doradas por ambos lados.

3. Escurrir, espolvorear con azúcar glas y meter al horno hasta que se caramelicen.
4. Se puede acompañar de salsa de albaricoque templada.

Estos buñuelos se pueden preparar con todo tipo de fruta, como peras cortadas en cuartos, plátanos cortados en cilindros, etc.

Bolas de Berlín

Para 6 personas

Preparación: 30 minutos

Dificultad: alta

Ingredientes:

*| 120 g de mermelada de albaricoque

*| 30 g de azúcar glas

Para la masa de brioche:

*| 250 g de harina

*| 5 g de sal

*| 15 g de azúcar

*| 2 1/2 huevos

*| 10 g de levadura de cerveza

*| 3 cl de agua templada

*| 125 g de mantequilla

Preparación

1. Preparar la masa de brioche (pág. 52), cortarla en 12 pedazos del mismo tamaño y formar bolas. Ponerlas sobre un paño espolvoreado con harina y dejar fermentar en un lugar caliente, protegidas de corrientes de aire, hasta que tripliquen de volumen.
2. Freír las bolas en abundante aceite caliente hasta que estén doradas por todos lados, y escurrirlas sobre papel absorbente.
3. Hacer un agujero a un lado y rellenarlas con la mermelada. Espolvorear con azúcar glas.

Pestiños II

Para 6 personas

Preparación: 20 minutos

Cocción: 5 min a 180 °C

Dificultad: media

Ingredientes:

*| 250 g de harina

*| 40 g de mantequilla

*| 20 g de azúcar

*| 1 cl de brandy

*| 4 huevos

*| 1 pizca de sal

*| 50 g de azúcar glas, para el acabado

Preparación

1. Amasar todos los ingredientes. Dejar reposar durante 2 horas.
2. Estirar la masa hasta que tenga 2 mm de grosor. Con ayuda de una rueda para cortar o de un cuchillo, cortarla en rombos, rectángulos o triángulos y freír en abundante aceite caliente a 180 °C hasta que los pestiños estén dorados por ambos lados.
3. Escurrir y dejar enfriar. Espolvorear con azúcar glas.

Buñuelos de viento II

Para 6 personas

Preparación: 20 minutos

Cocción: 5 min a 160 °C

Dificultad: media

Ingredientes:

*| Crema inglesa o coulis de fruta

Para la pasta choux:

*| 12,5 cl de agua

*| 2 g de sal

*| 4 g de azúcar

*| 50 g de mantequilla

*| 80 g de harina

*| 2 a 2 1/2 huevos

Preparación

1. Hacer la pasta choux (pág. 53), formar con ella unas bolitas y freírlas en abundante aceite a 160° C. No poner demasiadas bolitas cada vez, ya que se hinchan mucho.
2. Escurrir sobre papel absorbente, dejar templar y espolvorear con azúcar glas. Servir los buñuelos formando una pirámide, acompañados de crema inglesa o de coulis templado.

Buñuelos rellenos II

Para 6 personas

Preparación: 20 minutos

Cocción: 5 min a 160 °C

Dificultad: baja

Ingredientes:

Para la pasta choux:

*| 12,5 cl de agua

*| 2 g de sal

*| 4 g de azúcar

*| 50 g de mantequilla

*| 80 g de harina

*| 2 a 2 1/2 huevos

Para la crema pastelera:

*| 1/4 de litro de leche

*| 1 huevo

*| 60 g de azúcar

*| 15 g de harina

*| 15 g de maicena

*| 1 cucharadita de extracto de vainilla

Preparación

1. Preparar los buñuelos de la misma manera que los buñuelos de viento.
2. Rellenarlos, como los petisús, con la crema pastelera templada y espolvorearlos con azúcar glas.
3. Servirlos formando una pirámide, acompañados de coulis de cerezas negras o de crema inglesa.

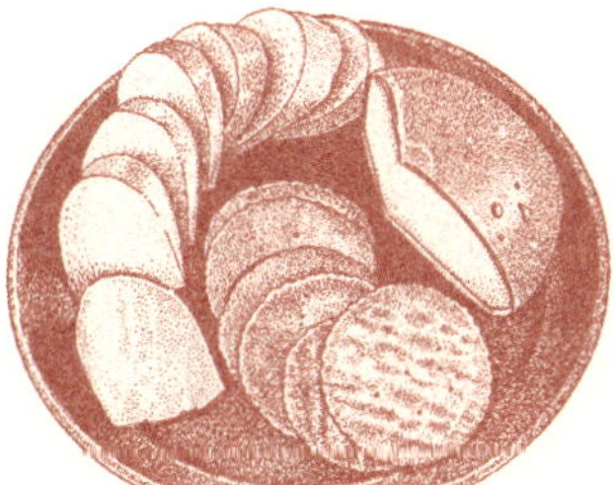

Empanadillas rellenas de ciruelas

Para 6 personas

Preparación: 40 minutos

Cocción: 10 min a 170 °C

Dificultad: media

Ingredientes:

Para la masa:

*| 300 g de harina

*| 3 huevos

*| 50 g de mantequilla

*| 7,5 cl de agua

*| 3 g de sal

Para el relleno de ciruelas:

*| 400 g de ciruelas pasas

*| 100 g de azúcar

*| 10 cl de vino tinto

*| 50 g de azúcar glas

Preparación

1. Formar un volcán con la harina y poner en el centro los huevos, la sal y la mantequilla blanda. Añadir el agua y mezclar. Trabajar la masa y dejar reposar durante media hora.
2. Si las ciruelas están muy secas, ponerlas en maceración en el vino y un poco de agua durante 1 o 2 horas. Al cabo de este tiempo, cocerlas en el líquido de maceración y dejar enfriar. Seguidamente, deshuesarlas, triturarlas, añadir el azúcar y mezclar hasta conseguir una mermelada.
3. Para preparar las empanadillas, estirar la masa formando un cuadrado o un rectángulo. Sin cortar la masa, trazar unos cuadra-

dos de 7 x 7 cm en la mitad de ésta. Poner la mermelada de ciruela en una manga pastelera y distribuirla en montoncitos sobre los cuadrados (esta operación también se puede hacer con una cucharita).

4. Humedecer con agua las marcas hechas en la masa. Enrollar la masa en un rodillo y desenrollarla sobre los cuadrados rellenos. Apretar para pegar los bordes y separar cada empanadilla cortando la masa con una rueda para cortar o con un cuchillo.
5. Freír las empanadillas en abundante aceite caliente a 170/180°C hasta que estén doradas por ambos lados y escurrirlas sobre papel absorbente.
6. Dejar enfriar y espolvorear con azúcar glas. Servir formando una pirámide.

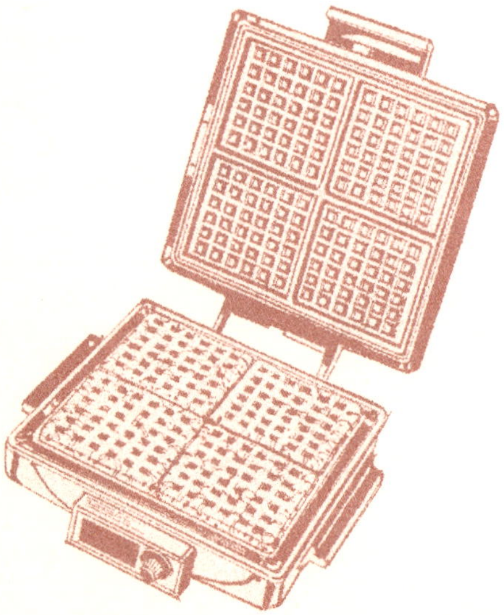

Bolsitas de crepes

Para 6 personas

Preparación: 40 minutos

Cocción: 30 minutos

Dificultad: media

Ingredientes:

- Coulis de albaricoque

Para la masa de crepes (crepes de 20 cm de diámetro):

- 250 g de harina
- 3 g de sal
- 20 g de azúcar
- 5 huevos
- 75 cl de leche
- 25 g de mantequilla
- 25 cl de aceite

Para el relleno:

- 3 cl de agua
- 800 g de manzanas
- 30 g de mantequilla
- 2 cl de calvados
- 30 g de pasas
- 100 g de guirlache
- 20 g de azúcar

Para el collarín de manzana o bien la cinta de limón

- 400 g de manzanas

*| 50 g de azúcar

*| 1 limón o la cinta de limón:

Preparación

1. Preparar y hacer las crepes (pág. 54), debiendo quedar bastante delgadas.
2. Para preparar el relleno, pelar las manzanas, vaciarlas y cortarlas en dados de 5 mm de grosor. Añadir la mantequilla y el agua, y cocerlas, tapadas, durante unos minutos, removiendo.
3. Añadir el calvados, flamear y añadir las pasas, el guirlache troceado y el azúcar.
4. Para preparar la cinta de limón, quitar la piel de un limón grande y muy fresco con un acanalador; con un limón se obtiene una cinta de 2 m. aproximadamente. Escaldar la cinta en 3/4 de agua hirviendo y pasarla por agua fría. Repetir la operación dos veces para eliminar el amargor. Seguidamente cocer la cinta en un almíbar ligero hecho con 50 g de azúcar y 1 dl de agua durante 5 a 10 minutos a fuego lento. Se pueden añadir una gotas de granadina para colorear el limón.
5. Para preparar el collarín de manzana, pelar dos manzanas de 8 cm de diámetro y cortarlas en rodajas de 1 cm de grosor. Retirar el corazón con un cortapastas. Mojar con un poco de agua y unas gotas de zumo de limón, añadir 50 g de azúcar y llevar a ebullición. Escurrir y poner en un plato.
6. Rellenar las crepes, con el lado más dorado hacia afuera, con una cucharada colmada de relleno templado y cerrarlas formando una bolsita. Atar las bolsitas con la cinta de limón o sujetar los bordes con el collarín de manzana. Poner en una fuente de horno untada con mantequilla, espolvorear con azúcar glas y meter unos segundos en el horno muy caliente hasta que se caramelicen y se doren ligeramente.
7. Servir las bolsitas rodeadas de coulis de albaricoque templado o servido en salsera aparte.

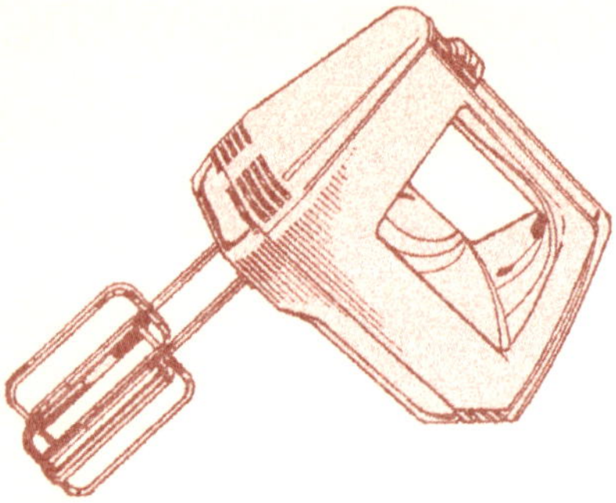

Crepes rellenas

Para 6 personas

Preparación: 20 minutos

Cocción: 30 minutos

Dificultad: media

Ingredientes:

Para la masa de crepes (pág. 54):

*| 250 g de harina

*| 3 g de sal

*| 20 g de azúcar

*| 5 huevos

*| 75 cl de leche

*| 25 g de mantequilla

*| 25 cl de aceite

Para el relleno:

*| 800 g de crema pastelera aromatizada con kirsch (pág. 65)

*| 1/2 piña

Para la salsa de albaricoque:

*| 100 g de almíbar claro

*| 15 cl de zumo de albaricoque

Preparación

1. Preparar las crepes y mantenerlas templadas cubriéndolas con papel de aluminio.
2. Cortar la piña en dados pequeños y mezclarlos con la crema pastelera.
3. Poner una cucharada de relleno sobre la mitad de las crepes y doblarlas en cuatro. Ponerlas en una fuente de horno untada con mantequilla, espolvorear con azúcar glas y meter al horno a 220ºC durante 4 a 5 minutos aproximadamente hasta que se calienten y se caramelicen ligeramente, sin llegar a secarse.
4. Servir con salsa de albaricoque templada servida en salsera aparte.

Crepes suflé con miel y avellanas

Para 6 personas

Preparación: 20 minutos

Cocción: 40 minutos

Dificultad: alta

Ingredientes:

*| 75 g de avellanas tostadas y troceadas

*| 3 dl de coulis de albaricoque

*| 5 cl de zumo de naranja

Para la masa de crepes (pág. 54):

- 250 g de harina
- 3 g de sal
- 20 g de azúcar
- 5 huevos
- 75 cl de leche
- 25 g de mantequilla
- 25 cl de aceite

Para el suflé:

- 3 claras de huevo
- 75 g de azúcar
- 75 g de miel

Preparación

1. Preparar las crepes, poner la mezcla de suflé (preparado como un merengue italiano de la pág. 56), sobre una mitad y cubrir con las avellanas. Doblar las crepes, ponerlas en una fuente de horno untada con mantequilla y meter 5 minutos al horno a 200° C.
2. En el momento de servir, rociar con brandy y flamear en presencia de los invitados.
3. En salsera parte, servir un coulis de albaricoque con el zumo de naranja templado.

Gofres delicia

Para 6 personas

Preparación: 5 minutos

Cocción: 5 minutos

Dificultad: baja

Ingredientes:

- 250 g de harina
- 1 g de sal
- 1/2 litro de nata
- 100 g de mantequilla
- 3 huevos

Preparación

1. Mezclar todos los ingredientes, excepto la mantequilla, con una batidora de varillas hasta conseguir una masa lisa.
2. Añadir la mantequilla derretida fría y mezclar.

Cocer en un aparato de gofres untado con mantequilla o aceite y muy caliente.

Galletas y Pastas

Polvorones

Para 4 personas

Tiempo de elaboración: 1 hora y 10 min.

Dificultad: baja

Ingredientes:

|* 400 g de harina

|* 200 g de manteca

|* 150 g de azúcar glas

Preparación

1. Poner la harina en la placa del horno y dorarla ligeramente a temperatura suave. Dejar enfriar y reservar.
2. En un cazo, derretir la manteca; incorporar la harina cuando ya esté fría y remover. Añadir el azúcar glas y amasar unos 10 minutos con las manos. Dejar reposar 25 minutos.
3. Los polvorones se confeccionan con las manos y se colocan sobre la placa de horno previamente engrasada y espolvoreada con harina. Introducir en el horno durante 30 minutos a temperatura suave.
4. Dejar enfriar. Espolvorear con azúcar glas y servir.

Lenguas de gato II

Para 4 personas

Tiempo de elaboración: 40 minutos

Dificultad: baja

Ingredientes:

|* 100 g de harina

|* 100 g de azúcar

|* 25 g de azúcar vainillado

|* 2 huevos

|* 100 g de mantequilla

Preparación

1. Poner en un cazo el azúcar, la mantequilla derretida y el azúcar avainillado, y mezclar bien.
2. Separar las yemas de las claras de huevo y batir éstas a punto de nieve, añadiéndolas a la mezcla anterior. Batir bien, con movimientos suaves.
3. Poco a poco, ir añadiendo la harina. Cuando se consiga una masa fina y homogénea, dejar de batir y llenar con ella una manga pastelera de boca ancha.
4. Engrasar una placa de horno con mantequilla y sobre ella, y con la manga pastelera, ir formando las lenguas de gato, dejando entre ellas un poco de espacio para que no se peguen al hornearse. Introducir la placa en

el horno a 190 °C, durante unos 10 minutos, hasta que los bordes adquieran un color dorado.

5. Sacar del horno y, con un cuchillo o una espátula, desprender las lenguas y colocarlas en una fuente.

Almendrados

Para 4 personas

Tiempo de elaboración: 40 minutos

Dificultad: baja

Ingredientes:

- 150 g de azúcar glas
- 125 g de almendras tostadas
- 50 g de harina
- 200 g de mantequilla
- 4 claras de huevo
- 2 cucharaditas de café instantáneo

Preparación

1. Pesar 125 g de azúcar glas y reservar. Triturar las almendras. Mezclar bien el azúcar glas, las almendras y la harina, y añadir las 3 claras de huevo y el café instantáneo. Batir bien con una cuchara de madera.
2. Derretir la mantequilla hasta que adquiera un color dorado y añadirla a la mezcla anterior.
3. Batir la clara restante a punto de nieve, agregar los 25 g de azúcar glas que restaban, seguir batiendo y añadirlo a la mezcla de almendras.
4. Untar los moldes con un poco de aceite y colocar en ellos la mezcla preparada; ponerlos sobre una placa de horno y cocer a temperatura moderada, 170 °C. No dejar que se doren demasiado. Retirar del horno y dejarlos enfriar sobre una rejilla.

Pastas de té

Para 4 personas

Tiempo de elaboración: 40 minutos

Dificultad: baja

Ingredientes:

- 150 g de mantequilla
- 200 g de harina
- 150 g de azúcar fino
- 3 claras de huevo
- mantequilla para engrasar
- harina para espolvorear
- esencia de vainilla

Preparación

1. Trabajar la mantequilla en un recipiente hasta formar una crema. Añadir, mezclando sin parar, el azúcar y la esencia de vainilla.

2. Montar las claras a punto de nieve e incorporarlas a la masa anterior, removiendo con cuidado de abajo arriba.
3. Colocar la masa en una manga pastelera con boquilla.
4. Untar una placa de horno con mantequilla y espolvorear con un poco de harina. Con la manga, formar las pastas que se desee: redondas, alargadas, discos finos (para hacer dobles), etc.
5. Introducir en el horno precalentado a 180 °C, de 5 a 10 minutos (según el grosor de las pastas).
6. Dejar enfriar sobre una rejilla. Decorar con chocolate, mermelada, guindas, azúcar glas, etc. Los pequeños discos pueden rellenarse con praliné.

Pastelitos de nougat

Para 4 personas

Tiempo de elaboración: 55 minutos

Dificultad: media

Ingredientes:

- 4 claras de huevo
- 8 yemas
- 100 g de azúcar
- 80 g de harina
- 20 g de fécula
- 40 g de cacao en polvo
- 250 g de mantequilla
- 100 g de baño de chocolate
- cerezas confitadas

Para el pudding

- 1/2 l de leche
- 1 bolsita de polvos de vainilla para pudding
- 2 yemas de huevo
- 150 g de azúcar

Para el nougat

- 50 g de almendras
- 25 g de azúcar
- 25 g de cacao en polvo

Preparación

1. Poner en un cuenco las 8 yemas y 50 g de azúcar. Batir hasta obtener una mezcla espumosa, montar las claras con el resto del azúcar e incorporar, moviendo de abajo arriba, a la mezcla anterior.
2. Tamizar por encima la harina junto con la fécula y el cacao, y mezclar. Extender esta masa de bizcocho sobre papel de barba y cocer en el horno, precalentado anteriormente, de 8 a 10 minutos a una temperatura media.

3. Al sacarlo del horno, volcar el bizcocho sobre un paño y desprender el papel. Dejar enfriar y reposar durante 2 horas, y cuando esté frío, cortar en tres tiras.
4. Preparar un pudding con la leche, los polvos, las yemas y el azúcar. Preparar también el nougat; mezclando y triturando bien los ingredientes y llevándolos a su fusión.
5. Batir la mantequilla hasta que quede espumosa y mezclar con ella, a cucharadas, el pudding y el nougat derretido.
6. Untar 2 tiras de bizcocho con la crema resultante, colocar las tres tiras una encima de otra y cubrir con crema de nougat.
7. Derretir el baño de chocolate y cubrir con él el pastel. Cortar en porciones y adornar cada una con crema de nougat y una cereza.

Galletitas de mantequilla

Para 4 personas

Tiempo de elaboración: 1 hora y 15 min.

Dificultad: media

Ingredientes:

- 150 g de mantequilla
- 150 g de azúcar
- 4 yemas de huevo
- 250 g de harina
- una pizca de crémor tártaro
- una pizca de sal
- azúcar cristalizado para cubrir las galletas

Preparación

1. Poner la mantequilla en un recipiente y trabajarla hasta obtener una crema. A continuación, añadir el azúcar y continuar trabajando. Agregar las yemas y trabajar bien hasta conseguir una masa homogénea.
2. Añadir a la harina el crémor tártaro y la sal, pasar por un cedazo e incorporarlo al preparado. Trabajar con una paleta ligera y, cuando la pasta esté más dura, con una paleta más resistente, o con las manos, hasta conseguir una masa amalgamada pero no demasiado lisa.
3. Depositarla en un recipiente cubierta con una lámina de film transparente y dejar reposar unas 2 horas.
4. En el momento de hacer las galletas, separar la masa que se vaya a utilizar cada vez. Enharinar la superficie de trabajo y estirar la masa con el rodillo hasta que tenga unos 5 mm de grosor.
5. Por último, cortar con cuidado las galletas

con los moldes preferidos y pasarlas, por ambos lados, por el azúcar cristalizado. Engrasar una bandeja de horno, colocar las galletas y hornear a 180 °C, con el horno previamente calentado, unos 15 minutos aproximadamente.

Mantecadas de Astorga

Para 4 personas

Tiempo de elaboración: 40 minutos

Dificultad: media

Ingredientes:

* 1/2 kg de harina
* 1/2 kg de azúcar
* 1/2 kg de manteca
* 12 huevos
* 1/2 cucharada de canela en polvo

Preparación

1. *En un recipiente hondo y amplio, disponer la manteca batida y derretida cerca de la lumbre, el azúcar y batir continuamente hasta mezclar bien.*
2. *Añadir la docena de huevos y, cuando la masa esté bien batida, agregar la harina y la medida de canela en polvo.*
3. *Cuando todos los ingredientes estén bien mezclados y amasados, sin formar grumos, dejar reposar la masa unos instantes.*
4. *Mientras, disponer en una fuente para horno, unos moldes de papel engrasado con forma cuadrada y rellenarlos con unas cucharadas de la masa anterior.*
5. *Introducir la fuente en horno regular o templado y dejar cocer las mantecadas unos diez minutos.*
6. *Dejarlas enfriar, retirar los papeles con cuidado para que no se partan y disponerlas en una fuente plana de cristal para postre.*
7. *Pueden también espolvorearse con un poco de canela en polvo.*

Guardadas en unas cajas de metal pueden conservarse unos cuantos días.

Rosquillas de anís

Para unas 20 rosquillas

Tiempo de elaboración: 1 hora

Dificultad: media

Ingredientes:

* 1/4 kg de harina
* 1 huevo crudo
* 5 cucharadas de azúcar lustre
* 1 cucharada de anís
* 8 cucharadas de azúcar

* 1 cucharadita de levadura en polvo
* aceite de oliva
* raspadura de 1/2 limón
* aceite para freír

Preparación

1. Tamizar la harina y disponerla en un recipiente hondo formando una corona con un hueco en el centro.
2. En el centro, colocar el huevo, 8 cucharadas de azúcar, la raspadura de medio limón, una cucharada sopera de agua, la levadura, 3 cucharadas de aceite y el anís.
3. Mezclar cuidadosamente con un tenedor y agregar despacio la harina. Amasar finalmente con las manos, hasta obtener una pasta fina y suave.
4. Enharinarse las manos y coger con los dedos pequeños porciones de masa, enrollarlas y formar un pequeño cordón grueso, el cual se unirá por los extremos en forma de rosquilla.
5. Con la punta de unas tijeras, formar en la parte exterior de las rosquillas unos pequeños cortes.
6. En una sartén con aceite abundante e hirviendo, freír las rosquillas a fuego no demasiado fuerte.
7. Retirarlas y escurrirlas en un papel secante cuando estén doradas.
8. Servirlas espolvoreadas con azúcar lustre.

Carquinyolis (galletas de almendra)

Para 4 personas

Tiempo de elaboración: 50 minutos

Dificultad: media

Ingredientes:

* 100 g de almendras crudas
* 2 huevos
* 1 limón
* 100 g de azúcar
* 175 g de harina
* 1 cucharadita de levadura en polvo
* 1/2 cucharadita de canela en polvo
* unas gotas de anís

Preparación

1. Formar un volcán con la harina y la levadura sobre un mármol; en el centro, poner

un huevo, el azúcar, la raspadura de limón y la canela; trabajar un poco y luego añadir las almendras crudas enteras, después aromatizar con el anís.

2. Mezclar todo, amasando hasta el punto de poder formar unas barritas de unos tres centímetros de ancho por la mitad de alto. Pintar con un poco de yema de huevo mezclada con unas gotas de agua.
3. Introducir en el horno precalentado sobre una bandeja untada para que no se peguen; dejar cocer hasta que estén doradas, con el horno a temperatura suave.
4. Cuando estén cocidas, cortar diagonalmente mientras estén blandas, ya que si se cortan frías y secas se romperán.
5. Volver a colocarlas en la misma bandeja, dejar secar y dorar dentro del horno.

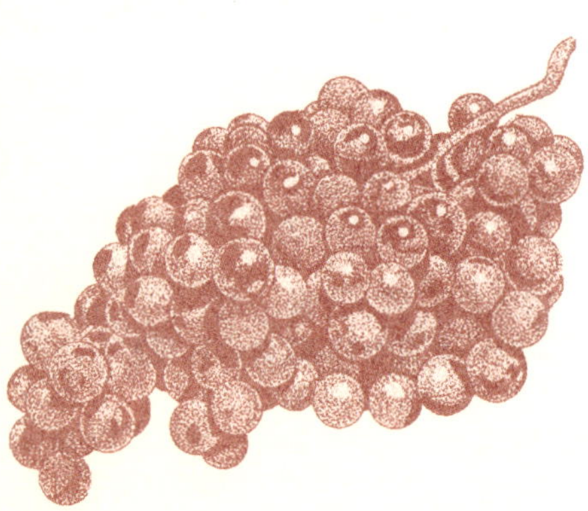

Roscos de vino

Para 4 personas

Tiempo de elaboración: 1 hora y 10 minutos

Dificultad: media

Ingredientes:

* 1 l de buen vino blanco
* 1/2 l de aceite frito
* 200 g de azúcar
* 40 g de granos de anís secos
* harina de trigo
* almíbar a punto de hebra
* azúcar granillo para rebozar
* azúcar lustre para espolvorear

Preparación

1. En un recipiente un poco hondo, poner el vino, el aceite frito pero que habremos dejado enfriar antes, el azúcar y los granos de anís, machacados previamente en el mortero.
2. Ir añadiendo la harina, trabajando, hasta formar una masa un poco dura, trabajarla bien con las manos hasta dejarla suave y lisa.
3. Hacer roscos de unos 15 o 20 gramos cada uno, formando unas bolas y, con el dedo, formar un hueco central.
4. Untar una fuente para horno y colocar los

roscos en ella; dejar reposar 20 minutos y cocerlos precalentando el horno un poco fuerte.

5. Cuando estén cocidos, dejar enfriar.
6. A continuación bañar con el almíbar caliente a punto de hebra flojo.
7. Pasarlos por el azúcar granillo y espolvorear con el azúcar lustre. Dejar secar 4 o 5 minutos.

Perrunillas

Para 4 personas

Tiempo de elaboración: 50 minutos

Dificultad: media

Ingredientes:

- harina
- 6 huevos
- 600 g de azúcar
- 1 copa de aguardiente
- 400 g de manteca
- 1 cucharada de canela en polvo

Preparación

1. Batir fuertemente la manteca en un recipiente hondo; añadir las yemas de los huevos, el aguardiente, el azúcar, la canela y, finalmente, la harina en forma de lluvia; seguir mezclando y batiendo todos los ingredientes hasta obtener una masa suave y blanda.
2. Formar las perrunillas con las manos espolvoreadas con harina.
3. A continuación, disponerlas en una placa de pastelería enmantecada.
4. Batir las claras de huevo a punto de nieve y poner una cucharada sobre cada perrunilla.
5. Introducir la placa en el horno, y retirarla cuando las perrunillas estén doradas. Servir frías.

Rosquillas caseras

Para 4 personas

Tiempo de elaboración: 45 minutos

Dificultad: baja

Ingredientes:

- 400 g de harina
- 150 g de azúcar
- 12 yemas de huevo
- 1 copita de aguardiente
- aceite
- sal

Preparación

1. En una fuente honda disponer la harina formando un hueco en el centro. Disponer con cuidado en el hueco las yemas de huevo diluidas con el aguardiente y una pizca de sal.
2. Trabajar la masa hasta que quede consistente. Coger pequeñas porciones, dándoles la forma de cordón y unir los extremos.
3. Disponer las rosquillas en una placa de pastelería untada con aceite, pintarlas ligeramente con aceite y cocerlas en horno fuerte.
4. Retirar las rosquillas cuando tomen color y espolvorearlas con azúcar. Servir frías.

Rosquillas al horno

Para 4 personas

Tiempo de elaboración: 40 minutos

Dificultad: baja

Ingredientes:

- 1/2 kg de harina
- 1/2 l de aceite
- 1/4 l de agua
- 250 g de azúcar
- 12 huevos

Preparación

1. En un recipiente hondo, disponer el aceite y el agua. Poner sobre el fuego y, cuando comience a hervir, añadir la harina en forma de lluvia y el azúcar. Mezclar y retirar del fuego.
2. Cuando la mezcla se haya enfriado, añadir los 12 huevos y amasar.
3. En una placa pastelera untada con aceite, colocar cucharadas de la masa anterior haciendo un agujero en el centro de cada una, dándoles forma de rosquillas.
4. Introducir la placa en horno suave y mantener hasta que las rosquillas estén doradas.

Tortitas de huevo

Para 4 personas

Tiempo de elaboración: 55 minutos

Dificultad: media

Ingredientes:

- 6 huevos
- 1/2 kg de harina
- 2 vasos de leche
- 5 cucharadas de manteca de cerdo
- sal
- aceite
- pan rallado

Preparación

1. En un cazo hondo sobre el fuego, poner la leche e incorporar la harina en forma de lluvia, batiendo continuamente.

2. Añadir la manteca, mezclando hasta lograr una masa espesa. Espolvorear con sal y retirar del fuego.
3. Pelar y triturar 4 huevos duros; a continuación añadirlos a la masa anterior.
4. Cuando la mezcla esté fría, separar en 4 partes y darles forma de tortitas.
5. Batir 2 huevos en un plato y disponer el pan rallado en otro.
6. Rebozar las tortitas con el huevo y el pan rallado, y freírlas por los dos lados en una sartén amplia y con aceite hirviendo.
7. Servir calientes.

Tortitas de chicharrones

Para 4 personas

Tiempo de elaboración: 40 minutos

Dificultad: baja

Ingredientes:

- 7 cucharadas de harina
- 300 g de chicharrones
- 150 g de azúcar
- 3 huevos
- 1 limón
- 3 cucharadas de manteca

Preparación

1. Rallar la cáscara del limón.
2. Picar finamente los chicharrones.
3. En una fuente redonda, disponer la harina y añadir los huevos y la manteca. Amasar durante 10 minutos, aproximadamente.
4. A continuación añadir los chicharrones, la ralladura de limón y el azúcar. Amasar durante 10 minutos más.
5. Aplastar con el rodillo la masa hasta dejarla muy delgada y formar pequeñas tortas con una ruedecita de pastelería.
6. Disponer las tortitas enharinadas en una placa de horno; cocerlas en horno moderado durante unos quince minutos, hasta que queden doradas.
7. Pueden servirse recién hechas o al día siguiente, según el gusto de cada uno.

Virutas de San José

Para 4 personas

Tiempo de elaboración: 40 minutos

Dificultad: baja

Ingredientes:

- 7 cucharadas de harina
- 4 cucharadas de mantequilla
- 7 cucharadas de azúcar de lustre
- 1 huevo
- 1/2 vaso de leche
- unas gotas de esencia de vainilla

Preparación

1. Cortar en pedacitos la mantequilla; batir el huevo en un plato.
2. Pasar la harina por el tamiz y disponerla en un recipiente hondo.
3. Añadir la leche, el azúcar, la mantequilla, el huevo y la esencia de vainilla, y mezclar con cuidado hasta obtener una masa fina y fluida.
4. Disponer la masa sobre el mármol, previamente espolvoreado con un poco de harina. Aplanarla con un rodillo y cortarla en tiras de 2 cm de ancho y 7 de largo.
5. Untar con mantequilla una placa de horno y disponer las virutas una junto a otra, pero sin que se toquen.
6. Introducir la placa en horno muy fuerte y, en cuanto las virutas tomen color, retirarlas.
7. Con la ayuda de un palo redondo, enrollar las virutas en forma de espiral; dejarlas enfriar.
8. Servirlas enseguida o conservarlas en una caja de metal para que no se ablanden.

Suspiros de Murcia

Para 6 personas

Tiempo de elaboración: 1 hora

Dificultad: baja

Ingredientes:

- 1/4 kg de almendras tostadas
- 1/2 kg de azúcar
- 6 claras de huevo
- 1 cucharadita de zumo de limón
- unas cuantas obleas

Preparación

1. En un bol, batir las claras de huevo a punto de nieve fuerte, añadir el zumo de limón.
2. Continuar batiendo y añadir el azúcar poco a poco.
3. Picar un poco las almendras y añadirlas al merengue.
4. Cortar redondeles de las obleas. Cuando esté todo bien mezclado formar encima pequeñas pirámides que se cuecen al horno, hasta que estén doradas y muy secas.

Almojábanas

Para 4 personas

Tiempo de elaboración: 1 hora y 15 minutos

Dificultad: media

Ingredientes:

- * 500 g de harina
- * 1/4 l de aceite
- * 1/2 l de agua
- * 6 huevos
- * 50 g de azúcar

Para el almíbar

- * 400 g de azúcar
- * 6 dl de agua
- * la piel de 1 limón

Preparación

1. Lavar y cepillar bien el limón.
2. Preparar el almíbar, poniendo un recipiente al fuego con el agua indicada; añadir el azúcar y la piel del limón, procurando cortar sólo la parte amarilla. Dejar cocer 10 minutos, a partir de la ebullición.
3. En un cazo al fuego, poner 1/2 litro de agua, el aceite y el azúcar; llevar a ebullición. Echar toda la harina, trabajar con la espátula de madera, removiendo para que no se formen grumos, con el fuego más suave hasta que se despegue la pasta de las paredes del cazo.
4. Retirar del fuego y dejar enfriar un poco.
5. Añadir los huevos uno a uno, esperando que se absorba uno antes de añadir el siguiente. Tiene que quedar una masa espesa pero elástica y manejable.
6. Precalentar el horno a 170 °C.
7. Untar una fuente para horno. Con dos cucharas, poner porciones sobre la fuente, un poco separadas, para evitar que se peguen cuando se hinchen al cocer.
8. Cuando estén todas bien puestas, hacer un agujero en el centro, con el dedo untado de aceite.

9. Cocer en el horno a 180 °C, unos veinte minutos, hasta que se doren.
10. Sacar del horno, dejar enfriar y pasar por el almíbar conservado caliente; colocarlas en una fuente. Servir frías.

Mantecadas de Avilés

Para 4 personas

Tiempo de elaboración: 35 minutos

Dificultad: media

Ingredientes:

|* 150 g de harina

|* 5 cucharadas de mantequilla

|* 1/2 cucharada de azúcar glas

|* 6 cucharadas de azúcar

|* 1/2 cucharada pequeña de levadura de panadería

|* 1 cucharada pequeña de anís

Preparación

1. Disponer 100 gramos de harina en el mármol de la cocina. Formar un centro en él y colocar 5 cucharadas de azúcar, la mantequilla, el anís y levadura. Mezclar.
2. Amasar seguidamente con las manos hasta lograr una mezcla fina y dejarla descansar unos quince minutos.
3. Seguidamente, espolvorear el mármol con harina, extender la masa y aplanarla con un rodillo hasta dejarla de un centímetro de espesor. Cortarla en formas ovaladas y disponerlas en una placa pastelera untada con mantequilla.
4. Humedecer con agua la superficie de las mantecadas y espolvorearlas con azúcar.
5. Llevar la placa a horno suave y dejar un cuarto de hora, hasta que queden ligeramente doradas.
6. Retirarlas del horno y servirlas en una fuente redonda, espolvoreadas con azúcar glas.

Alfajores

Para 6 personas

Tiempo de elaboración: 55 minutos

Dificultad: alta

Ingredientes:

|* 700 g de harina

|* 400 g de azúcar

|* 8 huevos

|* 50 g de mantequilla

|* 50 g de coco rallado

|* mermelada de melocotón o fresa (al gusto)

|* levadura

|* vainilla en polvo

Preparación

1. En un bol, poner la mantequilla reblandecida, las ocho yemas de huevo, una clara, el azúcar y la vainilla. Mezclar todo bien.
2. Formar un volcán con la harina mezclada con la levadura; añadir la mezcla anterior y trabajar la masa hasta formar una pasta homogénea.
3. Dejar reposar la masa un rato y estirarla con la ayuda del rodillo previamente enharinado, dándole unos seis milímetros de grosor.
4. Cortar la pasta en forma de círculos con la ayuda de un vaso.
5. Colocar los discos en una placa previamente untada con mantequilla.
6. Introducir la placa en el horno a temperatura media durante veinticinco minutos, aproximadamente.
7. Dejar enfriar los alfajores, cubrir con un poco de mermelada, unirlos de dos en dos y espolvorear con el coco rallado por ambos lados.

Galletas de limón

Para 4 personas

Tiempo de elaboración: 32 minutos

Dificultad: media

Ingredientes:

* 1 kg de harina
* 1/2 kg de manteca
* 1/2 kg de azúcar
* 12 huevos
* 2 limones
* canela y sal

Preparación

1. Separar las yemas de huevo.
2. Rallar finamente las cortezas de limón.
3. Derretir la manteca cerca de la lumbre.
4. Sobre una tabla, disponer la harina y formar un hueco en el centro. Poner en ella el azúcar, la raspadura de limón, una pizca de canela en polvo y un poco de sal.
5. Batir en un recipiente hondo las yemas de huevo con ayuda de una espátula de madera. Agregar un poco de agua, mezclar y poner en el hueco de la harina.
6. Mezclar. Cuando la masa esté bien compacta, añadir la manteca poco a poco. Seguir amasando y disponerla en la madera espolvoreada de harina.

7. Con ayuda de un rodillo, estirarla hasta dejarla de un centímetro de grosor.
8. Formar unas galletas con ayuda de un vaso. Disponerlas en una lata de pastelería y llevarlas al horno hasta que queden doradas.

Huesos de santo

Para 4 personas

Tiempo de elaboración: 55 minutos

Dificultad: alta

Ingredientes:

|* 250 g de almendras tostadas

|* 250 g de azúcar

|* 1 vaso pequeño de agua

|* 2 claras de huevo

|* 1 limón

|* 3 cucharadas de azúcar para glasear

|* miel

Preparación

1. Exprimir el limón y conservar el zumo.
2. En un mortero, machacar las almendras desprovistas de su cáscara hasta convertirlas en harina.
3. En un cazo con el vaso de agua, el azúcar y unas gotas de limón, formar un almíbar dejando el cazo a fuego lento.
4. Añadir al almíbar las almendras y las claras de huevo y dejar a fuego lento unos cinco minutos removiendo continuamente.
5. Espolvorear la mesa o el mármol de cocina con azúcar para glasear y extender encima la masa.
6. Dejarla enfriar y cortarla en tiras de unos seis centímetros de largo por 4 centímetros de ancho.
7. Enrollar los rectángulos de masa en un canuto para pastelería.
8. Disponer los rollos en una fuente para hornear y llevarla al horno durante unos minutos, hasta que la masa quede compacta, tostada y bien enrollada en los tubos.
9. Rellenarlos con un poco de miel. En vez de rellenarlos, puede también untarse la superficie con la misma miel.

Galletas María

Para 8 ó 9 personas

Tiempo de elaboración: 30 minutos

Dificultad: media

Ingredientes

- * 1/4 kilo de azúcar
- * 3/4 kg de harina
- * 250 g de mantequilla
- * 2 huevos
- * 1 cucharada de levadura
- * leche

Preparación

1. Poner sobre una superficie lisa la harina formando un círculo y en el centro se pone la mantequilla en trocitos, el azúcar, los huevos y la levadura. Mezclar bien todos los ingredientes, agregando poco a poco la leche necesaria para conseguir una masa fina que no se pegue a las manos; formar una bola que se deja reposar una media hora.
2. Esta masa debe manipularse poco pero con rapidez. Para comprobar que está en su punto se introducirá el dedo índice en el centro de la bola, debiendo permanecer el agujero que se forma una vez retirado el dedo. Si no fuera así, habrá que dejar la masa en reposo otra media hora. Cuando la masa esté en su punto, se espolvorean con harina la mesa de trabajo, el rodillo pastelero y la bola de masa, procediendo después a extenderla hasta dejarla fina.
3. Entonces, se cortan las galletas con ayuda de un vaso y se pinchan con los dientes de un tenedor por el contorno.
4. A continuación, se colocan en la bandeja del horno, ligeramente engrasada, y se cuecen hasta que estén doradas. Después se retiran de la placa pasándoles un cuchillo por debajo. Estas galletas pueden conservarse muchos días si se guardan bien tapadas.

Galletas de naranja

Para 5 ó 6 personas

Tiempo de elaboración: 40 minutos.

Dificultad: baja

Ingredientes

- * 1 tacita de zumo de naranja
- * 2 huevos
- * 1 cucharadita de levadura
- * 1 limón
- * 150 g de mantequilla
- * 1 taza pequeña de azúcar
- * harina
- * 1/2 tacita de aceite

Preparación

1. *Calentar el aceite hasta que eche humo y dejar que se enfríe. Entretanto, mezclar en una fuente la mantequilla, el aceite, el zumo de naranja colado, el azúcar, una yema de huevo, la ralladura del limón y la levadura. Ligar todo bien y agregar poco a poco la harina necesaria para conseguir una masa fina que no se pegue a las manos, no debiendo manipularla mucho. Con esta masa se hace una bola que se deja reposar por espacio de una media hora.*
2. *A continuación, espolvorear con harina la mesa de trabajo, el rodillo pastelero y la propia masa. Luego, extender la masa con ayuda del rodillo y hacer las galletas con la forma deseada. Disponerlas en la bandeja del horno engrasada con mantequilla y pintarlas con huevo.*

Relámpagos

Para 6 a 8 personas

Tiempo de elaboración: 30 minutos

Cocción: 35 min a 220 ºC

Dificultad: baja

Ingredientes:

- *300 g de pasta choux (pág. 53)*

Para la crema pastelera:

- *40 cl de leche*
- *3 yemas de huevo*
- *100 g de azúcar*
- *50 g de harina*

Para el glaseado:

- *60 g de fondant*

Preparación

1. *Hacer la crema pastelera (pág. 65)*
2. *Formar los relámpagos sobre una placa de horno y meter al horno. Dejar enfriar.*
3. *Rellenarlos con la crema pastelera y glasearlos con el fondant (véase págs. 71-73)*

Petisús glaseados

Para 6 a 8 personas

Tiempo de elaboración: 30 minutos

Cocción: 35 min a 220 ºC

Dificultad: baja

Ingredientes:

|* 300 g de pasta choux (pág. 53)

Para la crema pastelera:

|* 40 cl de leche

|* 3 yemas de huevo

|* 100 g de azúcar

|* 50 g de harina

Para el glaseado:

|* 60 g de fondant

Preparación

La preparación es la misma que la de los relámpagos, lo único que cambia es la forma, pudiendo ser los petisús redondos u ovalados. Una vez rellenos con crema pastelera, glasear con el fondant.

París-Brest individual

Para 6 a 8 personas

Tiempo de elaboración: 30 minutos

Cocción: 30 minutos a 220 °C

Dificultad: baja

Ingredientes:

|* 300 g de pasta choux (pág. 53)

|* 50 g de almendras picadas

Para el relleno:

|* 500 g de crema muselina

|* 10 g de azúcar glas

Preparación

1. Poner la pasta choux en una manga pastelera con boquilla grande lisa y formar pequeñas coronas de pasta sobre una placa de horno. Pintar con huevo batido, hacer unas rayas con un tenedor y cubrir con las almendras picadas. Meter al horno y cocer como los petisús.
2. Rellenar con la crema muselina (pág. 151).
3. Asimismo, se puede cubrir el fondo de las coronas con crema pastelera aromatizada con praliné o café y seguidamente poner chantilly.

Profiteroles II

Para 6 personas

Tiempo de elaboración: 40 minutos

Cocción: 20 min a 220 °C

Dificultad: baja

Ingredientes:

|* 300 g de pasta choux (pág. 53)

|* 300 g de crema pastelera

|* 2 dl de salsa de chocolate

Preparación

1. Poner la pasta choux en una manga pastelera con boquilla mediana, formar petisús sobre una placa de horno (calcular 8 por persona) y meter al horno.

2. Una vez fríos, agujerearlos por la base y rellenarlos con la crema pastelera. Para servir, ponerlos en una fuente en forma de pirámide (4 - 3 - 1) y cubrirlos con la salsa de chocolate.
3. También se pueden rellenar con crema chantilly.

Petisús al caramelo

Para 6 personas

Tiempo de elaboración: 30 minutos

Cocción: 35 min a 220 °C

Dificultad: media

Ingredientes:

|* 300 g de pasta choux (pág. 53)

|* 400 g de crema pastelera

|* 2 cl de kirsch

|* 100 g de azúcar

Preparación

Formar petisús ovalados, rellenarlos con la crema pastelera aromatizada con el kirsch y cubrirlos con caramelo (hecho con los 100 g de azúcar).

Higos

Para 6 a 8 personas

Tiempo de elaboración: 30 minutos

Cocción: 30 min a 220 °C

Dificultad: baja

Ingredientes:

Petisús ovalados, rellenos

|* 100 g de pasta de almendras (pág. 44)

Preparación

1. Una vez rellenos los petisús (con crema pastelera o chantilly), cubrirlos con la pasta de almendras en sustitución del glaseado de fondant o de caramelo.
2. Espolvorear con azúcar glas.

Religiosas

Para 6 personas

Tiempo de elaboración: 30 minutos

Cocción: 30 minutos

Dificultad: baja

Ingredientes:

|* 6 petisús medianos

|* 6 del tamaño de profiteroles

Preparación

1. Rellenar los petisús y glasearlos al gusto
2. Poner los petisús pequeños sobre los más grandes, decorando la unión entre ambos con crema de mantequilla metida en una manga pastelera con boquilla rizada.

Trufas II

Para 6 a 8 personas

Preparación: 30 minutos

Cocción: 30 min a 22 °C

Dificultad: baja

Ingredientes:

Petisús redondos, rellenos

|* 30 g de mantequilla

|* 50 g de crema pastelera

|* Cacao amargo.

Preparación

1. Una vez rellenos los petisús, cubrirlos con crema de mantequilla (mantequilla batida con la crema pastelera) y seguidamente rebozarlos en cacao amargo.

Pastelitos polka

Para 6 a 8 personas

Preparación: 40 minutos

Cocción. 25 min a 200 °C

Dificultad: media

Ingredientes:

|* 250 g de masa quebrada (pág. 47)

|* 125 g de pasta choux (pág. 53)

|* 4 dl de crema pastelera

Para decorar:

|* Azúcar glas

|* 6 u 8 cerezas confitadas

Preparación

1. Cortar la masa quebrada en discos de 9 cm de diámetro, pincharlos con un tenedor y humedecerlos.

2. Formar pequeñas coronas de pasta choux con una manga pastelera con boquilla mediana sobre los discos de pasta y meter al horno.
3. Poner la crema pastelera en una manga pastelera con boquilla grande y llenar el hueco central de las coronas. Espolvorear con un poco de azúcar glas. Se puede decorar con un pedazo de cereza confitada o con un poco de azúcar caramelizado con un hierro al rojo.
4. Disminuyendo la cantidad de crema pastelera del relleno, se pueden preparar tartaletas, cubriendo seguidamente con fruta fresca.

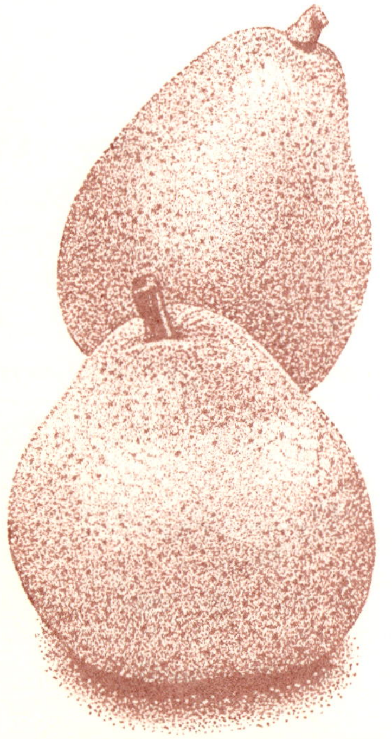

Pastelitos Pont-Neuf

Para 6 personas

Preparación: 40 minutos

Cocción: 30 min a 200 °C

Dificultad: baja

Ingredientes:

* 300 g de masa de hojaldre (pág. 49)
* 250 g de pasta choux (pág. 35)
* 1/2 cl de agua de azahar
* 250 g de crema pastelera (pág. 65)

Para el acabado:

* 1 huevo
* Azúcar glas
* Almíbar claro

Preparación

1. Forrar unos moldes de tartaleta con la masa de hojaldre (reservar un poco para las tiras de la parte superior), sin que sobresalga del borde.
2. Pinchar el fondo con un tenedor y rellenar con la crema pastelera mezclada con la pasta choux aromatizada con el agua de azahar.
3. Poner dos tiras de masa en forma de cruz sobre la crema, pintar con un poco de huevo batido y meter al horno a temperatura media.

4. Una vez desmoldados y fríos los pastelitos, espolvorearlos con azúcar glas y abrillantar los triángulos formados con el almíbar hirviendo.

Tartaletas de almendra

Para 6 personas.

Preparación: 40 minutos

Cocción: 15 a 20 min a 180 ºC

Dificultad: baja

Ingredientes:

- 250 g de pasta de galleta
- 200 g de crema de almendras
- 50 g de almendras en láminas
- 30 g de almíbar claro
- 30 g de fondant
- 3 cerezas confitadas

Preparación

1. Forrar 6 moldes de tartaleta con la pasta de galleta.
2. Pinchar el fondo con un tenedor y rellenar con la crema de almendras.
3. Seguidamente poner la almendras en la mitad del pastel y meter al horno.
4. Una vez fríos los pastelitos, abrillantarlos con el almíbar y cubrir la parte que no tiene almendras con el fondant. Decorar con media cereza confitada.
5. Esta receta, sin las almendras en láminas, sirve de base para preparar pastelitos con crema de mantequilla.
6. Éstos deben emborracharse con almíbar antes de rellenarse.

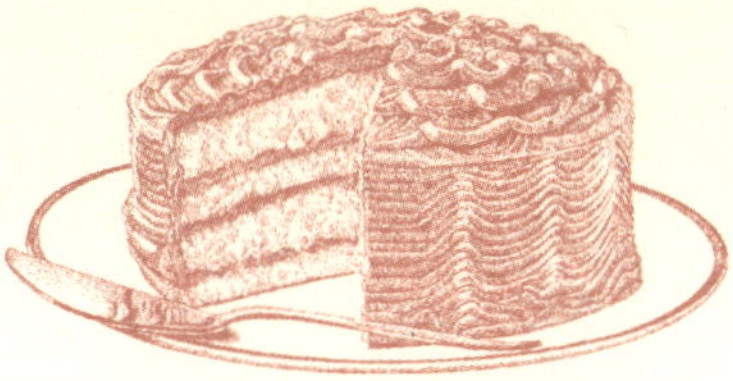

ÍNDICE ALFABÉTICO

ÍNDICE

A

B

C

D

E

F

G

H

I

K

L

M

N

P

Q

R

S

T

V

X

Y